金融工具公允价值

演变、计量及监管意义

JINRONG GONGJU GONGYUN JIAZHI

YANBIAN JILIANG JI JIANGUAN YIYI

陈广垒◎著

知识产权出版社

全国百佳图书出版单位

图书在版编目(CIP)数据

金融工具公允价值：演变、计量及监管意义/陈广垒著.—北京：知识产权出版社，2019.6
ISBN 978-7-5130-6237-4

Ⅰ.①金… Ⅱ.①陈… Ⅲ.①会计计量–研究 Ⅳ.①F230.9

中国版本图书馆CIP数据核字（2019）第082500号

内容提要

公允价值计量是财务报表利益相关者(尤其是社会公众、金融机构和监管部门)关注的焦点之一。本书以市场价值为导向，在深入研究公允价值计量属性产生、发展和主导地位确立的基础上，探究公允价值的内涵、层级框架、确定方法及其与新自由主义经济学和英美普通法的内在关系，以及对商业银行盈利波动及监管的冲击和影响。

责任编辑：安耀东　　　　　　**责任印制：孙婷婷**

金融工具公允价值：演变、计量及监管意义

陈广垒　著

出版发行：知识产权出版社 有限责任公司		网　　址：http://www.ipph.cn	
电　　话：010-82004826		http://www.laichushu.com	
社　　址：北京市海淀区气象路50号院		邮　　编：100081	
责编电话：010-82000860转8534		责编邮箱：anyaodong@cnipr.com	
发行电话：010-82000860转8101		发行传真：010-82000893	
印　　刷：北京建宏印刷有限公司		经　　销：各大网上书店、新华书店及相关专业书店	
开　　本：720mm×1000mm　1/16		印　　张：19.25	
版　　次：2019年6月第1版		印　　次：2019年6月第1次印刷	
字　　数：315千字		定　　价：89.00元	

ISBN 978-7-5130-6237-4

序　言

　　会计从产生伊始就是经济活动计量的产物。计量是会计的核心问题。现代会计信息的主要质量——相关性和可靠性均与计量密不可分。但是，无论是美国公认会计原则还是国际财务报告准则，均未能从概念框架和准则等层面很好地解决会计计量问题。

　　计量属性的选择取决于会计信息使用者的多样化需求。随着市场经济的发展，计量模式不断演变，并最终形成以历史成本为基础的混合计量属性。在经济不确定日益增加和金融化程度不断加深的背景下，历史成本会计的局限性受到越来越多的批评和修正。在历经100多年发展和演变后，更能满足决策者需要的公允价值会计在21世纪初正式确立为主导计量属性。公允价值会计是现代经济的不确定性和金融化的产物。研究包括公允价值会计内在的现代会计，不但需要熟知传统会计理论基础，还需要具有利用金融学、法学和经济学等解决现实问题的综合能力。我一直希望我的博士生能够具备会计学、金融学和经济学等专业知识，能研究结合部的前沿问题。

　　陈广垒是一位具备我期望的资历和能力的博士生。他在大学毕业分配到建行工作十年后，先后在财政部财政科学研究所和中央财经大学攻读全日制硕士、博士学位，最终交出这样一篇令我满意的博士学位论文，获得中央财经大学优秀博士论文。我认为这是一次很有意义的尝试。他对金融工具公允价值会计的研究在当时一定程度上具有前瞻性和综合性，且与现实问题如2008年全球金融危机直接相关。

　　我始终认为，现代会计学的发展要求研究者具备敏锐发现问题、综合分析和解决问题的能力，将会计学与金融学、法学和经济学等有机结合研究是自然选择。陈广垒博士的这本专著的价值就在于对这种有机结合所做出的有益探索，而且也能深度契合现实问题的分析和解决。但是，任何作品都是特定时代的产物。

十年后出版的陈广垒博士的论文在研究文献和研究方法等方面也存在值得改进之处,但论文的研究框架和基本结论等时至今日依然具有价值。

　　陈广垒博士是我的博士生中的优秀者,展现在读者面前的这本专著就是其才华和心血的结晶。在他的著作问世之际,欣然作序以贺之。

原中央财经大学副校长、中国注册会计师协会副秘书长　李爽
2019年2月

前　　言

　　本书主要是笔者在博士学位论文的基础上结合2008年金融危机补充、修改完成的。随着金融危机的深化及其对实体经济的影响不断加深，公允价值计量成为财务报表利益相关者（尤其是社会公众、金融机构和监管部门）争论的焦点之一。本书旨在通过探讨公允价值的演变历程、计量方法及其对金融监管等影响来研究如何更好地推进公允价值计量属性在会计准则中的普遍应用。

　　从19世纪末期这个概念提出开始，到20世纪90年代逐渐在金融工具领域应用并进一步扩展至所有非金融工具项目，公允价值逐渐成为主导会计计量属性。在我国，2006年2月，财政部发布39项会计准则。其中，22项企业会计准则涉及公允价值计量属性，主要包括计量（初始和后续计量）、收益确定、成本分配和披露等4个方面。但是，从20世纪90年代初期至今，国内外学术界、金融企业（尤其是商业银行）和监管机构以及社会公众一直对公允价值会计存在较为广泛的争论，特别是公允价值的价值相关性及其对金融稳定的冲击和影响，并在2008年全球金融危机中达到顶点。

　　本书以市场价值为导向，在深入研究公允价值计量属性产生、发展和主导地位确立的基础上，探究公允价值的内涵、层级框架、确定方法及其与新自由主义经济学和英美普通法的内在关系，以及对商业银行盈利波动及监管的冲击和影响。

　　本书主要围绕5个主题展开：①20世纪80年代美国经济自由化尤其是金融自由化、金融创新与公允价值的关系；②英美普通法与公允价值的关系，包括公允价值的法律制度基础，以及公允价值与公允市场价值和司法救济公允价值的关系；③金融工具公允价值计量，主要包括客户贷款、客户存款（含核心存款无形资产）和证券投资；④公允价值对银行监管的冲击和影响，重点阐述公允价值与巴塞尔新资本协议和金融稳定的内在关系；⑤公允价值与商业银行盈利波动的关系。

本书共七章。

第一章为导论，主要阐述选题的意义、研究目的、主要研究内容以及研究框架和方法等。

第二章为文献综述，主要从国内和国外两个维度综述金融工具公允价值的主要研究成果。国外研究文献综述主要从4个方面展开，分别是价值相关性、对商业银行盈利波动和监管资本、投资组合和银行监管的影响。尽管国外相关经验研究结论存在较大差异甚至相互矛盾，但总体上都认识到公允价值会计对商业银行经营行为和银行监管的重要作用。在价值相关性研究方面，学者普遍认为对于不存在活跃市场的金融工具（如存款和贷款），可靠性问题可能抵消相关性。这也正是公允价值会计面临的最重要问题。在对商业银行监管方面，监管机构如美国联邦储备委员会、欧洲中央银行和巴塞尔银行监管委员会等均对公允价值会计尤其是全面公允价值会计可能对金融稳定的影响持高度关注态度。与国外广泛且深入的研究相比，国内学术界的研究更多停留在概念和理论基础争论层面，关于公允价值在商业银行应用的研究较少。

第三章为公允价值计量属性的演变，从历史角度深入阐述公允价值的产生、发展和主导地位的最终确立。公允价值是经济管制的产物。虽然美国联邦高等法院于1898年正式提出公允价值概念，但在历史成本会计占据绝对主导地位的情况下，公允价值计量属性是从属于历史成本的。从20世纪70年代开始，在金融创新、信息技术和全球化等冲击下，历史成本会计的主要地位不断受到挑战；80年代，美国发生以储蓄贷款协会和储蓄银行大量破产倒闭为特征的金融危机。危机之后，除不断通过立法放松管制外，历史成本会计的局限性逐渐为监管机构所重视。在证券交易委员会的大力推动下，财务会计准则委员会启动金融工具项目，并按照先披露后确认计量的思路先后发布一系列涉及金融工具公允价值会计处理的准则公告。2006年，财务会计准则委员会发布第157号准则公告《公允价值计量》，标志着公允价值会计主导地位的最终确立。国际会计准则理事会遵循与财务会计准则委员会相同的制定思路，但似乎更加激进。总之，无论是财务会计准则委员会还是国际会计准则理事会，都将公允价值作为最重要的计量属性，是金融工具最相关的计量属性，并不断扩大其应用范围。

第四章为公允价值、市场经济与法律制度，主要包括4个方面的主要内容，分别是：①公允价值与市场经济、新自由主义经济学的内在逻辑关系；②公允价值与英美法系的关系；③公允价值的内涵；④公允价值层级框架。20世纪80年代放松管制和金融自由化有力地推动公允价值发展和主导地位的最终确立，其内在理论基础则是新自由主义经济学。公允价值的市场导向特征与新自由主义经济倡导的积极发挥市场机制作用和减少政府干预是密切相关的。在法律制度方面，公允价值概念的法律制度基础是英美普通法。公允价值的内涵是伴随着市场经济的成熟而不断演变的，并体现为社会公众的理性诉求。鉴于现阶段许多金融工具公允价值难以可靠确定，将公允价值计量分为3级并赋予相应的披露水平，有助于提高市场约束的作用。

第五章为金融工具公允价值计量。在分析第157号准则公告规定的公允价值计量一般原则的基础上，结合金融工具的特性提出需要特殊考虑的因素，尤其是现值技术。考虑到存款、贷款和证券投资构成商业银行资产负债表的90%以上，本书分别阐述贷款、存款和证券投资公允价值计量的具体方法，特别是减值贷款利息收入和核心存款无形资产的计量问题。

第六章为公允价值与金融监管。在全面分析公允价值与金融监管关系的基础上，以巴塞尔新资本协议为分析框架，系统地研究公允价值对资本充足率和市场约束的影响。商业银行采用公允价值会计将对监管资本和加权风险资产总额产生重大影响；在市场约束方面，无论是会计准则制定机构还是银行监管机构，都认识到公允价值披露对于强化市场约束具有积极作用。在全面公允价值会计模式下，公允价值计量属性能够通过自我强化金融工具的价格波动显著地影响银行财务状况和经营成果，并在一定程度上成为强化银行体系不稳定的内在根源。

第七章为公允价值与盈利波动，主要采用模拟分析法研究FFVA对商业银行盈利的影响。在模拟分析的基础上，可以发现FFVA能使商业银行更加及时地在财务报表中确认发行者或借款者信用状况下降对资产质量的影响，以及利率变动产生的影响，并敦促监管机构和所有者及时采用纠正性行动。但是，FFVA具有较强的亲周期特征（pro-cycle），会对金融稳定造成较大影响。

本书研究的主要创新之处在于4个方面：①与现阶段单纯地介绍公允价值概念或从计量属性角度研究公允价值不同，本书以商业银行金融工具为分析对象，首次较为深入地研究金融工具公允价值计量及其影响；②深入探讨商业银行金融工具公允价值确定的一般原则和方法，特别是减值贷款利息收入和核心存款无形资产；③以美国20世纪80年代金融危机为背景，结合法律基础和新自由主义经济学深入研究公允价值的产生背景、理论基础和法律制度框架；④结合巴塞尔新资本协议，创造性地研究FVA与银行监管的兼容性问题，包括资本充足率监管和市场约束。

公允价值在我国现阶段发展阶段的应用存在较大的限制性，资本市场发展不成熟，监管手段和方法有待进一步改进，市场数据搜集较为缺乏，这些都增加了研究难度。这些因素导致本书的主要局限性在于在研究方法上难以采用经验研究方法探讨公允价值的价值相关性。

此外，虽然本书是在2008年中央财经大学优秀博士论文基础上写就的，并根据最新会计准则变化做了修改，但毕竟与最新学术研究成果存在差距，只能代表特定阶段的研究成果，与现实理论研究存在一定差距。

尽管存在许多研究难度和缺陷，但本书的研究主题所具有的内在价值仍令人兴奋，并期望为后续研究提供一定的借鉴意义。

缩　略　语

AAA　American Accounting Academic 美国会计学会

ABA　American Bankers Association （美）银行家协会

ABS　Asset-Backed Securities 资产支持证券

AFS　Available-for-sale securities 可供出售金融证券

AIA　Amercian Institute of Accoutants 美国会计师协会

AICPA American Institute of Certified Public Accountants 美国注册会计师协会

ALL　Allowance for Loan Loss 贷款损失准备金

APB　Accounting Principle Board （美）会计原则委员会

ASB　Accounting Standards Board （英）会计准则委员会

ASB　Auditing Standards Board （美）审计准则委员会

ARS　Accounting Research Studies 会计研究论文集

BCBS　Basel Committee of Banking Supervision 巴塞尔银行监管委员会

BHC　Bank Holding Company 银行控股公司

BIS　Bank for International Settlement 国际清算银行

CAP　Committee of Accounting Procedures （美）会计程序委员会

CAS　China Accounting Standards 中国会计准则

CBRC　China Banking Regulation Commission 中国银行业监督管理委员会（银监会）

CDO　Collateralized Debt Obligations 抵押债务证券

CDS　Credit Default Swap 信用违约互换

CICA　Canadian Institute of Charted Accountants （加）加拿大特许会计师协会

COSO　Committee of Sponsoring Organizations Of the Treadway Commission （美）

Treadway委员会发起组织委员会（COSO委员会）

CSRC　China Securities Regulation Commission 中国证券监督管理委员会（证监会）

DCF　Discounted Cash Flow 折现现金流量

EAD　Exposure at Default 违约暴露

ECB　European Central Bank 欧洲中央银行

EESA　the Emergency Economic Stabilization Act of 2008（美）紧急经济稳定法案

EL　Expected Loss 预期损失

FASB　Financial Accounting Standards Board （美）财务会计准则委员会

FCAG　Financial Crisis Advisory Group 金融危机咨询小组

FDIC　Federal Deposit Insurance Corporation （美）联邦存款保险公司

FFIEC　Federal Financial Institutions Examinations Council （美）联邦金融机构检查委员会

FHLBB　Federal Home Loan Bank Board （美）联邦住宅贷款银行委员会

FRA　Forward Rate Agreement 远期利率协议

FRB　Board of Governors of Federal Reserve （美）联邦储备委员会（Fed）

FRS　Financal Reporting Standards （英）财务报告准则

FSB　Financial Stability Board 金融稳定委员会

FSF　Financial Stability Forum 金融稳定论坛

FSLIC　Federal Savings and Loan Insurance Corporation （美）联邦储蓄贷款保险公司

FTC　Federal Trade Commission （美）联邦贸易委员会

FV　Fair Value 公允价值

FVA　Fair Value Accounting 公允价值会计

FFVA　Full Fair Value Accounting 全面公允价值会计

FVM　Fair Value Measurement 公允价值计量

FVO　Fair Value Option 公允价值选择

GAAP Generally Accepted Accouting Principles 公认会计原则

GAO General Accounting/Accountability Office （美）会计总署/问责局

HCA Historic Cost Accounting 历史成本会计

HTM Held-to-Maturity Securities 持有至到期证券

IAS International Accounting Standards 国际会计准则

IASB International Accounting Standards Board 国际会计准则理事会

IASC International Accounting Standards Committee 国际会计准则委员会

IFAC International Federation of Accountants 国际会计师联合会

IFRS International Financial Reporting Standards 国际财务报告准则

IRB Internal Rating-Based Approach 内部评级法

IRS Internal Revenue Service （美）国内税务署

JWG Joint Working Group of Financial Instruments 金融工具联合工作组

JWGSS Joint Working Group of Standards Setters 准则制定者联合工作组

LLP Loan Loss Provision 贷款损失准备

ISA International Standards of Auditing 国际审计准则

LGD Loss Given Default 违约损失

MBS Mortage-Backed Securities 抵押支持证券

MMMF Money Market Mutual Fund 货币市场共同基金

MMDA Money Markt Deposit Account 货币市场存款账户

MV Market Value 市场价值

MVA Market Value Accounting 市场价值会计

NOW Negotiable Order of Withdarwal 可转让支付命令

OCC Office of Controller of the Currency （美）货币监理署

PD Probability of Default 违约概率

PPE Property,Plant and Equipment 厂场设备

PV Present Value 现值

RAROC Risk-Adjusted Return Of Capital 风险调整后资本收益率

SAS Statements of Auditing Standards 审计准则公告

SEC　Securities and Exchange Commission　（美）证券交易委员会

SFAC　Statement of Financial Accounting Concept 财务会计概念公告

SFAS　Statement of Financial Accounting Standard 财务会计准则公告

S&L A　Savings & Loan Associations 储蓄贷款协会

SNOW　Super Negotiable Order of Withdarwal 超级可转让支付命令

UL　　Unexpected Loss 非预期损失

VaR　Value at Risk 在险价值

YTM　Yield To Maturity 收益率曲线

目 录
contents

第1章 导 论

1.1 问题的提出

从19世纪末期这个概念提出开始,到20世纪90年代逐渐在金融工具领域广泛应用并进一步扩展至所有非金融工具项目,公允价值逐渐成为占主导地位的会计计量属性。但是,从20世纪90年代初期至今,国外学术界、企业界(尤其是以商业银行为代表的金融企业)和监管机构以及社会公众对公允价值计量存在较为广泛的争论,特别是公允价值的价值相关性及其对金融稳定的冲击和影响。

在我国,公允价值计量属性于1998年6月正式出现在《非货币性交易》和《债务重组》等企业会计准则中,但因其在我国特定资本市场环境中所发挥的消极作用最终导致于2001年被废止。2006年2月,财政部发布39项会计准则。其中,22项具体企业会计准则涉及公允价值计量属性的应用,包括计量(初始和后续计量)、收益确定、成本分配和披露等4个方面(见附录3)。但是,在实现与国际会计准则实质趋同的情况下,金融企业、监管机构和学术界对公允价值计量属性及其经济后果持不同态度。

1.2 选题的意义

1.2.1 选题的学术意义

会计是一个着眼于经济活动(交易和事项)确认、计量、记录和报告的过程。其中,"会计计量是会计系统的核心职能"(Yuri Irji, 1979),而资产估值和收益确定则成为会计的主要功能（Paton，1922；Hendriksen，1991）。在美国，20世纪30年代大危机（the Great Depression）奠定了历史成本在会计计量中的主导地位。从20世纪70年代开始，历史成本会计（history cost accounting，HCA）不断受到通货膨胀、金融创新和新技术革命以及经济全球化等冲击，单一HCA模式逐渐转变为以历史成本为主导的混合计量模式（mixed model），损益确认逐步从收入费用观转向资产负债观，资产负债表逐渐取代收益表成为主要报表。❶FASB（1985）正式提出综合收益（comprehensive income）概念，并将净收益（net income）和其他综合收益（other comprehensive income，OCI）共同作为综合收益的组成部分。❷其中，可供出售证券（available-for-sale securities，AFS）未实现利得和损失是重要内容。

20世纪80年代，美国爆发以储蓄贷款协会❸（Savings & Loans Association，S&L A）和储蓄银行（savings banks）大量破产倒闭为特征的金融危机，给社会公众造成1529亿美元的巨额损失，并导致联邦储蓄贷款保险公司（Federal Savings and Loans Insurance Corporation，FSLIC）破产并整合入联邦存款保险公司（Federal Depository Insurance Corporation，FDIC）。危机之后，美国政府（包括国会）除通过金融立法逐步放松管制和完善金融监管外，HCA在金融危机中显现的内在局限性也日益为监管机构和学术界所重视。❹这是因为按照体现重要性和

---

❶ 20世纪70年代，在"滞胀"的影响下，会计学术界和企业界掀起对历史成本和现行成本的争论。

❷ FASB(1985)指出，综合收益是一个广泛的概念，主要有3个来源：①企业与其所有者之外的其他主体进行的交易和其他转移行为；②企业的生产性活动；③价格变动、偶发事件和企业与其外部经济、法律、社会、政治和物质环境相互作用的其他结果。公允价值主要是第三个来源的产物。

❸ 为了提高住房拥有率，大萧条以来的各项立法均特别鼓励储蓄机构的发展，包括税收刺激和政府扶植的抵押贷款二级市场。经过五六十年代的快速发展，源于建筑与贷款协会(Building and Loan Association的)储蓄贷款协会在80年代成为金融体系中仅次于商业银行的第二大金融机构，是住宅贷款市场最大的提供者。S&L A由联邦住宅贷款银行委员会(the Federal Home Loan Bank Board,FHLBB)监管，并由联邦储蓄贷款保险公司(the Federal Savings and Loan Insurance Corporation,FSLIC)提供存款保险。FHLBB仿照RFB架构通过资本市场为S&L A提供清偿力和流动性。

❹ 国会通过的《金融机构改革、复兴和强化法案》(The Financial Institutes Reform, Recovery and Enforcement Act of 1989)要求财政部研究采用"盯市会计"(mark-to-market accounting)的优点；《联邦存款保险公司改善法案》(The Federal Deposit Insurance Corporation Improvement Act of 1992,FDICIA)规定，联邦金融监管机构应当联合制定有关金融机构提供资产公允市场价值补充披露的模式。FDICIA的显著之处在于将有效监管建立在存款类金融机构净资产的市场价值基础之上，并要求监管会计原则(regulatory accounting pinciple,RAP)不得弱于公认会计原则(generally accepted accounting principles,GAAP)。

稳健主义特征的公认会计原则（generally accepted accounting principles，GAAP）编制的监管报告（call report）昭示这些S&L A在出现流动性危机时财务状况仍然良好，但实际上其市场价值显著低于按照历史成本计算的账面价值，甚至为负数，从而导致监管预警制度失效。[1]因此，美国银行业会计、审计制度亟待改革（GAO，1991）。此外，以利率远期协议（forward rate agreement，FRA）和股票期权（stock options）为代表金融创新和风险管理技术的进步也对HCA在揭示金融企业财务状况和经营成果等方面产生巨大冲击。

为了应对日渐加剧的金融危机和揭示金融创新活动的潜在影响，1986年5月，美国财务会计准则委员会（Financial Accounting Standard Board，FASB）正式确定制定金融工具和表外项目会计准则的规划，并遵循先披露后确认、计量的制定思路。1990年3月，FASB发布SFAS No.105《具有表外风险的金融工具和信用集中风险的金融工具信息披露》（*Disclosure of Information About Financial Instruments with Off-balance-sheet Risk and Financial Instruments with Concentration of Credit risk*），要求披露与会计损失风险相关的资产负债表表外风险和信用集中风险信息；1991年12月，发布SFAS No.107《金融工具公允价值的披露》（*Disclosures About Fair Value of Financial Instruments*），规定当公允价值估计切实可行时（practical），所有企业应当披露其拥有的全部金融工具的公允价值；1993年5月，发布SFAS No.115《某些债务和权益证券投资的会计处理》（*Accounting for Certain Investments in Debt and Equity Securities*），将证券投资分类和公允价值计量紧密相结合[2]；1994年10月，FASB发布SFAS No.119《衍生金融工具和金融工具公允价值的披露》（*Disclosure About Derivative Instruments and Fair Value of Financial Instruments*），规定企业应当披露衍生金融工具和其他类似金融特征金融工具；1998年

---

[1] Brumbaugh和Carron（1987）的研究表明，按照监管会计原则（RAP），权益资产比率为3.7%，在公认会计原则（GAAP）框架下为3%，而按照市场价值计算则为-12%。

[2] 1988年6月，美国联邦住宅贷款委员会（the Federal Home Loan Board）开创性地提出证券投资3分类的理念。1993年5月FASB发布的SFAS No.115正式明确将证券投资按照持有目的和意图划分为交易性（trading securities，TS）、持有至到期（held-to-maturity securities，HTM）和可供出售证券（avaible-for-sale securities，AFS）。虽然SFAS No.115扩大了某些证券公允价值的运用范围，但是在采用公允价值方面仍然存在较大的争议，尤其是来自商业银行的反对。FASB最终妥协，同意HTM仍按照摊余成本（amortised cost）计量，将TS和AFS按照公允价值计量，且后者公允价值变动计入所有者权益。

6月，发布SFAS No.133《衍生工具和套期活动的会计处理》（*Accounting for Deriv-ative Instruments and Hedging Activities*），对所有企业衍生工具和套期活动进行会计确认和报告进行规范，尤其是明确区分3种套期活动并分别采用相应的会计处理。

SFAS No.107和SFAS No.115的发布，在学术界、金融企业（尤其是商业银行）和监管机构之间引起巨大争论。首先，学术界出现对公允价值的价值相关性研究的热潮，并得出了许多具有很高学术价值的经验研究结论，尽管结论之间存在较大的差异甚至截然相反。例如，Barth（1994）认为投资证券的公允价值相对于历史成本具有重大增量解释能力；但Nelson（1996）研究认为没有系统性证据表明贷款净额、存款、长期债务和表外工具与股份价格存在相关性；Barth（1996）和Eccher、Ramesh和Thiagarajan（1996）的后续研究则再次推翻了Nelson（1996）的大部分研究结论。Barth（2007）认为，公允价值能够满足IASB编报框架关于有用性的许多方面，如相关性、可比性、一致性和及时性以及受托责任。除研究公允价值的价值相关性和可靠性外，一些学者如Hodder、Hopkins和Wahlen（2006）还对商业银行公允价值收益计量的风险相关性（risk-relevance）进行了有效的研究。其次，公允价值会计（fair value accounting，FVA）尤其全面公允价值会计（full fair value accounting，FFVA）遭到存款类金融机构甚至非金融机构的强烈质疑或反对。例如，1999年12月，FASB发布财务会计系列文告《暂时性结论：以公允价值报告金融工具和相关资产和负债》（*Preliminary Views：Reporting Financial Instruments and Certain Related Assets and Liabilities，PV*），要求所有金融工具以公允价值计量且相应的利得或损失计入当期损益，招致绝大多数金融企业的反对或质疑。❶最后，大多数金融监管机构也对推行FVA尤其是FF-VA持谨慎态度或者明确反对。尽管证券交易委员会（Securities and Exchange Commission，SEC）为了促进证券市场发展和保护投资者利益大力推行FVA，但考虑到公允价值计量的可靠性和管理当局偏见等问题及其可能对宏观经济周期性波动产生的潜在不利影响，美国联邦储备委员会（the Board of Governors of Feder-

---

❶ 这些金融机构(尤其是存款类机构)反对的理由主要有5个方面：①贷款公允价值计量主观性太大；②市场(公允)价值会计已经适当地应用于资产负债表；③净资产人为波动性增加；④高额的实施成本；⑤缺乏单一、精确和可接受的公允价值定义。

al Reserve System，FRB）、货币监理署（Office of Controller of the Currency，OCC）和欧洲中央银行（European Central Bank，ECB）等均对推行FVA持谨慎态度，认为在许多重大问题（尤其是可靠计量）尚未得到有效解决的情况下，FVA并不优于HCA。❶应国会强烈要求，美国会计总署（General Accounting Office，GAO，1992）也对FVA的相关性、主观性和可比性以及潜在成本与效益等进行较为深入的调查分析，认为虽然大型会计公司、学术界和监管机构普遍支持FVA，但商业银行却普遍反对。❷

国际会计准则委员会（International Accounting Standard Committee，IASC）及其继任国际会计准则理事会（International Accounting Standard Board，IASB）从20世纪90年代中后期陆续在准则制定过程中采用公允价值概念，并且有进一步扩大至所有会计准则的趋势。2000年1月，准则制定机构金融工具准则联合工作组（the Financial Instrument Joint Working Group of Standards Setters，JWGSS）发布研究报告，认为公允价值主要具有5项概念优势，并力主所有金融工具以公允价值计量，且其变动形成的相应利得和损失应当在发生时计入利润表❸。但是，许多金融企业和监管机构明确对以公允价值计量全部金融资产和金融负债持质疑甚至反对态度，尤其是金融负债以公允价值计量所产生的违反直觉的利得或损失。金融工具银行业联合工作组银行家协会（the Joint Working Group of Banking Association of Financial Instruments，JWGBA）认为，现行修订HCA模式已经向财务报表使用者提供了用于决策的最优信息，以公允价值计量既不相关也不可靠。❹2005年，IASB发布由加拿大特许会计师协会（CICA）会计准则委员会起草的准则讨论稿《财务会计计量基础：初始确认时的计量》（*Measurement Bases*

---

❶ 美联储主席Greenspan在致SEC主席Breedan的信函中指出,SEC推行市场价值会计(market value accounting,MVA)的举动对于银行而言是草率和不恰当的(Goodwin、Petroni和Wahlen,1998)。

❷ GAO(1992)认为,市场价值会计是建立在公允价值假设基础之上的。

❸ 1997年11月,为了应对金融创新和信息技术等对企业和投资环境产生的根本性冲击,IASC和来自美英等13个国家的会计准则制定者以及职业团体的代表组成金融工具联合工作组(JWGSS),旨在以公允价值为基础制定一套有关金融工具会计处理的综合性准则。

❹ 金融工具银行业联合工作组银行家协会(the Joint Working Group of Banking Association of Financial Instruments,JWGBA)由美国、澳大利亚、加拿大、日本和欧盟的银行业协会代表组成。其中,欧盟分别由欧盟银行业联合会以及英国、荷兰、法国和德国的代表组成。

for Financial Accounting-Measurement on Initial Recognition，MBFA）认为，在初始确认时，公允价值是更加相关的计量属性。在比较历史成本、现行成本和可变现净值等计量属性的基础上，IASB（2005）提出将公允价值作为单一计量属性，并认为历史成本和现行成本在满足特定条件时可以作为公允价值的备选计量属性。

1.2.2　选题的实践价值

我国会计准则制定机构在采用公允价值时经历一个先扬后抑再扬的过程。1998年6月，财政部发布企业会计准则《债务重组》和《非货币性交易》，正式引入公允价值计量属性。但是，考虑到我国正处于新兴和转轨经济条件下资本市场不发达的特殊情况，为避免因上市公司滥用公允价值而对资本市场造成不利影响，2001年，财政部在进行准则修订时予以废止。

为了实现与国际会计准则的趋同，2006年2月，财政部发布38项具体会计准则。其中，有22项涉及公允价值计量和披露等问题，实现了与国际财务报告准则（international financial reporting standards，IFRSs）的实质性趋同。但是，考虑到我国现处于市场经济转型阶段，财政部在应用公允价值时持较为谨慎的态度，历史成本仍然是主导性计量属性。《企业会计准则——基本准则》规定，企业在对会计要素进行计量时，一般应当采用历史成本。此外，国内学术界对公允价值的认识也存在较大争论。虽然大多数学者强烈呼吁采用公允价值以实现与国际惯例接轨，但也有一些学者对采用FVA产生的潜在后果存在忧虑。从总体上看，国内学者关于公允价值的研究依旧停留在表层的争论上，且过分地在概念和表述上纠缠，忽视了公允价值所赖以产生和发展的内外部环境及其经济后果。值得注意的是，国内学术界和监管机构基本上没有研究如何评价公允价值对金融机构尤其是商业银行及其监管的实质性影响。

商业银行绝大部分资产和负债是金融资产和金融负债。截至2006年12月31日，A股上市银行金融资产占全部资产的平均比例为98.34%。如果要求所有金融工具以公允价值计量，且其变动计入当期损益，将对商业银行的财务状况、经营成果和经营管理行为，包括风险管理活动产生重大影响，进而可能对宏观经济产生重要影响。但是，国内商业银行尤对采用公允价值所产生的影响认识不一致。2005年11月，中国银行业监督管理委员会和财政部联合下发《关于报送实施新会计准则影响数据的通知》。大部分被调查的商业银行认为，金融资产"四分法"对财务状况和经营成果将产生重大影响，但在影响金额和性质上存在较大的不差异。

1.3　研究目的

本书以金融工具公允价值为研究对象，结合新自由主义经济学、法律经济学和英美普通法以及商业银行风险管理实践，围绕公允价值计量，深入探讨公允价值计量属性的演变、内涵和层级框架以及金融工具公允价值确定方法，并在此基础上较为深入地分析FVA对商业银行盈利波动和银行监管的冲击和影响。

1.4　主要研究内容

1.4.1　公允价值与美国20世纪80年代金融危机

美国20世纪80年代S&L A危机直接促使联邦金融监管机构和学术界开始研究HCA在商业银行经营管理及其监管方面的内在缺陷。在SEC的推动下，FASB开始在准则制定中更多地引入市场价值概念，并最终导致公允价值计量属性主导地位的确立。本书深入分析20世纪80年代S&L A危机、金融自由化和公允价值的内在逻辑关系及其对监管的影响。

1.4.2　公允价值与英美普通法

尽管萌芽于法德等大陆法系国家，但公允价值的发展和主导地位的最终确立则是美英法系。本书以英美普通法为法律制度框架，研究真实与公允观念（a true and fair view）与公允价值的法律制度基础，以及公允价值与公允市场价值（fair market value，FMV）、司法救济公允价值概念的区别与联系。

1.4.3　公允价值与新自由主义经济学

公允价值本质上是一种市场交换价值。新自由化主义经济学强调市场在资源配置中的主导地位，并成为20世纪80年代金融自由化的理论基础。从演变过程来看，公允价值的发展与新自由主义经济学的重新崛起基本上是同步的。

1.4.4　商业银行特殊项目公允价值的确定

FVA遭到金融机构强烈反对的主要原因在于某些金融工具项目公允价值计量的高度主观性。本书主要探讨核心存款及核心存款无形资产（core deposit intangibles，CDI）、贷款和减值贷款收入确认以及证券投资等公允价值计量。

1.4.5　公允价值与商业银行盈利波动

在FFVA框架下，未确认利得和损失可能导致商业银行盈利产生的人为或过度波动，进而引发商业银行权益价值（格）的波动。本书结合巴塞尔新资本协议，采用压力测试（stress test）（模拟分析法）研究商业银行在面临证券市场价格、信用状况和利率水平等变动以及房地产危机等冲击时HCA和FFVA框架下盈利可能出现的不同波动。

1.4.6　公允价值对银行监管的冲击和影响

FVA引发的盈利和监管资本波动不但可能影响商业银行管理当局的经营管理行为甚至宏观经济周期，而且能够影响监管机构可能采取的监管措施。本书在巴塞尔新资本协议框架下，探讨公允价值对资本充足率和市场约束的影响，以及公允价值的亲周期效应（pro-cyclical impact）与金融稳定的内在关系。

1.5　研究框架

本书共7章，总体逻辑结构安排是：第一章导论，主要阐述本书写作的主要目的、研究框架和研究方法等内容；第二章从价值相关性、盈利波动、投资组合行为和银行监管等4个主要方面综合论述国外尤其美国学者的研究成果；第三章以历史分析法研究公允价值概念的产生、发展及其主导地位的确立，尤其是对美国20世纪80年代S&L A危机所发挥的积极推动作用；第四章从新兴古典经济学和普通法角度阐述公允价值的理论和法律基础，并深入研究公允价值的内涵和层级框架；第五章主要结合现代金融理论和商业银行风险管理实践，区分活跃市场提出贷款、存款和证券投资公允价值计量方法；第六章结合新巴塞尔资本协议框架下从资本充足率和市场约束两个角度探讨公允价值对商业银行监管的影响；第七章采用模拟分析法研究商业银行在面临不同冲击时HCA和FFVA框架下对商业银行盈利波动的不同影响。

1.6　研究方法

本书采用规范研究与经验研究相结合、微观分析与宏观分析相结合、历史研究与现实分析相结合、定性分析与定量分析相结合的研究方法，在新自由主义经济学和法律制度基础上，深入分析公允价值内涵及其对商业银行微观行为和金融监管的影响。

1.7　创新与局限性

（1）与现阶段单纯地介绍公允价值或从计量属性角度研究公允价值不同，本书以商业银行金融工具为分析对象，首次较为深入地研究金融工具公允价值演变、计量及其影响。

（2）深入探讨商业银行金融工具公允价值确定的一般原则合方法，特别是减值贷款（non-performing loan，NPL）利息收入和核心存款无形资产（CDI）等，以及对报告主体自有信用状况的特殊考虑。

（3）以美国20世纪80年代S&L A危机为背景，结合新自由主义经济学、法律制度和金融自由化深入研究公允价值的产生背景、理论基础和法律制度框架。

（4）在巴塞尔新资本协议框架下，创造性地研究FVA与资本充足率监管和市场约束的兼容性问题。

本研究的局限性主要在于：由于国内上市商业银行数量较少，且监管机构和准则制定机构长期以来并没有要求其强制披露公允价值数据，本研究难以采用经验研究方法探讨公允价值的价值相关性。

第2章 文献综述

2.1 国外研究文献综述

SFAS No.107（FASB，1991）的发布引起学术界对公允价值的价值相关性展开广泛研究；SFAS No.115（FASB，1993）则进一步将研究深入至确认和计量层面及其对商业银行活动（如投资组合和风险管理）的影响。总体上看，国外公允价值研究主要具有7个特点：①研究领域主要是金融机构，尤其是存款类金融机构（depository financial institutions），并逐步扩展至保险业、证券业、投资公司和非金融企业；②研究对象主要是财务报表金融工具项目，尤其是投资证券、贷款、核心存款，并逐步扩大至非金融资产和负债项目，如厂场设备（property plant and equipment，PPE）、以股份为基础的薪酬支付和养老金及其他退休后福利（Pension and Other Retirement Benefits）；③研究内容主要集中在公允价值的价值相关性（value-relevance），并逐步扩展至FVA对金融机构风险管理、绩效考核和金融稳定的影响；④研究方法主要采用经验研究法来评价权益市场价值/价格与特定财务报表项目（确认或披露）公允价值或利得与损失的相关性，包括事件研究（event research）和横截面（cross-sectional research）研究，模型设定主要是价格水平模型（price level model）和回报模型（return model）；⑤研究深度从探讨是否在现有HCA模式中引入公允价值计量属性，逐步扩展至FFVA对金融机构财务状况和经营业绩的影响；⑥研究地域从美国进一步扩展至英国、澳大利亚和丹麦等国家；⑦研究均以资本市场有效假设为前提条件，并以资本市场均衡模型和估值模型（如Feltham和Ohlson，1995，1996）公司价值模型）为给定。

2.2　公允价值的价值相关性

2.2.1　概述

　　编制财务报告的目的是为投资者和债权人等财务报表使用者提供有助于做出经营和经济决策有用的信息（FASB，1978）。相关性和可靠性是会计信息的两个首要特征。相关性越大，可靠程度越高，对决策越有用（FASB，1980）。公允价值相关性研究主要集中在财务报表特定项目尤其是金融工具公允价值信息的相关性和可靠性，包括在财务报表中确认或在附注中披露的公允价值信息。❶

　　价值相关性研究对于会计准则制定者具有十分重要的意义。❷Barth 等（2001）认为，价值相关性研究对于准则制定者洞悉所需解决的问题具有重要意义，有助于实现相关性和可靠性的可操作性计量。

　　价值相关性研究着重评价权益市场价值/价格与财务报表会计数据的相关性。如果某一会计数据与权益市场价值具有显著相关性，则认为具有价值相关性（Amir 等，1993；Beaver，1968；Ohlson，1999；Barth，2000；Barth 等，2002）：权益市场价值（价格）=f（会计数据）。

　　在有效市场假说框架下，公允价值的价值相关性研究主要采用回归分析法探讨权益价格与公允价值计量属性下会计数据的相关性和可靠性的内在关系，包括表内确认和表外披露。但是，会计信息的有用性是相关性和可靠性的有机结合，

---

　　❶ 需要注意的是，直到 2006 年 9 月，FASB 才将散布于各个准则公告的公允价值定义和计量方法等典籍化于 SFAS No.157。因此，在 2006 年之前进行的公允价值研究可能采用不同的公允价值定义和计量方法。

　　❷ 也有一些学者对价值相关研究的意义提出质疑。例如，Holthausen 和 Wattw（2001）认为，价值相关性研究对会计准则制定只能提供很少甚至不能提供任何有意义的见解；Abody 和 Liu（2002）认为，在无效率市场，传统价值相关性研究所做回归分析不能反映包含在会计变量中未来将发生事项的价格影响；Lee（2001）则指出，价值相关性研究是以资本市场有效运行为假设前提的，现有研究没有指出投资者是如何运用会计信息的，而且噪声交易者的信息需求也没有得到实质性解决。针对他们的研究，一些学者纷纷提出不同意见。例如，Francis 和 Schipper（1996）指出，没有证据系统性地表明财务报表数据失去价值相关性；Collins、Maydew 和 Weiss（1997）则认为会计数据价值相关性相对增加。

且现实中难以独立、有效地区分可靠性和相关性的不同影响（包括数量影响）[1]。因此，价值相关性研究是会计数据相关性和可靠性的联合检验。

在研究设计上，价值相关性研究使用不同的估值模型，包括价格水平模型（price level model）和回报模型（return model），且通常使用普通股权益市场价值/价格作为标准来评价特定会计数据是如何捕捉信息的。公允价值的价值相关性研究主要内容包括：①检验设定估值模型中会计数据的系数是否显著异于零且具有预测性的符号（Barth，1994；Eccher 等，1996；Nelson，1996）；②检验会计数据的估计系数是否显著区别于在财务报表确认的其他数据的系数（Barth 等，1998；Aboody 等，1999）；③检验会计数据的系数是否显著异于基于估值模型的理论系数（Barth，1992）；④检验与源于相关性和可靠性模型的系数大小相关的特定预测，其目的在于检验会计数据的可靠性。此外，这些研究也检验管理当局裁量权（discretion）对会计数据可靠性的影响，主要目的在于检验公允价值信息的可靠性（Barth 等，1994，1996）。

2.2.2 基于美国商业银行金融工具的价值相关性研究

美国拥有世界上最发达的金融市场。在金融工具会计准则制定方面，FASB 制订现阶段最为详尽的会计准则体系，并在理论研究方面走在世界前列。1984 年 8 月，FASB 发布 SFAS No.80《期货合同的会计处理》（*Accounting for Futures Contracts*）。1986 年，为了解决金融创新和风险管理活动所产生的会计问题，FASB 启动了金融工具项目，以披露为起点并逐步扩展至表内确认和计量，先后发布了 SFAS No.105、No.107、No.114、No.115、No.119、No.121、No.125 和 No.133 等一系列准则公告（见表 2-1）。

---

[1] 大多数价值相关性研究采用价格水平模型而不是回报模型。二者的关键区别在于价格水平模型更多关注确定什么因素应当反映在公司价值中，回报模型关注确定什么因素应当在反映在给定期间的价值变化中（Barth、Beaver 和 Landsman，2001）。当研究目的在于确定会计数据是否具有及时性时，检查价格变化是较为恰当的研究设计选择。

表2-1　FASB发布的金融工具准则公告

准则公告名称	发布日期	整体/部分有效性
SFAS No.13——租赁会计	1976年11月	被SFAS No.91、98修订
SFAS No.15——债权人和债务人呆账重整的会计处理	1997年6月	被SFAS No.114、121修订
SFAS No.52——外币折算	1981年12月	被SFAS No.133和135修订
SFAS No.60——保险公司会计处理和报告	1982年6月	被SFAS No.91修订
SFAS No.65——某些抵押银行活动的会计处理	1982年9月	被SFAS No.91修订
SFAS No.76——债务解除	1983年11月	被SFAS No.125取代
SFAS No.77——转让者报告带追索权的应收款项转移	1983年12月	被SFAS No.125取代
SFAS No.80——期货合约的会计处理	1984年8月	被SFAS No.133取代
SFAS No.91——与贷款发起或购买相关的不可收回费用和成本以及租赁肢解初始成本的会计处理	1986年12月	被SFAS No.98部分修订
SFAS No.95——现金流量表	1987年11月	被SFAS No.104部分修订
SFAS No.97——保险公司对某些长期合同和出售投资的已实现利得和损失的会计处理和报告	1987年12月	
SFAS No.98——租赁会计：涉及房地产的售后租回交易、销售型房地产租赁、租赁期限的定义和直接融资租赁的初始直接成本	1988年5月	
SFAS No.104——现金流量表：某些现金收支的净额报告和源于套期交易的现金流量分类	1989年12月	
SFAS No.105——具有表外风险的金融工具和信用集中风险的金融工具的信息披露	1990年3月	被SFAS No.133取代
SFAS No.107——金融工具公允价值披露	1991年12月	被SFAS No.133部分修订
SFAS No.113——短期和长期在保险合同的会计处理	1992年12月	被SFAS No.133部分修订
SFAS No.114——债权人贷款减值的会计处理	1993年5月	被SFAS No.118部分修订
SFAS No.115——某些债务投资和权益投资的会计处理	1993年5月	被SFAS No.133部分修订
SFAS No.118——债权人减值贷款会计处理——收入确认和披露	1994年10月	
SFAS No.119——衍生金融工具和金融工具公允价值披露	1994年10月	被SFAS No.133取代
SFAS No.121——长期资产减值和待处置的会计处理	1995年3月	被SFAS No.144部分修订
SFAS No.122——抵押服务权的会计处理	1995年5月	被SFAS No.125取代

续表

准则公告名称	发布日期	整体/部分有效性
SFAS No.124——为非营利组织持有的某些投资会计处理	1995 年 11 月	
SFAS No.125——金融资产转移和服务以及债务解除的会计处理	1996 年 6 月	被 SFAS No.140 取代
SFAS No.127——推迟 FAS125 生效日期	1996 年 12 月	被 SFAS No.140 取代
SFAS No.133——衍生工具和套期活动会计处理	1998 年 6 月	被 SFAS No.137、138、149、150 和 155 修订
SFAS No.134——抵押银行将持有待售的抵押贷款证券化后留存的抵押支持证券的会计处理	1998 年 10 月	
SFAS No.137——推迟 FAS133 生效日期	1999 年 6 月	
SFAS No.138——某些衍生工具和套期活动的会计处理	2000 年 6 月	
SFAS No.140——金融资产转移和服务以及债务解除的会计处理	2000 年 9 月	被 SFAS No.155、156 修订
SFAS No.144——长期资产减值或处置的会计处理	2001 年 8 月	
SFAS No.147——某些金融机构合并	2002 年 10 月	
SFAS No.149——对 FAS133 衍生工具和套期活动的修订	2003 年 4 月	
SFAS No.150——某些同时具有负债和权益的金融工具的会计处理	2003 年 5 月	
SFAS No.155——某些混合金融工具的会计处理	2006 年 2 月	
SFAS No.156——金融资产服务的会计处理	2006 年 3 月	
SFAS No.157——公允价值计量	2006 年 9 月	

资料来源：根据 FASB 网站资料整理（www.fasb.org/ocl）；数据截至 2006 年 12 月 31 日。

在 FASB 大力推动金融工具项目的同时，以美国会计学会（American Accounting Association，AAA）为代表的学术研究机构和专家学者纷纷就金融工具公允价值的价值相关性展开研究。考虑到商业银行资产负债表结构、经营管理活动和银行监管等特殊性，学术界一般在 SFAS No.107 和 SFAS No.115 框架下对商业银行金融工具项目公允价值的价值相关性进行研究。其中，以 SFAS No.107 为框架的研究主要集中在公允价值披露，而以 SFAS No.115 为框架的研究更多地涉及表内确认问题。这主要是因为 SFAS No.115 规定，TS 和 AFS 以公允价值进行初始计量和后续计量。其中，前者公允价值变动计入当期损益，后者计入股东权益。此外，在研究方法上，针对SFAS No.115的研究更多地采用事件研究法，重点测试SFAS No.115发布前后权益市场价值/价格变化，以测试其对投资者投资行为的潜在影响。

IASB及其前身IASC也先后发布一系列涉及金融工具公允价值披露与计量的会计准则和财务报告准则（见表2-2）。这些准则在制定思路和内容上大致沿袭FASB，但更加突出以原则为导向的制定策略。

表2-2　IASC/IASB发布的与金融工具公允价值相关的准则

准则名称	发布时间	备注
IAS No.32:金融工具:披露与列报	2003	被 IFRS No.7取代
IAS No.39:金融工具:确认与计量	2003	被多次修订
IFRS No.7:金融工具:披露	2005	

资料来源：根据IASB网站资料整理（www.iasb.org.uk）；数据截至2006年12月31日。

Barth（1994）以1971～1990年美国商业银行为样本，采用估值模型（valuation model）和盈利资本化模型（earnings capitalization model），检验投资证券公允价值、利得和损失与股价的相关性。[1]研究结果表明：①投资证券的公允价值具有超过历史成本的增量解释能力，而其历史成本不具有相对增量解释能力；②投资证券利得和损失不具有价值相关性，且只有在更强有力的模型设定中才具有显著的增量解释能力。但是，从研究结果来看，难以确定证券投资利得和损失价值缺乏相关性的原因是相关性还是可靠性。在对计量误差（measurement error）模型研究的基础上，Barth（1994）认为，这主要是源于下列两种原因：①证券利得和损失的计量误差太大，抑制了公允价值数据的价值相关

---

[1] Barth（1994）认为，以前研究没有提供资产公允价值估计价值相关性的强有力证据，主要原因在于：①计量误差是主要原因；②样本公司分别属于不同的行业。

在估值模型选择上，Barth（1994）采用普遍公认的公司市场价值模型：公司价值＝资产与负债市场价值之差。需要指出的是，这种估值模型没有考虑公司规模效应的影响，也没有考虑未纳入资产负债表的无形资产因素，如自创商誉、核心存款无形资产和特许经营权等。

性；②证券利得和损失被来自其他资产和负债的利得和损失所抵消。然而，这两种解释都难以直接验证。此外，研究分析还有可能受到研究方法固有的相关遗漏变量的消极影响。补充分析显示，计量误差可能是更加合理的解释，但也不能很好地解释为什么只影响投资证券利得和损失而不是其公允价值。基于计量误差模型的研究表明，相对内含于权益价格的已实现利得和损失，证券利得和损失含有具有更多的计量误差。总之，证券利得和损失的计量误差可能大到足以消除其价值相关性。[1]Barth（1994）的研究主要存在3个缺陷：①没有涉及其他金融工具，也没有区分不同市场类型（是否属于活跃市场）和投资证券的不同品种（如国债或公司债券）。②样本数据不充分。在选取样本期间中商业银行没有披露所有金融工具的公允价值。③存在相关遗漏变量问题（correlated omitted variable problem）。这主要是源于计量不一致或错配（mismatch）［如投资证券以公允价值计量但其他金融资产和金融负债采用摊余成本（amortised cost）计量］。

Ahmed 和 Takeda（1995）以 1986～1991 年 152 家美国银行持股公司（bank holding company，BHC）为样本，检验投资证券利得和损失是否捕捉了其他资产和负债因利率变化引起的抵消影响，以及已实现利得和损失是否受管理当局操纵的影响。[2]研究结果表明：①财务报表其他资产和负债的利率敏感度显著影响股票回报。②在控制其他资产和负债的影响（相关遗漏变量偏见）后，未实现利得和损失对股票回报具有显著的影响。这与 Barth（1994）的研究结论是一致的。③在正常时期，已实现利得和损失对股票回报具有显著的正面影响。但是，当资产的会计回报率或资本充足率较低时，已实现利得和损失的回归系数显著地较低，这表明投资者在估值时业已考虑了管理当局的行为动机。Ahmed 和 Takeda

---

[1] Wong（2000）认为，计量误差也具有增量解释能力。

[2] Barth、Beaver 和 Wolfson（1990）以及 Barth（1994）都认为，已实现利得和损失总体上对股票回报具有负面影响，且通常用于盈余和资本管理。这种观点与 Scheles、Wilson 和 Wolfson（1990）和 Moyor（1990）的观点一致。但是，Warfield 和 Linsmeir（1992）认为这与税收规避有关，而不是盈余管理。

（1995）的研究在一定程度上是 Barth、Beaver 和 Volfson （1990）[1]以及 Barth
（1994）等研究的继续，因为他们主要研究 Barth 做出的第二个解释以及已实现
利得和损失计量误差的影响。[2]此外，Ahmed 和 Takeda（1995）还间接地提出一
个关键问题：构成管理当局裁量权（management discretion）的更大来源是什
么：是利得和损失的披露，还是确定非活跃市场资产价值时在假设、模型及参
数选择上的自由？

Nelson （1996）以 1992 ~ 1993 年美国 200 家 BHC 为样本，分别采用水平模
型和回报模型，研究普通股市场价值与包括投资证券在内的金融工具公允价值
信息的价值相关性。研究结果表明：①只有投资证券的公允价值具有增量解释
能力。②没有可靠的证据表明，贷款、存款、长期债务或资产负债表表外金融
工具净额具有增量解释能力。这表明无论是账面价值还是 SFAS No.107 框架下的
公允价值披露都难以解释普通股市场价值。③在控制权益报酬率和权益账面价
值增长率（表示未来增长机会）因素后，投资证券公允价值也不再具有显著相
关性。Nelson （1996）认为，前期经验研究存在的重大问题在于不能控制与未来
盈利能力相关的价值相关性信息，这将对经验研究结论造成重大偏见。Nelson
（1996）模型设定的独特之处在于采用以一阶差分形式来构造模型：将权益的市
场价值与账面价值之差作为当前市场价值信息的函数，并考虑了未来增长机会
带来的价值，在一定程度上契合现代财务理论。总之，Nelson （1996）认为，回
报模型下不存在可靠的证据表明 SFAS No.107 框架下的公允价值披露具有价值相
关性。

Eccher、Ramesh 和 Thiagarajan （1996）采用与 Nelson （1996）相同的样本期

---

[1] Barth、Beaver 和 Volfson(1990)检验了银行盈利中已实现利得和损失的影响。研究结果表明,在整个
样本年度,证券利得和损失前盈利乘数为正且显著异于零,但已实现证券利得和损失的系数通常不显著异于
零。这表明市场可能认为已实现利得和损失是暂时的,且管理当局能够操纵。因此,投资者在估值时将其排
除在外。Warfield 和 Linsmeier(1992)从税收角度检验 Barth、Beaver 和 Volfson(1990)的研究结论,分析银行税
收法律对已实现证券利得和损失系数的影响。研究结果表明,银行的税收法律和已实现金额的性质(利得或
损失)有助于解释证券利得和损失前盈利、已实现利得和损失与股票回报的关系。

[2] Landsman(2006)也研究指出,计量误差将不可避免地导致净收益和监管资本波动。

间以大约300家美国BHC为样本，检验金融工具公允价值的价值相关性。❶研究
结果表明：①金融工具公允价值与市场价值的差额总体上与市净率（market-to-
book ratio）相关。②即使在控制其他金融工具的情况下，投资证券公允价值仍然
具有价值相关性［与 Barth（1994）和 Petroni、Wahlen（1995）的研究结论一
致］。③只有在有限情况下，除投资证券之外的其他金融工具公允价值披露才具
有价值相关性，主要表现在，与投资证券公允价值相比，贷款净额公允价值与市
净率的相关性相对较低；资产负债表外工具在有限情况下才具有价值相关性；长
期债务尽管在统计上显著，但其回归系数的符号却不一致；存款的公允价值不具
有价值相关性（原因可能是没有考虑核心存款无形资产因素）。④只有在1992年
（SFAS No.107有效执行），公允价值披露才具有价值相关性，表明金融工具公允
价值披露使得财务报表成为更加综合的价值相关性源泉。⑤历史成本信息能够在
绝对量和增量上提供更多具有价值相关性的信息。❷在1992年，公允价值披露只
能解释17%的市净率变动，但将名义价值加入模型后增至28%，而调整后R2猛
增至63%；1993年也存在类似结果。因此，实现由HCA向FVA的转变可能消除
一些具有价值相关性的历史成本信息，这需要引起银行监管机构的密切关注。总
之，虽然在SFAS No.107框架下金融工具公允价值披露使得财务报表成为更综合
的价值相关性源泉，但HCA也能提供价值相关性信息。因此，应对FVA的应用
持谨慎态度。Eccher、Ramesh 和 Thiagarajan（1996）的研究是 Nelson（1996）的
继续和扩展，均强调在市场不完全条件下公允价值的相对有用性，金融工具公允
价值披露的解释能力是"相当中性的"（rather modest）。Lys（1996）对 Eccher、
Ramesh 和 Thiagarajan（1996）的研究方法和结果进行了补充分析，认为他们的研

---

❶ 在样本方面，1992年，BHC为296家；1993年为328家。Eccher、Ramesh和Thiagarajan(1996)采用两种
检验方法：①检验在控制历史成本后金融工具公允价值披露是否具有价值相关性，具体方法是以市净率回归
公允价值与账面价值之差；②检验公允价值披露总体上是否存在超过历史成本账面价值的增量解释能力，具
体方法是建立一个仅使用从传统历史成本系统可获得的数据来解释市净率变动的基准模型，这些数据捕捉
了诸如盈利能力、贷款质量、资本充足率和流动性等对市净率具有重大决定作用的特征。从估值观点来看，
这些历史成本比率可能通过提供单个金融工具市场价值无法捕捉的"商誉"价值来补充公允价值披露。

❷ Nelson(1996)认为，大部分银行权益的市场价值并没有反映在账面价值或公允价值披露中；Beaver、
Dater和Wolfson(1992)认为，在应用FVA时，只有在完全和完善市场条件下才可能产生决策有用性信息。

究结论不具有说服性。[1]Lys(1996)认为,公允价值披露与投资者关于金融资产和负债市场价值的估计存在偏差,表明公允价值披露可能向投资者提供了有用的新信息,也可能没有提供任何重要的信息(因为投资者自身的估计可能更加可靠)。Eccher、Ramesh 和 Thiagarajan(1996)的研究结论只是意味着估计公允价值的程序导致低估金融资产的公允价值而高估金融负债的公允价值。因此,需要进一步测试公允价值披露的信息含量。

针对 Nelson(1996)和 Eccher、Ramesh 和 Thiagarajan(1996)的研究,Barth、Beaver 和 Landsman(1996)针对相似样本银行和期间采用有别于他(她)们的研究设计,主要方法是加入其他解释变量,以及在计量权益市场价值时采用4月30日股票价格而不是会计年度(12月31日)或后续日期(3月31日)。研究结果表明:①贷款、证券和长期债务的公允价值披露均具有重大解释能力,而存款和资产负债表表外项目则不具有;②当采用一系列重大条件变量(包括非应计贷款和利率敏感性资产与负债)和允许贷款的公允价值系数随着银行债务状况而变化时,也得到相对较为强有力的证据,尤其是银行核心存款无形资产、非应计贷款、利率敏感性资产和利率敏感性负债显著地与银行股票价格相关[2];③存款、表外工具和衍生工具不具有显著解释能力。此外,贷款的公允价值没有完全反映贷款内在的信用风险和利率风险。对于具有更高资本充足率的银行,贷款的系数显著地更大。总之,Barth、Beaver 和 Landsman(1996)的重要研究结论是:证券、贷款和长期债务公允价值均具有显著的增量解释能力,并将 Nelson(1996)和 Eccher、Ramesh 和 Thiagarajan(1996)的研究结论差异主要归因于不充分的变量控制问题。

Park、Park 和 Ro(1999)在 SFAS No.115 框架下,以1993~1995年222家美

---

[1] Lys(1996)认为,Eccher、Ramesh 和 Thiagarajan(1996)的研究存在3个方面的主要缺陷:①存在严重的计量误差问题。例如,1992年和1993年的 R^2 分别只有18.66%和7.95%。②BHC 的资产规模影响研究的敏感性。③在公允价值披露的增量信息含量方面,对 F 检验的效果提出质疑。例如,增量检验受到遗漏相关变量问题的影响。

[2] Beaver、Eger、Ryan 和 Wolfson(1989)研究认为,非应计贷款在解释银行股票价格的横截面变动方面具有十分重要的作用,而且关于不同贷款组合特征的补充披露具有显著地超过贷款损失准备的增量解释能力。Flanner、James(1984)和 Beaver 等(1968)均认为,银行股票价格差异性地反映了利率的变化,使用利率敏感性资产和利率面感性负债可以有效地捕捉这种差异。

国商业银行为样本，进一步区分不同投资证券类别的价值相关性。研究结果表明：①AFS 和 HTM 的价值差异均能解释银行权益市场价值，具有价值相关性；②只有 AFS 价值差异能解释总回报（raw stock return）和异常回报，HTM 价值差异只能解释总回报；③和 HTM 相比，AFS 价值差异的解释能力更强；④AFS 有较强的盈利解释能力，能预测提前一年的银行盈利；⑤当证券投资按照 AFS 和 HTM 分别披露时，证券价值差异显著增加。Park、Park 和 Ro（1999）对不同投资证券价值相关性的研究，是 Barth（1994）、Petroni 和 Wahlen（1995）、Nelson（1996）以及 Eccher、Ramesh 和 Thiagarajan（1996）等研究的进一步深化和拓展，表明不同投资证券类别之间也存在价值相关性差异，其隐含结论在于市场投资证券的活跃程度（即可靠性）影响价值相关性。

　　Barth（1994）、Nelson（1996）、Eccher 等（1996）和 Barth 等（1996）均以 SFAS No.107 为框架分析表内金融工具公允价值的价值相关性。尽管样本和时间跨度相似，然而由于研究设计不同，得出的研究结论也存在较大差异。但是，他（她）们均认为：①投资证券的公允价值具有价值相关性；②存款和资产负债表表外项目的公允价值不具有价值相关性。但是，在贷款的公允价值是否具有价值相关性方面三者差异很大。Nelson（1996）认为贷款的公允价值不具有价值相关性，Barth 等（1996）则认为具有显著的价值相关性，Eccher 等（1996）介于二者之间，认为相关性相对较低。

　　针对 Nelson（1996）、Eccher 等（1996）和 Barth 等（1996）关于表外金融工具的研究，Venkatachalam（1996）在 SFAS No.119 框架下以 1993～1994 年 89 家美国商业银行为样本，检验资产负债表表外工具的价值相关性。研究结果表明，在控制所有资产负债表表内项目的影响后，资产负债表表外工具公允价值披露具有价值相关性。这是因为投资者认为衍生工具公允价值反映其基础经济价值（underlying economic value）。Pfeiffer（1998）重点研究了资产负债表表外发起的抵押贷款服务权（mortgage service rights）的价值相关性，以及是否从事指定为管理报告收益和财务状况的交易。研究结果表明，即使没有在资产负债表中报告，这些抵押贷款服务权依然被市场定价，而且在签订服务权销售时，流动性动机大于盈余管理动机。

Khurana 和 Kim（2003）在 SFAS No.107 和 115 框架下以 1995～1998 年美国 302 家 BHC 为样本，检验历史成本和公允价值在权益价值方面的相对信息含量。研究结果表明：①公允价值计量在总体上并不具有更强的信息含量；②对于规模较小的 BHC 和没有分析师跟踪研究的 BHC，贷款和存款的历史成本计量具有更多的信息含量❶；③存在活跃市场的 AFS 公允价值可以更好地解释权益价值；④对于持有至到期债务工具和活期存款以外的其他存款，公允价值和历史成本均不具有更多的信息含量。总之，公允价值的价值相关性取决于是否可以获得客观的、以市场为基础的可靠计量。因此，在针对不存在活跃市场金融工具制定恰当的估值方法或指南之前，简单地要求金融工具采用公允价值计量并不能改善 BHC 的信息披露质量。Khurana 和 Kim（2003）的研究是 Nelson（1996）、Eccher 等（1996）、Barth 等（1996）和 Park（1999）等研究的继续，进一步证明不同金融工具的特质（如是否存在活跃市场）存在不相同的价值相关性。在研究方法上，Khurana 和 Kim（2003）的独特之处在于不是检验公允价值大于历史成本的增量信息含量而是相对信息含量。❷

总之，在 SFAS No.107 框架下，公允价值的价值相关性研究虽然较为一致地认同投资证券公允价值具有增量解释能力，且不同类型证券的相关性也存在差异。但是，对于难以可靠计量的金融工具（如贷款、存款和表外工具），其价值相关性却存在较大分歧。造成分歧的原因主要在于：对那些不存在活跃市场交易的存款和贷款，公允价值信息所产生的相关性是否超过因此下降的可靠性，并在成本效益原则和重要性原则的指导下总体上是否具有更强的价值相关性。只有存在活跃市场时，金融工具的价值相关性（相关性和可靠性）最强。因此，公允价值是基于市场的计量属性，应当充分考虑金融工具的市场成熟度及其对可靠性计量的影响。

---

❶ 这些 BHC 的共同特点在于缺乏较为透明的信息环境。此外，存款和贷款不存在活跃市场以可靠地确定其公允价值，且采用估值模型则在方法和假设方面存在较多的主观判断。因此，公允价值信息具有较低的可靠性。

❷ 增量信息含量研究方法是研究公允价值和历史成本相对于其中一种是否更具有信息含量；相对信息含量则是直接检验公允价值的信息含量是否大于、等于或小于历史成本。因此，增量信息含量研究中，当公允价值不具有增量信息时，可能意味着小于或等于历史成本；相对信息含量研究中则比较两种计量属性的差异（Biddle、Sewd 和 Siegel，1995）。

2.2.3　基于美国其他金融机构金融工具的价值相关性研究

除以BHC为研究对象外，一些学者还将研究领域扩展至保险公司和证券投资基金等其他非银行金融机构。

Petroni和Wahlen（1995）在SFAS No.115框架下以56家美国财产保险公司（property insurance companies）为样本，检验权益证券和固定到期债务工具与股票价格的相关性，以检验投资证券的公允价值是否相对于历史成本具有增量信息含量。研究结果表明，只有存在活跃市场的权益证券和美国国债可以解释财产保险公司股票价格；其他非活跃市场的投资证券（如市政债券和公司债券等）公允价值披露不能反映股票价格的变动，不具有增量解释能力。这表明投资者的定价决策仅仅和那些与市场价格密切相关的投资证券的公允价值相联系，即活跃市场影响金融工具价值相关性。造成这种现象的原因可能是不同类型投资证券公允价值估计的可靠性影响相关披露的价值相关性。从研究对象来看，Petroni和Wahlen（1995）的研究是Barth（1994）以及Ahmed与Takeda（1995）研究在保险公司领域的延伸，且研究方法与Park、Park和Ro（1999）后来进行的研究设计相同，均是研究不同类型投资证券的可靠性对价值相关性的影响。但是，Petroni和Wahlen（1995）没有检验投资证券利得和损失的价值相关性问题，并且在研究方法上也存在相关遗漏变量问题（如只有60%左右的资产项目提供公允价值数据）。

封闭式基金的独特资产负债结构为检验金融工具公允价值计量的价值相关性提供了独特的优势。[1]Carroll、Linsmeier和Petroni（2003）以1982~1997年美国143家封闭式基金为样本，检验金融工具公允价值会计的价值相关性。研究结果表明，即使在控制历史成本变量后，股票价格与投资证券公允价值、股票回报与证券利得和损失之间也存在显著相关性。因此，投资证券公允价值向投资者提供

---

[1] Carroll、Linsmeier和Petroni（2003）认为，封闭式基金在下列3个方面的独特性为研究金融工具的价值相关性提供了得天独厚的条件：①对封闭式基金的特殊报告要求导致投资证券以公允价值在资产负债表中确认，且其相应的未实现利得或损失在利润表和独立的所有者权益中报告。②封闭式基金的全部资产几乎全部由投资证券构成，其他资产和负债是微不足道的。因此，基本上不存在潜在的相关变量遗漏问题。③不同封闭式基金的投资类别差别很大。

了有助于改善决策的相关信息。为了检验投资证券公允价值已确知的可靠性差异是否影响投资者对信息有用性的评估，他们进一步检验股票价格矩阵（stock price matrix）与不同投资证券的关系。例如，投资证券是否为西方七国（G7）和G7之外的上市权益证券、美国国债、市政债券或公司债券。❶研究结果表明，股票价格矩阵（pricing matrix）与投资证券公允价值之间存在显著的相关性。此外，非活跃市场（thin market 或者 non-active market）投资证券（如非公开上市公司和非G7国家权益证券）公允价值信息的也具有增量解释能力。因此，投资证券公允价值估计中存在的可靠性问题并不是导致以前经验研究不一致的主要原因。Basu（2003）进一步扩展 Carroll、Linsmeier 和 Petroni（2003）的研究，检验价值相关性是否随时间的流逝而变化，以及在更加强有力的相关性和可靠性检验中他们的结论是否依然有效。研究结果表明，价值相关性相当稳定，他们的结论继续有效。在研究方法上，Carroll、Linsmeier 和 Petroni（2003）与 Petroni 和 Wahlen（1995）是一致的，都是 Barth（1994）、Nelson（1996）和 Eccher（1996）等研究的扩大化，都是区分不同投资证券品种公允价值的价值相关性。但是，研究得出的结论却大相径庭，前者否认可靠性是造成公允价值相关性存在差异的主要原因。

总之，对美国非银行金融机构金融工具价值的相关性研究结论与基于商业银行金融工具的研究结论基本一致，可以视为研究范围的进一步扩展。

2.2.4 基于管理当局判断是否影响公允价值可靠性的研究

相关性和可靠性是会计信息具有决策有用性的两个首要特征（见图2-1）。信息要具有可靠性，必须是反映真实的、可核实的和无偏的（FASB，1980）。在现代公司所有权和控制权分离的情况下，公司治理当局（governance）和管理当局（management）的目标函数并不总是一致，且管理当局在证券价格中拥有实质

---

❶ G7国家具有相对较为发达的资本市场，因此，金融工具如国债和权益价值能够可靠地确定。

性经济利益（如以股份期权表现的薪酬支付）。❶因此，管理当局有动机操纵信息披露（Beaver，1968）。

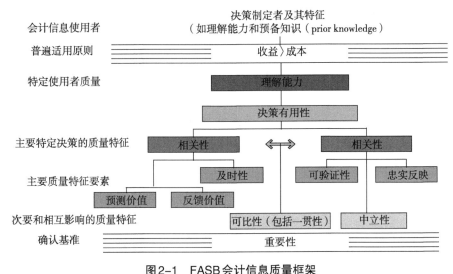

会计信息使用者　　　　决策制定者及其特征
　　　　　　　　　　（如理解能力和预备知识（prior knowledge））

普遍适用原则　　　　　　收益＞成本

特定使用者质量　　　　　　理解能力

　　　　　　　　　　　　决策有用性

主要特定决策的质量特征　　相关性　　←→　　相关性

主要质量特征要素　　　　　及时性　　　可验证性　　忠实反映

　　　　　　　预测价值　　反馈价值

次要和相互影响的质量特征　　可比性（包括一贯性）　　中立性

确认基准　　　　　　　　　　　重要性

图2-1　FASB会计信息质量框架

资料来源：SFAC No.1（FASB，1978）（www.fasb.org）。

但是，会计信息的相关性和可靠性是存在一定冲突的。满足相关性标准的会计信息可能难以保证会计数据的可靠性；满足可靠性标准的会计信息可能源于时间因素与财务报表使用者的经济决策不一定相关。FASB（1980）指出，相关性和可靠性必须相互权衡，并视具体情况各有侧重。通常情况下，以决策有用性为目标的更多追求相关性，以受托责任履行情况为目标的则更加强调可靠性。

Barth（1999）认为，FVA的关键问题之一是可靠性；美联储主席Greenspan认为计量可靠性是市场价值会计面临的最大问题（Bernard，1995）；欧洲中央银行（European Central Bank，ECB）认为，公允价值可靠性是值得关注的三个重要

---

❶ 管理当局(management)是指公司官员和其他承担高级管理职责的人员，而治理当局(governance)是指公司承担监督、控制和指导职能的人员，其职责在于确保公司实现既定目标，编制财务报告并向利益相关者报告(IFAC,2004)。由此可见，管理当局在很大程度上等同于公司高级管理人员，而治理当局则相当于董事会和监事会。因此，本书对管理当局、公司高级管理人员或高级管理当局不加区分。

问题之一。●从以前关于投资证券公允价值的价值相关性经验研究来看，公允价值估计的可靠性问题是造成研究结论不一致甚至截然相反的主要原因。例如，Petroni、Wahlen（1995）和 Carroll 等（2003）都研究存在不同活跃程度的证券投资公允价值的价值相关性。当金融工具公允价值采用模型（marked-to-model approach）方法确定时，模型固有风险成为公允价值计量的重要制约因素。因此，对 FVA 的争论主要围绕着增加的相关性与下降的可靠性之间的平衡问题。❷

相对于 HCA，FVA 一般更加容易受到管理当局的操纵，尤其是那些不存在活跃市场的金融工具，如"客户化"的衍生产品（taileored/customerized derivatives）。以商业银行为首的金融机构反对 FVA 的主要理由是其缺乏可靠性。2000 年 FASB 发布的《暂时性观点：以公允价值报告金融工具和相关资产与负债》（PV），要求所有的金融工具应当采用公允价值计量且其变动形成的利得和损失在发生时计入利润表。但是，在提交反馈意见的 50 家存款类金融机构及其代表银行家协会中只有 JP Morgan 等少数银行明确提出支持采用 FVA。例如，美国银行家协会（American Bankers Association，ABA）认为，所有金融工具采用 FVA 将错误地列报绝大多数银行的经营业绩和财务状况。Susan（2004）指出，FRB 认为公允价值计量存在 3 个亟待解决的重要问题：①可靠性；②可验证性（管理当局偏见）；③可审计性。在这些问题得到有效解决之前，实现会计模式的激进变化将严重损害可能带来的相应预期利益。值得注意的是，国际活跃银行如花旗集团和汇丰控股等现阶段较为广泛地采用金融工具的公允价值进行风险和组合管理以及贷款定价决策。

管理当局意图对证券分类具有十分重要的影响，并进一步影响金融工具计量

● ECB(2006)认为,公允价值应当精确和稳健地计量并恰当记录,以避免不恰当的提前确认不能实现的利得和基于会计因素的"羊群行为",而不是基础经济因素。但是,Barth(2006)指出,在财务报表中包括更多的未来估计因素可能导致收益计量发生重大变化,但这可能有利于向投资者提供做出经济决策的有用信息。

❷ 但是,Barth、Clinch 和 Shibano(2003)研究认为,在相关性不变的情况下,高度不可靠的会计数据确认而不是简单的披露将导致更大的价格信息含量(price informations);高度可靠的会计数均确认导致较低的价格信息含量。因此,将会计确认仅仅建立在可靠性标准之上可能过于简化。相对于相关性,可靠性是重要的,但本身却不是。

属性的选择。SFAS No.115 的投资证券 3 分类和 IAS No.39 的金融资产 4 分类均与管理当局意图直接相关，并直接影响公司的财务状况和经营成果。[1]对于商业银行，特有的信息不对称问题还导致管理当局拥有关于金融工具经济价值的大量私有信息（private information），这对金融工具信息披露产生重要影响。这些问题导致 FVA 的可靠性问题成为监管机构关注的重点。例如，巴塞尔银行监管委员会（Basel Committee of Banking Supervision，BCBS）（2004）指出，应用公允价值选择的关键问题在于公允价值是否直接源于客观察的市场价格，或者是强有力的估值技术。因此，BCBS（2004）反对将公允价值选择（fair value option，FVO）应用于不具有可验证价值的非流动性金融工具。

贷款是存款类金融机构最重要的资产。例如，1961～1991 年间，美国商业银行贷款占总资产的比例介于 48%～60% 之间。因为通常不存在活跃市场（除银团贷款和为证券化而发放的住房抵押贷款）且商业银行主要目的是持有至到期（成为长期稳定收益的重要来源）而不是专为发行抵押支持债券而发放，贷款公允价值更多采用估值模型（主要是折现未来流量 DCF 模型）来确定。但是，现值模型在很大程度上取决于管理当局对于折现率和未来预期现金流量及其概率的主观判断。在 FVO 下，划分为交易性金融资产的贷款公允价值变动计入当期损益，划分为可供出售金融的贷款公允价值变动直接影响所有者权益。因此，贷款公允价值的可靠性成为全面采用 FVA 的争论焦点，也是价值相关性研究的重要内容。[2]

Beaver 和 Venkatachalam（2003）在 SFAS No.107 框架下以 1992～1995 年 320 家美国商业银行为样本，检验贷款公允价值的不同成分具有的定价含义。他们以资产负债表为基础，通过模型设定将贷款公允价值分解为 3 个可独立识别的成分来研究在贷款定价中的不同意义，分别是：自由裁量性成分（discretionary）[3]、

---

[1] 正是因为金融工具分类受到管理当局持有意图的严重影响，金融工具会计被称为心理分析会计。

[2] 除了管理当局主观判断的影响，贷款公允价值也被认为是具有更大的重要计量误差（或噪音）。

[3] 商业银行管理当局可以通过自由裁量权来影响贷款公允价值的判断，如对现值技术中重大假设和参数的确定。

　　在 GAAP 下，自由裁量权的存在具有双重含义：①管理当局向投资者传递有关未来盈利能力的私有信息（private information）（信号含义）；②操纵资产价值以避免监管干预（机会主义含义）。Barth（1996）指出，管理当局自由裁量权可能降低会计数据的可靠性。

非自由裁量性成分（nondiscretionary）和非策略性计量误差或噪音（noise）。❶研究结果表明，相关性和可靠性及其定价含义在公允价值3个成分之间存在显著的差异：①非自由裁量成分的定价以每单位金额（dollar-for-dollar）为基础进行定价，具有价值相关性；②自由裁量成分定价系数的符号取决于管理当局的动机是信号意义还是机会主义。当自由裁量成分具有信号含义（提供关于未来盈利的增量信息）时，其定价系数大于非自由裁量成分；当具有机会主义含义时，其定价系数小于非自由裁量成分；③噪音部分没有体现在价格之中。此外，这3个不同成分也不同程度地反映关于商业银行未来盈利的信息。例如，贷款公允价值的自由裁量成分预测了提前一年和两年的净收益。❷总之，Beaver 和 Venkatachalam（2003）认为，自由裁量性成分和噪音共同构成降低可靠性的因素，并相应地减少公允价值信息的相关性。

Benston 和 Hartgraves（2002）认为，滥用公允价值是安然公司财务欺诈的重要表现。在FASB发布《公允价值计量》（征求意见稿）（*Fair Value Measurement*）后，Benston（2006）对安然公司大量采用估值技术（第3层级）虚构利润的行为进行深刻剖析。作为美国最具创新精神的能源衍生品交易商，安然公司将薪酬体系建立在采用现值技术确定的公允价值之上，强烈地诱导投资部门管理者开发并高估新衍生品的价值，导致过高的经营费用，尽管这些新衍生产品很少成功。虽然过度乐观、机会主义和不诚实的管理当局错误地使用历史成本会计来高估收入、资产和低估负债、费用，但"高度风险"的FVA客观上提供额外的机会来误导投资者和其他财务报表使用者（Benston，2003）。

Nissim（2003）以1994年（157家）和1995年（155家）美国商业银行为样本检验商业银行管理当局对贷款公允价值估计可靠性的影响。研究结果表明，银行管理当局高估贷款公允价值的程度与银行监管资本、资产增长率、流动性和贷款账面价值总额负相关，与信用损失率的变化正相关。例如，资本不足的银行管理当局更加有动机操纵贷款公允价值，以低估风险。总之，银行管理当局可能高

---

❶ Beaver 和 Venkatachalam(2003)的研究方法与 Wilson(1996)和 Petroni、Ryan、Wahlen(2000)是一致的。例如，Wilson(1996)认为会计数据包括三个部分：①计量结构成分(measurement construct component)；②计量误差和管理当局操纵部分。

❷ 关于贷款损失准备金的经验研究表明，自由裁量性贷款损失准备金具有正向定价作用。

估贷款的公允价值以有力地影响市场对其风险和业绩的评估。这可能主要是因为管理当局较外部所有者具有更多的私有信息，导致其有可能以牺牲所有者利益为代价实现自身利益最大化。例如，在20世纪80年代大量S&L A通过利得交易操纵财务报表（O'Brien，1991；Carry，1992）。

Dietricha、Harrisb和MullerⅢ（2000）以英国1988~1996年投资性房地产业为样本，调查管理当局操纵对公允价值估计可靠性的影响，以及投资性房地产的公允价值估计是否随估价师与公司关系（是否隶属于公司）和审计师声誉而变（是否为"六大"会计公司）。研究结果表明：①公允价值估计低于实际销售价格，显示估价师在估值时存在保守主义偏见●；②公允价值估计具有相当低的偏见，且相对于初始取得成本金额是更加精确的计量；③当初始取得成本不能代表销售价格时，估价师估值的精确性相应地下降；④当评估受到外部估价师和"六大"会计公司的监督时，估值金额的可靠性相应增加。因此，投资性房地产历史成本的披露有助于财务报表使用者评价公允价值估计的可靠性。在管理当局判断对投资性房地产公允价值估计的影响方面，研究发现，在采用FRS No.3前，管理当局使用产生更高盈利的计量属性记录来自房地产销售的收益，并且选择所允许的会计方法来报告更高的盈利。此外，管理当局在确定年度重估增值方面使用自由裁量权来平滑报告净资产的变化，以及在发债前提高投资性房地产的公允价值。Muller和Rield（2003）进一步验证外部估价师在确定投资性房地产公允价值估计方面的积极作用。研究发现，在控制公司非随机选择外部监督因素后，造市商（market makers）认为聘用外部估价师的交易者具有较低的信息不对称，并相应设定较低的买卖差价。但是，没有证据表明对是否采用"六大"会计公司存在类似的差异。

2.2.5 基于其他国家（非）金融工具的价值相关性研究

2000年以来，FASB和IASB在会计准则制定中更多地采用公允价值，并具有将其应用扩展至非金融资产如厂场设备的倾向。例如，国际会计准则第16号（IAS No.16）《厂场设备》规定，企业可以采用历史成本模式或重估模式来进行

● 这可能与估价师避免由此产生的诉讼相关。

后续计量。❶一些国家（主要是英联邦国家，如英国和澳大利亚）现阶段允许对PPE进行重估。❷在美国，除对金融工具公允价值的价值相关性进行研究外，学术界开始将研究重点转向无形资产、退休后福利和股份薪酬等项目。许多学者将研究范围从美国逐步扩展到允许对非金融资产（主要是PPE）进行向上重估值的国家（如英国和澳大利亚等）。在现实中，当不存在PPE活跃市场价格时，通常采用重置成本法或收益法确定。此外，IAS No.36还提出可收回价值作为确定方法。需要注意的是，即使是对允许向上重估值的普通法国家，也存在一定的差别。例如，英国侧重于动产，澳大利亚则将其扩大至无形资产和长期投资（AASB No.1041）。

为了满足税收、财务报告和监管要求，丹麦银行业的会计系统是世界上唯一采用"盯市"（mark-to-market accounting）方法为基础进行会计处理的国家。因此，对丹麦银行业进行公允价值研究能提供有借鉴意义的结论。Bernard、Merton和Palepu（1995）以1976~1989年全部丹麦银行为样本，检验作为存款保险制度重要组成部分的"盯市"会计对资本市场、税收和监管的影响。研究结果表明：①盈利波动3至4倍于"盯市"调整前，这种波动性主要来自于未套期长期固定利率债券的利得和损失。❸②不存在令人信服的证据说明管理当局操纵了证券投资和一些表外头寸的未实现利得和损失调整来逃避监管资本限制，也不存在"渐进"的贷款损失确认。因此，"盯市"会计是可靠的。③"盯市"会计和严厉的监管干预相结合，有效地降低了因处置破产银行而产生的相对成本，尽管研究结果表明公允价值是有益的。但是，丹麦银行业与美国相比存在很大差异，如政治体制、审计和监管架构、银行数量、资产结构的复杂性等，且所采用的"盯市"会计也不完全等同于FASB和IASB提倡的FVA，因此，Bernard、Merton和

---

❶ IAS No.16规定,在重估值模式下,厂场设备的公允价值通常由估价师评估确定,向上重估值计入所有者权益向下的重估盈余,而向下重估值则作为当期费用计入利润表。与国际会计准则不同的是,美国GAAP不允许向上重估值,但允许向下重估值(减值确认)。澳大利亚会计准则制定机构采用了IAS,允许以独立估价师或董事会的估计为基础对所有长期资产以公允价值进行重估。

❷ 在1940年以前,美国也允许对厂场设备向上重估值。在SEC的压力下,上市公司逐渐取消了此方法,甚至也不要求在附注中披露相关重估值信息(Walker,1992)。

❸ 这进一步解释为什么丹麦小银行更加倾向于维持更高的监管资本水平,以防止可能出现的违规现象。

Palepu（1995）的研究结论只是在特定环境中才具有价值。

Easton、Eddey 和 Harris（1993）以 1981～1990 年 72 家澳大利亚工业公司为样本，检验资产重估值的价值相关性。研究结果表明，重估准备增值总额对回报和盈利变化具有显著的解释能力，且其水平对于市净率也具有显著的解释能力。当将重估准备记入账面价值时，市净率更加接近 1。虽然 Easton、Eddey 和 Harris（1993）的研究认为资产重估有助于在权益的账面价值和市场价值之间建立更加密切的联系，但不能显著区分财产重估和其他资产重估的价值相关性。

Barth 和 Clinch（1998）以截至 1996 年 6 月 30 日在澳大利亚证券交易所上市的 100 家最大公司和随机选取的 250 家公司为样本，检验不同资产重估值的相关性、可靠性和及时性是否在资产之间存在显著差异。❶研究结果表明：①无形资产和长期投资重估与股票价格显著正相关。②PPE 重估整体上与股票价格显著正相关，但在行业上存在差别。例如，采矿业和金融企业在 PPE 重估回归检验上存在显著差异。③很少有证据表明估值专家重估的价值相关性大于公司董事会的价值判断，这可能表明董事会相对拥有较多的私有信息。④无形资产重估值在各个年度总是具有相关性，投资仅对非金融企业在不同年度具有相关性，而超过三年的 PPE 重估更加具有价值相关性。因此，缺乏及时性不足与消除相关性。⑤对于非金融公司，在盈利中确定的重估值总体上与股票回报正相关，这可能更多归属于 PPE 和无形资产。⑥无论重估值的变动方向，投资和 PPE 重估值总是具有相关性。⑦在权益中确认的向上重估值与股票回报正相关。⑧不同规模的企业，重估值的相关性存在差异。总之，Barth 和 Clinch（1998）认为，作为公允价值变形的资产重估值具有价值相关性。

Aboody、Barth 和 Kasznik（1999）在 FRS 框架下以 1983～1995 年 738 家英国公司为样本，检验厂场设备重估值和盈利预测的关系。研究结果表明，固定资产的向上重估值与以经营收益和经营活动现金流量计量的未来业绩变化显著正相关。因此，厂场设备的向上重估值对于未来盈利能力具有显著的预测价值。此外，当前年度重估值也与年度回报（价格）显著正相关。但是，对于具有更高债务权益比率的公司，重估值与未来业绩和价格之间的相关关系较弱，表明管理当

---

❶澳大利亚公认会计原则允许对所有资产重估值，并允许将估值以估值专家或董事会的判断为基础。

局的动机影响重估值反映资产价值变化的方式。Dietricha、Harrisb 和 Muller III（2000）则从估价师的角度检验英国公司资产重估值的价值相关性。研究结果表明，在起始年度，无论财产价值的高低程度，估价师所确定的公允价值估计值低于实际销售价格。此外，Herrmann、Saudagaran 和 Thomas（2006）采用规范研究法证明，厂场设备的公允价值估计在相关性、可靠性和可比性等方面具有更强的决策有用性。

Simko（1999）在 SFAS No.107 框架下以 1992 ~ 1995 年在纽约证券交易所和美国证券交易所上市的 478 家非金融公司为样本，采用 Fetham-Ohlson（1995）模型，检验金融工具累计未实现利得和损失与非金融公司权益价值的相关性。研究结果表明，1993 年和 1995 年，金融负债公允价值估计与非金融公司普通股权益价值之间存在显著的相关性；金融资产和衍生工具公允价值披露与权益价值之间不存在统计显著性。进一步研究表明，1992 ~ 1995 年，对于回报和利率变化存在低共变性（covariance）的行业，其解释力一贯地低。总之，在 SFAS No.107 框架下，非金融公司投资证券公允价值的价值相关性仅限于不考虑非金融工具公允价值的情形。

总之，关于其他国家（非）金融工具（特别是 PPE 重估值）的价值相关性研究结论与基于美国的研究结论基本上是一致的，都认为公允价值具有价值相关性。此外，他（她）们还大多检验了不同估值来源（估值专家、董事会或管理当局）的影响，但总体分析表明公司私有信息的相关性可能超过自身潜在自利动机的影响。

综上所述，公允价值的价值相关性研究主要是检验金融工具公允价值信息是否与股票价格/回报之间存在显著的相关关系。然而，经验研究结论存在较大差异甚至根本性差别。在研究方法上，价值相关性研究是对公允价值信息的相关性和可靠性的联合检验。但是，相关性和可靠性总体上是存在矛盾的，反映在经验研究上则表现为公允价值相关性产生的相关利益能否超过可靠性丧失所带来的损失。公允价值会计信息的可靠性在很大程度上计量对象的特质，如是否存在活跃市场。当金融工具（如投资证券）存在活跃市场时，可靠性较强，价值相关性也较强；当金融工具（如贷款和存款）不存在活跃市场时，可靠性较弱，价值相关性较弱。此外，公允价值的价值相关性研究本身还存在两个方面的问题：①投资者使用的信息与财务报表中披露的公允价值信息之间的关联关系。例如，投资者可能依赖其他信息进行投资分析。②这些研究主要集中于美国金融业尤其是商业银行，其结论难以有效地推广至非金融企业和非金融工具项目。

2.3 公允价值对净收益及监管资本的影响

净收益和监管资本的过度或人为波动是金融机构及其监管机构如OCC、FRB和ECB等保留乃至反对FVA的重要原因。例如，ECB（2006）指出，只要不存在可靠、活跃的市场，不应当对拟持有到期的存贷款采用FVA，否则将造成盈利和股票价格的人为波动，并扭曲银行行为，导致其更加关注短期利益。

资产计价和收益确定是会计的两个重要方面。在收益确定方面，HCA和FVA的主要差别在于是否确认未实现利得或损失。HCA坚持收入确认的实现原则。FASB（1984）SFAC No.5《企业财务报表要素的确认和计量》（*Recognition and Measurement in Financial Statements of Business Enterprises*）中指出，收入和利得的确认应当遵循两个基本原则：①已实现或可实现（realized or realizable）❶；②已赚取（earned）。但是，在FVA模式下，利得和损失无论实现与否都应当计入净收益❷。1993年发布的SFAS No.115在一定程度上实现了由历史成本会计模式向混合计量模式的转变，其实质是部分公允价值会计（partial fair value accounting）。1999年12月，FASB在PV中建议所有金融工具应当以公允价值计量且其变动计入净收益。PV的发布在企业界、学术界和政府监管机构等引起广泛争议。在收到的126份反馈意见中，明确表示反对的占57.94%，只有11%表示支

---

❶ FASB(1984)认为，通常不应当在已实现或实现之前确认收入和利得。当产品(货物或服务)、商品或其他资产被交换为现金时，收入和利得是已实现的；当已收到或持有的相关资产容易地转换为已知金额的现金或现金要求权时，收入和利得是可实现的。

❷ 2000年JWGSS发布《金融工具和类似项目：草案和结论基础》，提出公允价值计量的4个原则性结论：①公允价值是金融工具和适用于草案的类似项目最有意义的计量属性；②在调整收入和付出项目后，金融工具和类似项目的所有公允价值变化应当作为报告企业利润的增加和减少，且在发生期间计入利润表；③只有成为资产和负债的项目才应当在财务报表中确认和计量；④财务报表列报和披露应当提供信息基础，以针对每一个企业与风险管理目标和政策相关的重大金融风险来评估风险状况和业绩。

持。监管机构包括FRB则持谨慎态度，而存款类金融机构（包括银行、信用社以及S&L A）几乎一致地反对采用FVA，尤其是将金融工具公允价值变动计入净收益。这主要是因为市场充满不确定性，利率和汇率等宏观经济变量随时波动导致金融工具价值不断变动，并诱致净收益波动。当这种变动掺和管理当局主观因素时，将造成不能反映真实经济实质的人为波动，导致财务报表使用者难以判断管理当局和预测业绩。资本监管影响银行的决策行为（Furfine's，2000）。净收益是存款类金融机构核心资本的重要组成，净收益的波动也将造成监管资本的过度波动，引发相应的监管干预活动，并导致市场参与者做出错误的投资决策。❶

Barth、Landsman和Wahlen（1995）在SFAS No.115框架下，以1971～1990年在Bank Tape中有财务报表的美国银行为样本，检验3个关于投资证券公允价值对盈利波动、监管资本和与投资证券相关的合同现金流量价值造成消极影响的批评观点。❷研究结论表明：①相对于HCA，根据投资证券利得和损失计算的盈利具有显著增量波动性，取决于投资者是否将公允价值盈利视为经济风险更好的替代变量。当投资者将历史成本盈利波动视为更好的经济风险替代变量时，增量波动性与银行权益价值之间不具有相关性。②如果将投资证券的公允价值用于确定监管资本充足率，银行在FVA下更可能频繁地违反监管资本要求。❸但是，银行权益价值并不反映与公允价值相关的监管风险的潜在增加。因此，FVA下违反监管资本对于市场来说并不具有信息含量，只有基于HCA下的违反监管资本要求行为才反映在权益价值中。③导致投资证券公允价值变化的利率变动反映在银行股价变动之中。当利率变化时，即使投资证券的合同现金流量不发生变化，银行利息收入分别具有不同的盈利乘数（earnings multiple）。因此，利率变化是与

---

❶ O'Brien(2005)认为,价值相关性测试和准则制定者采用的相关性标准没有考虑公允价值是否正在或将得到恰当的应用,这导致他们未能充分地处理反对将FVA引入银行业的观点。这些观点通常表现为盈利的过度波动。

❷ 这3个观点分别是：①以FVA为基础的盈利更加具有波动性或可变性；②在FVA框架下,银行更有可能违反监管资本的要求,导致出现监管过度或管理当局采用成本巨大的行动来减少监管干预风险；③对于HTM,合同现金流量是固定的,公允价值变动与银行权益估值无关。

❸ 虽然在样本期间监管机构并不要求采用FVA来计算监管资本,但在FVA框架下,对监管资本的频繁违反有助于预测未来可能出现的违规情形。

权益估值相关的。总之，Barth、Landsman 和 Wahlen（1995）的研究不支持商业银行采用 FVA 可能导致净收益和监管资本过度波动的观点。Barth、Landsman 和 Wahlen（1995）关于 FVA 下投资证券导致银行盈利波动加剧和频繁违反监管资本要求的结论与 Jones（1991）、Bernard、Merton 和 Palepu（1995）研究结论是一致的。例如，为了防止违反监管法律，丹麦银行业一般维持高于法定监管资本要求的资本充足率。此外，在样本数据选择上，Barth、Landsman 和 Wahlen（1995）以 1993 年 SFAS No.115 发布之前为样本数据选择期间，可能影响其研究结论的说服力。这主要是因为在 1993 年以前，美国企业尤其是商业银行还没有按照证券 3 分类在表内确认和计量。

Yonetani 和 Katsuo（1998）以 1989～1996 年 87 家日本银行为样本，结合 1988 年巴塞尔资本协议，通过投资证券公允价值估计检验市场如何与监管相互作用以影响日本银行的经营行为。研究结果表明：①虽然采用 FVA 造成更大的盈利波动性，但是这种波动性并不一定代表真实的经济风险〔这与 Barth、Landsman 和 Wahlen（1995）关于盈利波动的研究结论是一致的〕。因此，投资者不会索取更高的风险溢价。②当投资者对资本不足银行估值时，这种相对于历史成本会计的增量盈利波动性被视为一种风险。Yonetani 和 Katsuo（1998）的研究在一定程度上是 Barth、Landsman 和 Wahlen（1995）研究的日本翻版。不同之处在于，前者认为对于资本不足银行，增量盈利波动性也是一种风险，而这种差异可能来自银行行为和监管方面的差异。例如，《格拉斯–斯蒂格尔法案》禁止美国银行持有权益证券，而日本银行则被允许不受限制地持有权益证券。需要注意的是，Barth 等（1995）和 Yonetani 和 Katsuo（1998）的研究均是基于投资证券的，未考虑其他金融资产和金融负债对净收益和监管资本的影响。因此，二者实质上都是部分公允价值会计，其结论的有效性是值得怀疑的。例如，自然套期（natural hedging）的存在在一定程度上能有效地缓解净收益和监管资本的过度波动。

Wallace（2002）从不同角度研究造成净收益波动的成因。他认为，在 HCA 和 FVA 下净收益存在差异的主要原因在于：①在 FVA 下源于资产负债"错配"（mismatch）的利得和损失的提前确认；②当存在允许选择 FVA 的情况时，对新业务产生利得或损失的提前确认。为此，Wallace（2002）提出在采纳 FVA 前应当解决的4个问题:①采用什么方法来确定存款负债的公允价值?②资产回报的那些要素应当包括在负债估值之中?③在负债估值中是否考虑市场价值收益(market value margins)?④在负债估值中是否考虑"自有信用风险"因素?

Barth(2004)进一步研究盈利波动的不同情形及其与公允价值会计的关系。她认为,相对于HCA,存在3个与FVA相关的盈利波动源泉:①源于资产和负债公允价值计量的真实经济波动;②源于计量误差的波动;③源于现有混合计量模式的诱致波动(induced volatility)(资产和负债在计量属性上的不配比)。Barth(2004)认为,反映真实经济波动的公允价值是符合概念框架要求的;计量误差可以通过改进模型和增加披露来缓解,且资产的波动在一定程度上可以被负债的波动所抵消;当采用FFVA时,源于现有混合计量模式的波动性将趋于减缓❶;针对诱致性波动,可以通过FFVA得以缓解。总之,Barth(2004)认为,FFVA将有效地降低源于部分公允价值会计造成的净收益和资本波动。这种观点是与PV(FASB,1999)一脉相承的。因此,Landsman(2006)指出,监管机构应当积极制定计量金融工具公允价值的方法及其变化的框架。❷

Freixas和Tsomocos(2004)从银行原理出发阐述赞成和反对HCA和FVA的观点。他们认为,当盈利决定股利时,账面价值能够提供更好的跨期平滑(intertemporal smoothing),账面价值事先(ex ante)优于公允价值。Plantin、Sapra和Shin(2004)立足于经济分析法来探讨HCA和FVA。他们认为,即使HCA的过度保守主义造成一些效率缺失,但盯市会计(marked-to-market accounting)通过施加人为的波动而导致某些效率缺失,并诱发次优决策。当求偿权具有长期、非流动性和处于优先地位等特性时,盯市会计造成的损害最为严重。虽然Freixas和Tsomocos(2004)与Plantin、Sapra和Shin(2004)均建立了公允价值利得和损失导致报告盈利过度波动的计量模型。但是,他们的研究重点存在较大差异。Freixas和Tsomocos(2004)强调盈利的跨期平滑;Plantin、Sapra和Shin(2004)则强调产生正净现值但不能被恰当估值的银行借款活动。

---

❶ PV(FASB,1999)和《金融工具和类似项目》(JWG,2000)均提倡采用FFVA。

❷ Landsman(2006)指出,HCA也存在计量误差问题,并认为关于公允价值导致银行盈利波动的争论是不恰当的。判断FVA的主要标准在于能否有效地改善财务报表使用者的经济决策,提高监管效率。

Hodder、Hopkins 和 Wahlen（2006）以 1996～2004 年 202 家美国银行为样本，检验净收益、综合收益和全面公允价值收益的风险相关性。[1]研究结果表明：①平均而言，每家样本银行全面公允价值收益的波动性 3 倍于综合收益、5 倍于净收益[2]，且其调整额显著超过在综合收益中确认的调整额。②全面公允价值收益增量波动性（超过综合收益和净收益的部分）与 3 种以股票市场为基础的风险计量（市场模型 β、股票汇报标准差和长期利率 β）正相关，具有增量的风险相关信息，且超过银行披露的以市场为基础的风险计量，如披露衍生金融工具和重新定价缺口（reprcing gap）。因此，全面公允价值收益更加完整地反映银行的风险管理活动，且其时间序列波动更能揭示银行面临的潜在风险。③全面公允价值收益增量波动性消极地减缓异常盈利与权益价格的关系，积极地影响隐含于银行权益价格的预期回报，表现为银行权益回报随全面公允价值收益的波动而增加。总之，全面公允价值收益更加全面地代表银行的风险管理活动和金融工具公允价值变动的风险，反映了未能被综合收益和净收益捕捉的风险元素，且更加紧密地与该风险的资本市场定价相联系。Borio 和 Tsatsaronis（2006）关于在财务报告中风险披露的研究佐证了 Hodder、Hopkins 和 Wahlen（2006）的研究结论。他们认为，风险管理技术的进步正在重塑金融市场和金融体系功能和审慎监管体系，并有可能重塑财务报告；风险计量和管理技术有助于消除现行审慎监管框架和财务报告模式的鸿沟，并有效地改善财务报告质量。此外，健全的风险管理活动与会计准则之间更大的一致性，有助于密切会计数据和基础经济估值（underlying economic valuations）的关系。鉴于风险计量在估值的计量、验证和确认方面的中心作用，银行应当向投资者和监管机构披露更多有关风险和计量误差的信息。当前迫切需要的是在会计准则、风险管理和计量与审慎监管之间建立良好的沟通和对话机制。

除研究 FVA 框架下盈利波动外，Hirst、Hopkins 和 Wahlen（2003）还研究公允价值收益计量方式（部分/全面公允价值会计）的差异是否系统地影响商业银

---

[1] 综合收益表中，可供出售金融资产公允价值变动是 OCI 的重要构成。但是，综合收益表不反映 HTM、贷款和存款的公允价值变化利得或损失。因此，综合收益表可看作部分 FVA 或混合计量模式的产物。

[2] 有 90% 的样本银行出现全面公允价值收益波动性大于净收益波动性；77% 的样本银行出现全面公允价值收益波动性大于综合收益波动性。

行权益分析师的风险评估和估值判断。研究结果表明：①只有在全面公允价值收益计量下，银行分析师的风险评估和估值判断才能区分银行的利率风险暴露、②不同的收益计量方式影响分析师的基础估值判断。③公允价值利得和损失在收益中确认和计量具有重要意义，附注披露不能代替确认和计量。Hirst、Hopkins和Wahlen（2003）的研究为准则制定者考虑推行FFVA提供了重要经验支持。❶但是，Lipe（1998）和Maine、McDonald（2000）先前的研究并不支持Hirst、Hopkins和Wahlen（2003）的结论。前者认为，FFVA不会改变银行分析师关于风险和价值的职业判断。考虑到FVA与银行核心业务的相关性，FFVA信息已经包含在估值中。此外，后者的研究结论还与有效市场假说相悖。

总之，经验研究表明，采用FVA尤其是FFVA可能导致银行盈利和监管资本的过度波动。但是，对于市场如何解释增量波动（与投资者理解能力和知识直接相关）以及是否导致银行权益价格的变动，目前尚不存在说服性的结论。因此，增加信息披露和改善披露质量以及教育投资者，有助于消除市场关于银行股票价格和盈利波动的过度反应。

2.4　公允价值对投资组合的影响

会计是具有经济后果的（Rappaport，1977；Wyatt，1977；Zeff，1978）。Beatty（2000）认为，会计准则的变化将导致银行经营行为的变化，即使这种变化并不影响监管资本。金融企业和监管机构反对FVA的重要原因是FVA将改变银行的投资行为，且不会减少财务报表操纵的机会。银行业协会金融工具联合工作组（JWGBA）认为，财务报表使用者广泛且深刻地理解现有混合计量属性，并以其作为其决策基础。采用FAV〔尤其是对银行账簿（banking book）〕将严重损害财务报表的可理解性，并可能对财务报表使用者和存款机构的投资行为产生

---

❶ 在完全和完善市场情况下，附注披露和在财务报表中确认的作用是相同的。但是，当市场非完全时，确认和披露是存在不同定价含义的。一般认为，确认的可靠性要高于披露。经验研究表明，投资者更加依赖确认。Ahmed、Kilic和Lobo(2006)在SFAS No.133框架下以1995~2000年146家美国BHC为样本，检验了确认和计量在权益估值上的差异。研究结果表明，投资者对衍生工具的估值取决于衍生工具是确认还是披露。因此，确认和披露是不可相互替代的。

消极影响。商业银行较为普遍地认为，对HTM的限制将导致银行不能有效地管理流动性风险和利率风险，并导致人为地波动。❶因此，这些银行表示将减少证券投资组合的比例、到期日和灵活性。FRB主席Greenspan在1990年致SEC主席的信函中指出，对投资证券采用MVA将影响愿意持有的证券数量（Beatty，2006）；SEC首席会计师Burton也认为，计量属性的变更必将对银行行为产生影响。

公允价值对投资组合行为影响的研究主要以SFAS No.115为框架，且研究方法基本采用事件研究法（event study），并假设投资者、监管机构和存款者严格按照会计准则做出投资决策。❷在采用SFAS No.115之前，商业银行管理当局基本上可以不受限制地利用投资证券来实现若干投资目标，包括提供收入来源、流动性和抵押物等。但是，SFAS No.115将投资证券分为TS、AFS和HTM，并分别采用摊余成本和公允价值计量，且相关利得和损失分别计入当期收益和股东权益；同时，金融负债依然基本上采用摊余成本计量。因此，只有AFS证券才能不受限制地实现管理当局的持有目的。但是，商业银行的风险管理活动是一个不可分割的有机整体，并广泛地采用衍生工具对市场风险进行套期。因此，单独采用公允价值计量金融资产将造成会计处理的不配比（mismatching），并严重限制商业银行管理当局管理投资组合的行为和能力，且造成银行净收益及其资本的不必要波动。例如，采用公允价值可能增加商业银行关键会计变量如所有者权益和总资产的波动性，并降低流动性风险。但是，采用摊余成本在降低波动性的同时又增加流动性风险。此外，SFAS No.115也对银行监管资本计算产生影响。❸

---

❶ IAS No.39和SFAS No.115均较为严厉地禁止证券重分类。SFAS No.115指出，除特殊情况外，对TS和HTM重分类是罕见的（rare）；IAS No.39规定，当HTM处置或重分类为AFS金额重大时（通常为5%），应当将剩余部分全部重分类为AFS，且在后续两个会计年度不得将资产重分类为HTM。

❷ 将证券3分类并非FASB的创举。早在1988年，货币监理署就质疑将持有目的为待售或交易的证券采用历史成本计量的恰当性；同年，联邦住房贷款银行委员会发布公告将证券分为持有待售、为交易而持有和投资三类。

❸ 1993年12月，虽然FRB主席Greenspan表示SFAS No.115将扭曲银行财务报表，且限制银行的有效利率风险管理行为。但是，美联储仍然建议将可供出售证券的未实现利得和损失包含在第一层资本之中，这与1991年《联邦存款保险公司改善法案》的意图是一致的，将未实现利得和损失包含在第一层资本。但是，1994年12月，委员会否定了上述决定。这种改变导致银行管理当局调整其投资组合，以迎合监管需要。

公允价值与投资组合关系研究基本上采用事件研究法。事件研究法是市场效率和预期回报率模型的联合检验（Kothari，2001），旨在推断一个事件是否向市场参与者传递新信息，且信息表现为在事件日前后较窄时间窗口内证券价格或交易量的变动。如果事件发生前后证券价格发生变动，则表明事件传递了有关修正前期市场预期的未来现金流量金额、发生时间和不确定性的信息。事件研究法的隐含假设也是有效市场假说，即证券价格能够迅速地对新信息做出反应。此外，事件研究法也用于检验会计信息含量（如Ball，Brown，1968；Bevear，1968）。

Ernst 和 Young（1993）的调查表明，超过50%的被调查者表示，如果SFAS No.115正式生效，他们将改变其投资行为。在第一次调查中，超过95%的被调查者表示他们将缩短持有债务证券的期限；大约40%的被调查者声称可能增加套期活动；也有一些被调查者表示可能减少持有证券的比例。在1994年的后续调查中，60%的被调查者指出，他们确实因SFAS No.15而改变其投资组合策略。其中，那些声称改变投资行为的被调查者表示，他们已经缩短了投资证券的持有期限，并降低了投资组合中抵押支持证券（mortgage-backed Securities，MBS）的比例及其相应衍生产品；而那些声称将增加套期活动的被调查者所占比例则降至10%。Rezaee 和 Lee（1995）的调查结果与 Ernst 和 Young（1993，1994）相似，接受调查的500家商业银行的财务总监均对因采用SFAS No.115而对财务和管理方面造成的影响持消极态度。

Beatty（1995）以截至1993年12月31日在3家美国证券交易所上市的369家BHC为样本，检验SFAS No.115对银行投资组合管理的影响，包括可供出售证券的比例和投资组合重构的发生时间等。[1]研究结果表明，BHC确实因SFAS No.115而改变其投资组合，主要表现在：①在采用SFAS No.115的季度内，投资证券持有比例和期限下降；②当BHC平均杠杆比率和平均权益回报率下降时，AFS所占比例相应减少。此外，管理当局仍然能影响和操纵财务报表数字。总之，在SFAS No.115框架下，投资组合管理似乎受到降低监管资本的波动性和通过确认

---

[1] Beatty（1995）认为，投资组合能实现下列4个目标：①获取利息收入；②作为担保物；③流动性；④实现资产和负债现金流的匹配。在SFAS No.115框架下，对HTM分类的严格限制大大降低了投资组合管理的有用性。在我国，国债回购是非银行金融机构最主要的融资方式之一。

证券出售利得以影响报告盈利灵活性的双重影响。[1]Beatty（1995）进一步指出，BHC 投资组合管理的持续变化将对银行业乃至整个经济体产生重要的影响[2]；当 BHC 必须维持额外的资本，或者仅因会计方法的变化而对具有生存能力的 BHC 采取监管措施时，将 SFAS No.115 的影响包含在监管资本可能成本是巨大的。但是，Beatty（1995）没有明确地评价 FVA 是否将导致财务报表信息改善或者恶化，也没有明确划分财务报表确认和披露的不同影响。

Cornett、Rezaee 和 Tehranian（1996）以 1989 ~ 1993 年 416 家美国商业银行为样本，检验 23 项与公允价值相关的公告对权益价值的影响。[3]研究结果表明，标志着公允价值会计准则发布可能性增加或减少的公告产生负或正向（negative/positive）的异常股价反应。其中，有 5 项表明发布公允价值会计准则可能性降低的公告产生了正向股价反应；而 7 项表明发布公允价值会计准则可能性增加的公告产生了负向股价反应。Cornett、Rezaee 和 Tehranian（1996）对股价反应程度的进一步研究表明，股价反应程度：①与银行的主要资本比率负相关；②与投资组合的账面价值及价值差异分别占总资产的比率正相关。因此，市场总体上对公允价值会计准则的发布是持消极态度的（具体表现为卖出证券）。这种消极态度可能源于采用 FVA（尤其是 FFVA）将造成银行盈利和资本的不恰当波动，并对银行的股价产生不良的影响。

Beatty、Chamberlain 和 Magliolo（1996）以 1990 ~ 1993 年美国 260 家 BHC 和 96 家保险公司为样本，围绕 3 个事件窗口和 21 个关键事件，检验了 SFAS No.115 的发布对市场投资行为的影响。[4]研究结果表明：①金融机构股东预期 SFAS

---

[1] 在 SFAS No.115 框架下，分类可供出售类型的投资证券越多，对利率敏感性越强，股东权益波动性就越大，监管资本的波动也相应越大。因此，为了降低监管资本的波动性，则需要提高持有至到期证券的比例、降低投资证券在总资产的比例或对利率的敏感性。

[2] 具体表现为：①缩短投资证券的持有期限可能导致利息收入的下降，或增加利率风险；②对 HTM 重分类的严格限制降低了投资组合管理的灵活性，并可能增加流动性风险和利率风险管理的成本；③降低流动性管理成本导致银行不能满足不断增长的信贷需求，并减少信用的可获得性；④利率风险的增加使得银行更加充满波动性。

[3] Cornett、Rezaee 和 Tehranian(1996)假设，在 SFAS No.115 框架下，盈利和资本的波动可能导致企业更加容易违反债务契约，并带来巨大的签约成本。

[4] Beatty、Chamberlain 和 Magliolo(1996)假设，SFAS No.115 的影响主要来源于银行监管而对保险公司意义不大。保险公司变量的加入只是为了控制 SFAS No.115 对金融业的整体影响。

No.115的发布将扭曲权益波动。这主要是因为SFAS No.115只针对金融资产会计处理做出规范而未涉及金融负债,且在SFAS No.115发布日,从事利率风险套期最频繁的银行股东遭受最大的损失。②大型银行的负向价格反应最大,这可能是因为其持有更多的证券投资及其对权益波动的影响更大。③对于银行监管者,因为存在会计处理预期变化对权益波动的影响,未实现利得和损失的确认与披露的差别是十分重要的。❶Beatty、Chamberlain和Magliolo(1996)的研究结论证实了商业银行及监管机构对采用SFAS No.115的担忧,并为监管机构将SFAS No.115的影响排除在资本充足率计算之外提供理论支持。但是,美国20世纪90年创纪录的118个月持续经济增长似乎并不支持公允价值损害银行投资组合和金融稳定的观点。此外,证券投资价格的波动增加也有助于增强监管机构和投资者以及存款者对银行活动的监督。总之,Cornett、Rezaee和Tehranian(1996)与Beatty、Chamberlain和Magliolo(1996)均认为,SFAS No.115的发布将导致银行股票价值下降。但是,Lys(1996)并不赞同他们的研究结论。他认为:首先,90年代开始美国实行低利率金融政策。❷在这种情况下违反债务合同可能并不会产生巨大的成本,这是因为技术性违约可能并不会导致银行以更高利率提供资金。因此,前者的结论难以有效成立;其次,并没有发现保险公司股票价格异常反应的充分证据,这表明银行监管更加可能是投资者对应用FVA持负面评价的重要原因。

Godwin、Petroni和Wahlen(1998)以1991~1995年89家美国财产保险公司为样本,检验在SFAS No.115采用之前、初始采用和后续阶段债务证券分类决策的横截面差异,以及投资证券分类决策与保险公司特征(如流动性风险和会计波动的容忍性)的相关性。研究结果表明:①将债务证券分类为可供出售而非持有至到期的决策增加了主要会计变量(如所有者权益和资产总额)的时间序列波动性;②会计准则和SEC规则有效地限制了保险公司管理当局出售HTM的能力,将债务证券分类为AFS的选择降低了流动性风险;③在根据SFAS No.115进行投资分类决策时,保险公司被迫在流动性和波动性之间做出选择。此外,在采用

---

❶ 确认和披露的不同定价含义参见 Hirst、Hopkins 和 Wahlen(2003)以及 Ahmed、Kilic 和 Lobo(2006)等研究。

❷ 20世纪90年代美联储实行的长期低利率政策在很大程度上是现阶段次级按揭贷款危机的根源之一。宽松的货币政策造成流动性泛滥,刺激金融创新,并推动全球资本市场不断走强和加剧动荡。

SFAS No.115 的后续年度，最有可能通过出售证券以维持流动性的保险公司具有较少的 HTM 组合。总之，FVA 加剧保险公司关键会计变量的波动性而减少流动性；HCA 在减少波动性的同时增加流动性。

Burkhardt 和 Strausz（2006）采用规范研究法探讨 FVA 对银行投资行为、违约风险、投资价值和监管需要的影响。研究结果表明，FVA 在降低信息不对称程度的同时，强化了风险迁徙并增加违约风险和管制需要。对于银行而言，采用公允价值而增加的风险迁徙超过了 HCA 下的投资不足影响。

除以 SFAS No.115 为框架研究美国金融机构外，Ivancevich、Cocco 和 Ivancevich（1996）以 IAS No.39 为依据研究了金融工具分类对主要财务比率的影响[1]，包括每股收益、负债权益比率和流动比率等。研究结果表明，采用 IAS No.39 将对财务比率的计算产生重要影响，并进而导致财务信息的不可比。

总之，FVA 的采用将对金融机构的投资组合行为造成一定的影响，特别是证券组合的流动性和市场风险管理。这种影响主要源于金融机构管理当局对流动性和波动性的权衡，尤其是 AFS 和 HTM 分类决策（包括重分类）对金融机构财务状况和经营成果以及监管资本的重大影响。在 SFAS No.115 框架下，AFS 证券以公允价值计量且其变动计入权益，而 HTM 则以摊余成本计量，且不反映利率变化等市场外部因素的影响。此外，为了防止"利得交易"（gains trading），FASB 和 IASB 均对不同类别证券之间的转换做出抑制性，并施加以惩罚条款，其中尤以 SFAS No.115 为甚。在这种会计准则框架下，银行管理当局的风险管理活动和行为将不可避免地受到重大影响。因此，在采用 FVA 时，应当考虑对金融机构投资行为乃至金融市场发展的影响。

2.5　公允价值会计对银行监管的影响

信息不对称是银行金融中介机构存在的重要原因。在这个过程中，风险转移

---

[1] IAS No.39 将金融资产分为 4 类，分别是以公允价值计量且其变动能够记入当期损益的金融资产、可供出售金融资产、贷款和应收款项、持有至到期金融资产。与 SFAS No.115 局限于证券分类相比，IAS No.39 将分类范围扩展至全部金融资产。但是，在计量属性选择上，IAS No.39 和 SFAS No.115 均在很大程度上取决于管理当局的意图。

成为银行的基本功能（Dewatripont，Tirol，1994；Freixas，Rochet，1997）。Vish-wanath 和 Kaufman（2001）认为，会计信息透明度的增强在稳定金融方面的积极作用；ECB（2006）认为，协调且高质量的会计准则有助于银行业稳定和金融市场效率的提高，并促进经济增长。美国20世纪80年代金融危机凸显了市场价值会计（market value accounting，MVA）在监管资本和清偿力管制方面具有积极的作用（Mengle，1989）。随着公允价值在会计准则制定中日渐得到广泛的应用，尤其是《初步结论》（FASB，1999）和《金融工具和类似项目》（JWGSS，2000）的发布，监管机构如 FRB、SEC 和 OCC 以及 ECB 等均对存款机构采用 FVA 而对资本管制和经济稳定等方面产生的影响持高度关注。例如，虽然 SEC（2005）大力推行 FVA 在准则制定中的应用，认为能够减少现阶段混合计量模式下产生的会计驱动交易构造（accounting-motivated transaction structures）和盈余管理的机会，降低会计处理和财务报告的复杂性（如套期会计），但对采用 FVA 所产生的财务报表的可靠性及其对投资者的影响深表关注。ECB（2003）表示，虽然采用 FVA 的目标值得赞赏，但对实施 FFVA 的建议仍旧持保留态度。❶但是，大型银行尤其是国际活跃银行（international active bank）风险管理技术的发展使得银行财务报表更加接近经济价值，并对会计的发展提出新要求。国际活跃银行如摩根大通（JPMorgan Chase）和花旗集团（Citigroup）等采用 FVA 作为内部风险管理的重要工具。

从1988年以来，资本充足率一直在商业银行监管中扮演着主导角色。Furf-ine's（2000）认为，资本管制显著地影响商业银行的经营行为。但是，资本充足率的计算受到会计准则的广泛影响。在 FVA 下，信用风险和利率风险的变动可能改变净资产，导致资本不足或资本过度的现象频繁出现。Bernard、Merton 和 Palepu（1995）在对丹麦银行业研究后认为，为了防止违反监管法律，丹麦银行业一般维持较高的资本充足率。Beatty（2006）的研究进一步支持其结论，认为会计准则变化及其对监管资本的潜在后果显著影响管理当局的行为。

---

❶ 2004年巴塞尔新资本协议框架延续了1988年资本协议中以资本充足率为中心、以信用风险为监管重点的模式，最终确立了以最低资本要求、外部监管和市场约束三大支柱为架构的监管新思路。市场约束支柱中，巴塞尔新资本协议对银行资本结构、风险状况和资本充足率等关键信息的披露提出了更加具体和严格的要求。

Jackson 和 Lodge（2000）以 JWG《金融工具和类似项目》为框架，研究 FVA 对监管资本标准、预期损失准备和金融稳定的影响。他们认为，银行实质上不再明确区分交易账户（trading book）和银行账户而将二者统一管理，且对多种风险同时对冲而非逐一对照匹配。与 HCA 相比，FFVA 能够提供更加相关和一贯的信息。此外，现有贷款损失准备金制度没有覆盖未发生预期损失的贷款，且现行税收政策也存在限制。关于采用 FVA 造成的盈利或权益波动性，他们认为这更多地取决于银行如何对冲利率风险，以及贷款的会计处理。例如，当银行认识到大部分利差是来覆盖预期损失而不是利润时，盈利的波动性将降低。需要注意的是，Jackson 和 Lodge（2000）也认识到，不确认公允价值及其变动将扭曲市场行为，而且披露不能满足 FVA 的要求。总之，Jackson 和 Lodge（2000）是倡导在银行推行 FVA 的，并认为这更加接近于现代风险管理技术，有助于提高透明度。但是，考虑到一些金融工具项目公允价值估计的可靠性和计量问题的存在，他们认为将 FVA 首先用于披露是合理改变现行会计制度的第一步，为商业银行、投资者、债权人、准则制定机构和监管机构提供更多的时间和经验，以了解和处理与 FVA 相关的一系列复杂问题。

欧洲中央银行（ECB，2004）全面地研究了 FFVA 对金融稳定的潜在冲击和影响。研究报告共分为 3 个部分：（1）关于 FFVA 的 5 大争论。ECB（2004）认为，与现行混合计量模式相比❶，虽然 FFVA 在提高市场约束和采取迅速监管干预等方面具有优势，但也在下列 5 个方面存在较大的争论：①盈利波动可能性的增加，尤其当银行大量存在持有至到期金融资产和金融负债（如存、贷款）的情况下；②银行期限和流动性转换传统理论角色的转变；③平滑跨周期经济波动作用的降低，以及"亲周期"借款行为（pro-cyclicality of lending）的增加；④可变性和可靠性的降低导致市场约束作用的发挥受到限制；⑤违约概率估计的可靠性受到限制。（2）采用模拟分析法研究在 FFVA 下 4 种不同形式的市场冲击对银行财务状况和经营业绩以及银行（包括其股东）行为的影响。❷（3）在 IAS No.39

---

❶ ECB（2004）认为，现行会计模式具有以下 2 个主要特征：①资产以支付的现金、现金等价物或取得对价的公允价值入账，负债以交换义务时收到的金额入账；②包括市场价值（交易活动）和成本与市价孰低法（LOCOM）。因此，现行计量模式实质上是一种以历史成本为主导的混合模式。

❷ 这 4 种冲击分别是：①资产质量的严重恶化；②利率的未预期变化；③房地产泡沫的破灭；④股票价格的重大调整。

的框架下，比较分析了欧洲主要银行的公允价值信息披露。此外，ECB（2004）还对动态减值准备（dynamic provisioning）❶进行研究，并认为在银行不改变其行为的情况下，如果采用动态减值准备，FFVA可能导致欧洲银行的资产负债表具有更大的波动性。ECB（2004）认为，资产负债表波动性的增加本身并不足以构成排斥FFVA的理由，特别是当市场已经利用公允价值来对公司进行估值的情况下；进一步来说，即使FFVA可能导致银行股票价格波动性的增加，但投资者可能会区分造成波动性的不同原因。针对以上结论，ECB（2004）进一步指出监管当局应当着重关注4个方面的问题：①FFVA与动态减值准备的兼容性；②会计处理与巴塞尔资本监管要求的兼容性；③同时实施新巴塞尔资本协议和FFVA所产生的累积亲周期影响❷；④如何处理银行的自有信用风险，以解决推行FFVA时存在的负债计量问题。❸总之，ECB（2004）认为，实现当前混合模式向FFVA模式的转变，将导致银行净资产和净收益出现波动，并降低了银行应对不利冲击的能力。这种系统性扰动在过渡期间可能会被不恰当地放大，并对银行的经营行为造成严重的结构性影响。因此，任何针对采用FFVA的步骤应当是渐进式的。此外，ECB（2006）还从促进金融稳定角度提出评价会计准则质量的10项标准。ECB（2006）认为，金融工具的公允价值应当精确和稳健地确定，避免提前确认未实现利得，并防止羊群效应行为和投机气氛的发生。因此，监管机构和会计准则制定者不应当鼓励针对贷款和核心存款应用FVA。总之，监管机构应当慎重对待和认真考虑FVA对银行监管的冲击和影响。

Shin（2006）采用较为复杂的数理计量模型研究银行采用FFVA对金融体系

---

❶ 动态减值准备（dynamic provision），是指贷款减值准备按照统计学预期损失来计提，而不是在发生损失时才计提。动态减值准备的目标在于：当信用质量恶化时，通过更加及时地计提减值准备来降低贷款损失准备的周期性。在动态减值准备情况下，增加的风险渐进地进行确认并在更长时间内摊配，而不是集中在某一会计期间。

❷ 巴塞尔新资本协议大量采用敏感性分析技术，且更多地依赖内部评级法来监管资本充足率。但是，当信用风险增加并伴随有资产价格的向下调整时，采用FFVA将使银行面临双重挤压，导致同时出现资本增加和利润减少的现象。

❸ 在FFVA框架下，当银行信用状况恶化时，投资者可能要求更高的信用风险溢价。如果银行采用当前市场利率对负债进行折现，则负债的公允价值下降。因此，在资产总额不变的情况下，负债公允价值的下降将可能反映为利润表中的收益，并进一步影响收益分配。监管机构认为，这样的处理是反直觉的（counter-intuitive）。

整体稳定的影响，包括金融体系的风险和应对冲击的灵活性。❶他认为，会计准则的类型决定基础资产估值的波动性，并通过其对资产负债表的波动性来影响金融体系的稳定。在金融体系稳定性方面，FFVA在确定传递速度、杠杆和资产价格的波动性方面发挥着关键作用，并实现价格变动与资产负债表的相互强化。因此，FFVA具有增加金融体系系统性风险的潜力；在金融体系灵活性方面，FFVA可能伴随着更高资产价值波动性，导致较低的多样化风险，并对金融体系的整体灵活性产生消极影响。然而，当价值变化能够自由调整时，金融体系可能具有更大的灵活适应性。总之，Shin（2006）研究的政策性意义在于，当最终采用FF-VA时，监管机构应当采取什么恰当的公开行动来降低其对金融体系稳定性的影响。但是，Granda（2006）认为，在引用Shin（2006）关于FFVA增加金融体系波动的结论时应当特别关注2个问题：①本书中银行的定义不是传统金融中介意义上的商业银行而是一个资金供应链；②研究结论仅仅依靠其中一个关键参数——FFVA对净资产边际估值波动性的潜在影响，没有考虑其他两个关键参数的影响。此外，Shin（2006）的研究结论有赖于一系列严格的假设。因此，FFVA对金融体系整体稳定性的影响需要进一步研究。

Landsman（2006）在回顾FVA经验研究（包括估值技术）的基础上，研究FVA的实施问题和监管机构需要特别考虑的事项。在FVA实施方面，他着重强调当不存在活跃市场情况时如何采用利用估值技术来确定金融工具的公允价值，以及管理当局对重要模型参数的操纵所产生的逆向选择和道德风险问题；在对监管的影响方面，FFVA对未实现利得和损失的确认可能导致银行盈利和监管资本更加波动。因此，监管机构需要认真考虑下列3个问题：①如何规范银行管理当局在揭示公允价值估计方面私有信息的同时，最小化为管理盈利和监管资本目的所采取的操纵模型参数的问题；②如何最大限度地减少公允价值计量误差以服务于投资者的经济决策，以及激励银行管理当局做出最大化银行体系效率的投资决策；③国家监管环境的重大差别在财务报告和银行监管方面可能引发重大差别。总之，在引入FVA时，证券和银行监管机构应当建立合适的确定金融工具公允

---

❶ Shin（2006）在模型设定时涉及许多因素，其中关键的参数有3个，分别是：①债务水平和优先程度（level and seniority of debt）；②资产负债表的关联结构（the structure of balance sheet interconnections）；③基础资产价值（the value of fundamental assets）。

价值及其变化的框架，以改善投资者决策和提高资本监管的效率、效果。

总之，FVA对净收益和监管资本波动增加的潜在影响和亲周期借款行为（pro-cycle lending）业已引起各国银行监管机构的重点关注，这需要会计准则制定者与证券、银行监管机构建立良好的沟通机制，深入研究FFVA对资本分配和经济波动的潜在后果，促进金融体系的稳定。

2.6 国内研究文献综述

我国对公允价值的研究基本上是与1998年财政部在《非货币性交易》和《债务重组》中正式引入公允价值概念是同步的。从内容上看，这些研究基本上都属于规范研究，且主要集中在下列3个方面。

（1）引述国际会计准则和美国公认会计原则中公允价值计量属性及其应用的演变。例如，黄世忠（1997）介绍了美国FVA的发展现状，认为FVA将成为21世纪最重要的计量模式；于永生（2005，2007）和路晓燕（2006）等从会计准则角度对美国与国际FVA的应用进行了介绍；朱海林（2004）、沈小南（1999）、沈生宏（1999）和罗胜强（2006）等从不同角度介绍了国外FVA的研究现状；张为国和赵宇龙（2000）则从SFAC No.7角度阐述会计计量、公允价值和现值的关系。

（2）从会计计量角度探讨公允价值的理论优越性及其应用。我国学术界对公允价值的研究大多是从会计计量角度来展开的，但是，大多数研究还只是对以往国际上（尤其是美国）会计计量问题争论的综述或后续研究。例如，黄世忠（1997）认为公允价值是现行市价或现值；葛家澍和徐跃（2006）承接了Moonitz关于市场价格假设的观点，指出市场价格是一切计量属性的基础，公允价值是现行交易中的估计价格；卢永华和杨晓军（2000）、陆建桥（2005）和毛新述等（2005）从会计计量角度探讨了公允价值计量属性的定义、本质特征和理论与现实基础等。此外，黄学敏（2004）从会计理论角度研究了公允价值的定位问题，认为其不是独立的计量属性；王乐锦（2006）则研究了我国新会计准则采用公允价值的意义和特征。

（3）从计量方法角度研究公允价值。SFAC No.7（FASB，2000）认为，在初始确认和新起点（fresh-start）计量中，现值计量的唯一目标是估计公允价值。因此，现值技术是确定公允价值的方法之一，且由此确定的公允价值属于第三层级。谢诗芬（2002）、谢诗芬和戴子礼（2005）等分别从现值角度研究了公允价值的计量问题；董力为（2003）介绍了采用现值技术确定负债公允价值的现行研究及其局限性。

此外，邓传洲（2005）以 B 股公司为样本研究了公允价值信息的价值相关性。研究结果表明，公允价值披露具有显著地增加会计盈余的价值相关性；公允价值调整和利得或损失对股价的影响存在差异，其中投资利得或损失具有较弱的增量解释能力（原因可能是投资者对盈余的关注程度要高于账面净值的关注程度）。但是，姜国华等（2006）的研究认为，投资者不能完全理解 A、B 上市公司境内外报告盈余差异对企业价值的影响。姜国华和张然（2007）认为，投资者与上市公司之间存在信息不对称，这导致会计准则从稳健型向公允价值计量适当靠拢，以提高其相关性。因此，应当适当引入 FVA 以推动资本市场发展。

总体上看，我国关于公允价值的研究还停留在简单地引述和概念争论阶段，研究重点在于阐述公允价值的定义、内涵与外延、本质特征、理论基础和现实选择以及在我国应用的展望，不存在较有价值的经验研究，更没有研究公允价值对商业银行及其监管的冲击和影响。

2.7　小结

国外关于公允价值的研究不但范围较广，而且也较为深入，且研究主体不仅限于学术界，也包括监管机构，特别是银行监管机构。这些经验研究主要集中在四个方面，分别是：①公允价值的价值相关性；②公允价值与盈利波动和监管资本的关系；③公允价值对银行投资组合的影响；④公允价值对监管行为的冲击和影响。

公允价值的价值相关性研究是 FVA 研究的重要内容，其核心在于公允价值信息是否有助于实现 FASB（1978）关于改善决策的论断。总体上看，金融工具公允价值是具有价值相关性的，尤其是存在活跃市场的证券投资。但是，决策有用性是相关性和可靠性的权衡（trade-off）。许多金融工具（如存、贷款）不存在活跃市场，这有可能造成可靠性问题足以抵消相关性所产生的利益。在这种情况下，公允价值的价值相关性在一定程度上取决于管理当局自由裁量权的含义——信号含义还是机会主义。

净收益和监管资本的过度或人为波动是金融机构及其监管机构如OCC、FRB和ECB等保留乃至反对FVA的重要原因。经验研究均表明，采用FVA尤其是FFVA可能导致盈利和监管资本的过度波动。但是，对于市场如何解释增量波动（与投资者理解能力和知识直接相关）以及是否导致银行权益价格的变动，目前尚不存在说服性的结论。

在对投资组合影响方面，经验研究结论普遍认为，FVA的采用将对金融机构的投资组合行为造成一定的影响，特别是证券组合的流动性和市场风险管理。这种影响主要源于金融机构管理当局对流动性和波动性的权衡，尤其是AFS和HTM分类决策（包括重分类）对金融机构财务状况和经营成果以及监管资本的重大影响。银行管理当局的风险管理活动和行为将不可避免地受到重大影响。因此，在采用FVA时，应当深刻考虑对金融机构投资行为乃至金融市场发展的影响。

消除或缓解信息不对称是银行的重要功能。美国20世纪80年代金融危机凸显公允价值在监管资本和清偿力管制方面具有积极的作用。但是，FVA对净收益和监管资本波动增加的潜在影响和亲周期借款行为业已引起各国银行监管机构的关注，这需要准则制定者与证券、银行监管机构建立良好的沟通机制，深入研究FFVA对资本分配和经济波动产生的潜在后果，最大程度改善财务报告的透明度，促进金融体系的稳定。

相比之下，国内学者关于公允价值的研究是较为肤浅的，更多停留在概念层面的争论，对于公允价值计量属性的实证研究更是较为少见，这大概与我国不发达的资本市场和公允价值计量属性的应用范围较窄相关。

第3章 公允价值计量属性的演变

3.1 公允价值概念的产生

3.1.1 作为经济管制的公允价值概念的提出

公平、正义是人类永恒的追求。1844年英国《合股公司法》（*UK Joint Stock Companies Act of 1844*）规定，公司编制的资产负债表应当是全面、公允的（full and fair）；1947年《公司法》（*UK Companies Act of 1947*）明确提出公司财务报表应当是"真实和公允"（true and fair）的，并确定了信息披露管制（disclosure regulation）。

19世纪20世纪初，自由放任资本主义逐步发展为垄断资本主义，托拉斯（trust）和康采恩（concern）等形式的垄断企业不断涌现。在美国，金融垄断资本主义势力的不断发展及其对私有财产权造成的现实或潜在侵犯，导致美国政府开始控制垄断企业的发展。❶为了维护社会分配效率，抑制垄断行为，1890年，美国国会通过《谢尔曼反托拉斯法案》（*The Sherman Antitrust Act of 1890*）；1914年，再次通过《克莱顿法案》（*The Clayton Act of 1914*），以约束控股公司的发展，

---

❶ 金融资本主义的发展导致公司所有权和控制权的日益分离，并在基于私有财产权的法律体制度与现实经济关系之间产生严重冲突和紧张关系。Berly和Means（1932）《现代公司和私有财产》（*The Modern Corporation and Private Property*）中深刻地揭示了现代公司中日趋出现的所有权和控制权分离现象及其对私有财产权的合法性产生的冲击。Berly和Means（1932）研究发现：1930年，美国最大的200家公司中由公司高层管理人员控制的占44%。Burch在1965年对《财富》前300家公众工业公司的调查显示，公司高层经营管理者在很大程度上行使实际控制权。Berly和Means（1932）进一步认为，这种分离导致会计利润丧失有用性。

包括公用事业控股公司。❶

作为自然垄断代表的公用事业，其价格确定直接关系到社会经济生活秩序和社会福利，并影响竞争的效率和社会公平。为了限制垄断，各国政府一般以费率管制（rating）形式实行价格管制。最高法院认为，应当对所有管制产业的价格的合理性进行审查，但公司有权要求在为公众提供服务所耗用价值的基础上获得公允回报（fair return）（Conant，1974）。因此，美国联邦贸易委员会（Federal Trade Commission，FTC）和商务部（the Department of Commerce）致力于收集充分的成本信息以确保企业获取公允回报（Previts，Merino，1997）。

公允价值概念最早是作为确定公用事业公允回报而由法院提出的。1898年，在 Ames vs Smith 案件中，联邦最高法院首次提出公允价值的概念，指出公允价值的计算应当考虑所有影响"公允回报"的相关因素，包括审慎成本（prudent cost）和重新生产成本（reproduction cost）。❷法院和FTC所认可的公允价值概念仅仅为了计算公用企业公司的"公允回报"而确立的一个成本概念，而不是一个特定的估值基础。但是，公用事业公司并不认同法院提出的公允价值概念，认为还应当包括重置成本（replacement cost）。不可否认的是，高等法院关于受管制企业可以根据"资产现值"计算公允回报的理念是直接与历史成本相对立的，且具有较大的主观性。这为历史成本与现行成本或公允价值的争论埋下伏笔。此外，学术界和企业界均普遍接受历史成本作为主导计量属性，并将公允价值作为历史成本的变形。❸例如，Hendriksen（1991）依据三个时间维度（过去、现在

---

❶《克莱顿法案》是以产业类别控股公司为对象而制定的联邦法律，主要包括《公用事业控股公司法》、《银行控股公司法》和《储蓄贷款控股公司法》。除此之外的其他产业也都被该法案确立的排除垄断、限制过度竞争的法律原则所规范。鉴于公用事业在社会生活中的重要地位，1935年，美国通过《公用事业控股公司法案》，对电力、煤气和自来水等公用事业中的控股公司进行规范。例如，法案规定，公用事业控股公司禁止控股一般事业公司（主要是工商企业）。

❷ 联邦最高法院指出，在确定一个公司应当收取的费率的合理性时，计算基础应当是公司为向大众提供便利服务所使用的全部财产的公允价值。为了确定公允价值，初始建造成本、预期发生的永久性改良支出、债券和股票的市场价值、与初始建造成本相比的现在建造成本、在由法律所确定的特定比率控制下财产的可能盈利能力和必要的营运费用总和都是需要考虑的因素，并给予如同在每一种情况下可能是合理和正确的重要性（Smith vs Ames，169，U.S.466，1898）。

❸ Paton 和 Littelton（1940）认为，主体理论假设企业管理当局追求企业利润最大化，而不是特定利益集团（股东）利润最大化。因此，选择历史成本计量属性是自然选择的结果。在 HCA 框架下，收入代表管理当局的成就，费用代表其管理努力，二者相互配比表示效率（益）。但是，这种过于主观性和专断的配比过程容易为管理当局操纵利润提供机会。

和未来）和输入（出）两个维度列举了13项资产计量属性，并指出公允价值计
量属性并不是一种通用的估值基础，而是从属于现行输入成本（current input
cost）的计量属性（见表3-1）。

表3-1　资产计量属性基础

时点	输入价值		输出价值	
过去	过去输入成本	审慎成本	过去输出成本	过去销售价格
		标准成本		
		初始成本		
现在	当前输入成本	评估价值	当前输出成本	可实现净值
		公允价值		当前现金等价物
		可实现净值减正常回报		清算价值
未来	未来输入成本	折现未来输入成本	未来输出成本	折现未来现金收入或服务潜力
其他	成本与市价孰低法			

资料来源：根据 Hendriksen & Breda（1991）*Accounting Theory*（5 ed）整理。

综上所述，公允价值概念的产生主要是法院和联邦监管机构（主要是FTC）
出于防止垄断势力扩张而确定"公允回报"的需要，是一种成本计量属性，且适
用范围主要是公用事业公司。需要注意的是，虽然公允价值概念并未涉及市场价
值，但也隐约提出当前重置成本应当包括在公允价值的计算之中，并对历史成本
的合理性提出质疑。Previts 和 Merino（1998）指出，对公允回报的关注导致重视
资本保持理念，资本计量成为会计关注的重点，资产负债表而不是利润表成为财
务报表的核心。

3.1.2　作为公允价值实质的市场价值概念的提出及其影响

市场价格体现市场参与者对包含在资产或负债预计现金流量的评价（FASB，
2000）。19世纪末，主要资本主义国家市场经济发展程度不高，还不存在系统的
资产计价方法。企业之间计价方法多样，而且每一种计价方法都被认为是可接受
的。从20世纪20年代末期开始，持续经营（going concern）理念和稳健主义原则

开始成为资产计价最重要的基础，基于历史成本而编制的财务报表被认为是能够提供客观、公正的信息，并且能够满足监督企业管理当局履行受托责任的需要。例如，Sterling（1967）认为，稳健主义是 HCA 的基本原则和假设，并与配比原则共同决定估值基础。

20 世纪初期，企业资本结构中以银行借贷资金为特征的间接融资占据主导地位。对债权保全的内在需求反映在会计准则上则表现为稳健主义（conservertism）成为会计基本假设和公理性诉求。历史成本则成为被普遍接受的计价基础。AAA（1936）认为，会计不是估值过程，而是历史成本和收入在现行和未来年度之间的分配过程。历史成本被认为是企业未获得一项资产的所有权和使用而支付的总价格，包括所有为使该资产达到所需地点和条件的必要支出。

在市场经济环境下，历史成本源于买卖双方达成一致意见的独立交易，且对购买者而言是最低的价值；在持续经营假设下，历史成本的隐含假设是成本代表取得时资产的实际价值，即历史成本至多是最低价值。坚持历史成本的最有力理由在于其与收益确定的实现原则密切相关，且其行为科学属性导致更加客观地评价管理当局受托责任的履行情况。但是，历史成本的主要缺陷在于其随时间演进的不变性。这主要是因为随着时间的推移，历史成本作为企业可获资源的质量、未来服务的价值或当前市场价格的计量可能是没有意义的。即使物价水平保持不变，历史成本所代表的未来服务的预期也不可能保持不变。早期会计学者如 Edwards 和 Bell（1961）、Chambers（1966）和 Sterling（1967）等均不同程度地论述历史成本的局限性。

在第一次世界大战期间，绝大多数美国公司几乎资本化所有的支出，并且许多公司放弃历史成本计量属性以避免支付超额利润税。一战后，主要资本主义国家普遍经历通货膨胀的冲击，对公司财富的计量要求承认价格水平变化的影响。Paton 和 Stevenson（1918）认为，会计最重要的功能在于向公司管理者提供必要的数据。因此，财务报表应当反映最相关的价值——现值，会计人员有义务确保公司实现实物资本维持（real capital maintaince）。企业的利益诉求和外部宏观经济环境不断冲击 HCA 的基础，并在 20 世纪 80 年代最终导致 FVA 占据主导地位。

在欧洲大陆，历史成本地位的确立最早可追溯至《1673 年法国法令》（*The*

French Ordinance of 1673）。但是，历史成本属性因不断得到法律修正而反复。
《1794 年普鲁士普通法》（The Prussian General Law of 1794）第 2 部分第 644 段规
定，除非存在相反证据，当编制存货表（资产负债表）时，原材料和商品应当按
照其购买价格估值；当可销售价格更低时，应当以更低的价值估值。因此，该法
律对于存货计价基础的确定具有市价与成本孰低的特性。Richard（2005）认为，
成本估值原则在计算收益中优先地位的确立源于企业界的影响超过律师的影响。
《1807 年法国商法典》（The 1807 Code of Commerce）在沿袭 1673 年法令的基础上
实现了某种会计革命——为了保护债权人利益采用市场价值取代历史成本。
《1857 年德国商法典》（The 1857 German Commercial Code）更进一步规定，构成
财产的所有要素的估值和债务应当以资产负债表编制日的价值确定，利润或损失
的计算应当以资产负债表和存货表为基础；1873 年德意志高等商业法院
（ROGH）发表公告，对存货表的结构和估值原则进行解释，认为成本应当反映
真实价值（市场价值）。ROGH 规定，存货表时点的价值应当理解为商品的一般
交换价值，真实价值（公允或市场价值）在正常市场中所有商品的虚拟交易中是
可获得的，且不是单个商品或重新出售公司全部商品时获得价值；《1884 年德国合
股有限公司法》（The 1884 German Law on Joint Stock Limited Companies）第 31 条规
定，商品和证券的估值应当基于成本或市场价值较低者；非销售固定资产和其他
资产的估值可能是成本减去折旧；《1897 年德国商法典》（The German Code of Com-
merce）第 40 条规定，在编制存货表和资产负债表时，所有财产和负债的估值应当
采用存货表编制时点的价值。该规定的实质与 AFAS No.157（FASB，2006）是一
致的。与法国法律相比，德国法律及其法学理论更加重视市场价值估值原则。这
与 19 世纪末和 20 世纪初绝大多数德国和法国律师倡导市场价值原则密切相关。例
如，Richard（2005）引述 Vavasseur 的观点认为，资产负债表应当反映股份和债券
的真实价值，估值应当以当前价值（即市场价值）为基础，且这是由供需法则确
定的唯一真实的价值。Vavasseur（1883）主张对所有资产采用以价值进行估值的
原则，包括房屋。

综上所述，法国和德国商法典关于市场价值和历史成本的争论主要存在三种
观念：①以成本为基础的估值（支持者主要是企业管理者）。②基于主观价值的

估值。管理学家 Simen 认为，价值是主观的，估值时有必要运用且只能运用使用者的判断。❶因此，对意欲交换的商品，价值是采用单个交换价值的在用价值（value in use）；对意欲使用的商品，价值是使用价值（usage value）。③基于折现值的估值。20世纪初期著名会计学家 Siddler 指出，资产负债表根本不能表明企业的总体市场价值；企业价值只能通过净现金流量折现（DCF）而获取。其观点是符合现代财务理论的。现代财务理论认为，企业价值是未来现金流量的现值。HCA 框架下的资产负债表是以交易为基础的，大量无形资产因素如自创商誉等未体现在资产负债表中，这必然导致企业市场价值不等于资产负债表的账面价值（市净率不等于1）。

市场价值概念的提出，是对历史成本的重要冲击。19世纪法国和德国商法典对市场价值估值的偏好，反映出历史成本在解释企业价值和收益确定方面存在重大缺陷，也反映出不同利益相关者（企业界和债权人及其代表律师）在会计规范制定的政治较量。

3.1.3　市场价值计量属性与收益确定

收益在社会经济生活中扮演着至关重要的角色。著名会计学家 Philips 指出，会计理论必须以收益确定为源头，且几乎所有的会计争论都可以追溯至对收益本质的争论。随着公司不断发展并在社会经济生活中占据主导地位，早期的收益确定理论开始面临传统利润计量和"消极"所有权（passive ownership）的冲突。

私有财产权是资本主义法律制度的基石。Merino 和 Mayper（1993）在评论早期所有权理论时指出，传统收益确定模型将所有者置于中心地位，公司效率可以用所有者财富的增加来表示。为了确定公司财富，会计人员应当确定管理当局受托资源的价值及其年度增加额；股东将收益数字视为管理当局受托使用资产效率计量，以及预期未来盈利能力的标志。例如，Paton 和 Littelton（1940）一直强调会计的核心目的在于计量一定期间相互配比的成本（努力）和收入（成就），以充分体现管理当局受托责任的履行情况。

---

❶ 主观价值事实上同时拒绝了历史成本和市场价值。但是，这种估值方法支持固定资产依据成本减系统性折旧计价。

　　古典经济学家 Adam Smith 在《国民财富的性质和原因的研究》(*The Wealth of Nations*) 中最早将收益界定为"在不侵蚀资本情况下能够被消费的金额"。Smith 的观点得到其他古典经济学家的继承和发展。例如,古典经济学集大成者 Marshell 指出,利润是期初和期末所有者股份价值的差额。古典经济学关于收益的定义深深地影响着早期的会计理论(所有者理论),他们将会计的职能定位于计量所有者财富的增加(Hatfield,1909)。因此,在收益确定时不但将资本和负债适当分离,而且也将收益和资本严格分离。总之,所有者理论将收益和资本均看作"财富的存量"(stock of wealth),并十分重视资本保全。20世纪20年代对财富存量和社会公众对大公司滥用权力的关注导致会计实务界看重资产负债表而不是利润表,收益确定成为资产估值和效率衡量的重要方面。

　　对资产负债表中心地位的强调导致所有者理论十分关注资产计量问题。但是,一些会计人士也表示,为了反映企业的真实财务状况对历史成本的适当偏离也是必要的,这导致产生计量资产升值或贬值的可能性。20世纪20年代,美国会计实务界反对会计利润必须是"已实现"(realized)的观念,力主确认未实现利得。Wildman(1928)认为,企业的价值取决于未来盈利能力;在持续经营条件下,只有资产增值能够提高未来盈利能力(即变得更加有用)才能确认。因此,对于一个持续经营企业,资产的交换价值是没有意义的。尽管如此,Wildman(1928)也认可自然资源和某些无形资产的增值能够增加未来盈利能力。Wildman(1928)的观点揭示使用价值和交换价值争论的核心,并预示着市场价值计量属性在整个20世纪可能面临的主要难题。虽然20世纪20年代普遍存在的公司管理当局高估未来盈利能力的现状,但许多早期会计学者和注册会计师仍然接受价值会计,并将价值增值视为是相关的,这可能与对收益性质的不同理解有关。

　　所有者理论和主体理论的根本区别在于如何看待收益。所有者理论认为,企业的效率可以根据股东财富的增加来计量;主体理论认为,收益应当计量所有资本供给的总回报。例如,Paton(1922)认为,净营业收益是超过与产品生产相关购买价格的超额价值,代表可用于在所有资金提供者之间分配的资本增值。20世纪20年代,会计学者都在讨论资本保持概念,并认识到将收益划分为财务和经营两种类型（Previts，Merino，1998）。Paton（1922）和Canning（1929）指出所面临的最复杂问题是将收益确定独立于资产估值，二者将重点放在收入实现上。Canning（1929）批评现行收益内涵的混乱，并将总收益界定为全部营业收益的总和加上财务收益；paton（1922）将收入界定为流入企业的利益；费用是产生利益中发生的牺牲。但是，Paton（1922）和Canning（1929）均没有解决未实现资产增值问题。从经济学角度看，会计主体理论关于收益计量的观点是与Fisher（1906，1930）关于收益的论述是一致的。Fisher（1906）认为，收益是随时间流逝的资金流量（flow of funds）。❶针对物价变动，Paton和Stevenson（1918）认为，不变美元假设是不合理的，对公司财富的计量应当承认价格的变化；不考虑币值变动的影响将提供误导性的财务报告。

---

❶ Fisher(1906)认为，收益具有3种形态，分别是：①精神收益(psychic income)，指产生的心理满足程度；②实际收益(real income)，指经济财富的增加；③货币收益(money income)，指以货币计量的资源的增加。在三种收益形态中，精神收益的主观性最强而无法衡量；财务收益只考虑货币时间价值的变化而成为一个静态的概念。Fisher(1906)提出的收益概念明确地区分了收益和资本的关系，其中资本是特定时刻的财富存量(stock of wealth)，收益是特定时期的财富流量(flow of wealth)。

1946年，Hicks在《价值与资本》(Value and Capital)中更加明确地提出两种收益概念：①事前收益(ex ante income)，是指一个人在某一时期可能消费的数额，且他在期末的状况与期初一样好；②事后收益(ex post)，是指一定期间消费额与资本价值的增值或贬值之和或者之差。Hicks(1946)对收益的划分依据是不同时点，具有较强的主观性，因此也被称为是主观收益(subjective income)。Alexandre(1992)进一步将Hicks(1946)的收益概念引申为公司年度收益的概念，即公司收益是指公司向其所有者分配的数额，且能保持年末与年初的状况一样好。

Edwards和Bell(1961)在前人关于会计收益和经济收益研究的基础上，提出企业收益(business income)的概念，认为一个期间的企业收益包括4个组成部分：①当期经营利润(current operation profit)，指销售收入超过本期生产和销售所费的现行成本的差额；②可实现的成本节约(realizable cost saving)，指本期所拥有的资产价格的增加额；③已实现的成本节约(realized cost saving)，指本期已销售商品的历史成本与现时购进价格的差额；④已实现的资本利得(realized capital gains)，指处理长期资产时销售收入大于历史成本的差额。Edwards和Bell(1961)的重大突破在于要求确认未实现但将来可能实现的持有利得(Chatfield，1977)。

综上所述，经济学家的收益概念倾向于收益产生于未来服务现值的增加，是与资产计价密不可分的。因此，资产的计价基础是未来预期收益的现值，而收益则是特定期间净资产现值变化的结果。Solomons(1961)认为：经济收益=会计收益+未实现的有形资产价值变动(已扣除折旧和存货降价)-当期实现的前期未确认的有形资产价值变动+无形资产的价值变动。通过对前述两项的调整，可以将会计收益由于销售而在本期实现(realized)的价值变动调整为本期可实现的价值变动。Alexander(1950)也从不同角度探讨经济收益和会计收益的区别，并认为会计对客观性的过度追求导致会计收益的保守性。但是，Alexander(1950)也承认经济收益的主观性色彩。

经济学家认可的经济收益是资产现实价值的增加，并承认物价变动、持有利得和其他价值变动的影响。这对会计理论的演变尤其是会计收益产生至关重要的影响，如Edwards和Bell（1961）等均将经济学收益概念作为会计收益研究的起点。Hicks（1939）认为，"一个人收益是其在一周内能够消费的最大金额，且预期仍与其在一周开始时同样富裕"。Hicks（1939）关于收益的定义具有三方面的内涵：①收益是能够消费而不影响资源存量的资源流量；②形成的财富不能用于代表收益的资源；③反映主观预期。但是，对于什么是同等富裕程度内涵的争论导致出现三种资本保持概念，分别是财务资本保持、一般购买力资本保持和实物资本保持。其中，后者强调以重置成本代替历史成本来计量企业经营能力的保持状况。但是，采用经济收益的最大障碍在于如何计量期末净资产。Hicks（1941）关于年度收益的概念更加明确地将收益本质界定为财富存量的变化。总之，Hicks（1939，1941）的观点对会计收益确定具有十分重要的影响，直接导致FASB在20世纪80年代提出综合收益概念。此外，IASB也从财务报告角度不断将未实现资产和负债的价值变动确认在收益表。

Philips（1963）的重要贡献在于提出单一的收益概念——增量收益（accretion income），并认为其适用于所有目标，包括纳税目的。增值收益的计量表现为以市场价值为基础的经济能力（economic power）的增加。Philips（1963）认为，收益概念是个相互抵消的连续体（见图3-1）。从现金收益到精神收益，收益的合理性不断增强，但其客观性逐渐丧失。

图3-1 收益概念的组成及其主观性

资料来源：根据Thomas G. Evans的*Accounting Theory: Contemporary Accounting Issues*整理。

配比原则是HCA确定收益的核心。在HCA框架下，收益仅仅表现为实现原则和配比原则相结合的产物。Paton和Littleton（1940）在《公司会计准则导论》

（*An Introduction to Corporate Accounting Standards*）中创造性地将收入和费用配比以确定收益作为会计的最主要目的。这导致收益确定和资产估值相互分离，并致使收益表成为最重要的财务报表，资产负债表退居次要地位。在配比原则下，收入的确定应当是已实现（realized）或者可实现（realizable），且为产生收入的费用已经发生。配比原则是以过去交易为基础的，历史成本计量成为最主要的计量属性。在配比原则下确定的收益具有3个方面的主要特点：①客观性；②可验证性；③符合会计受托责任观。但是，配比原则的主要缺陷在于没有确认未实现的资产增值，且导致由于成本会计方法的差异而造成企业间收益的可比性较差。总之，对收益确定配比原则的重视导致资产和负债成为收入和费用的结果，资产负债表成为成本摊余报表而居于从属地位。

3.2　公允价值的发展及其应用

3.2.1　20世纪80年代金融危机之前公允价值的发展和应用

现代财务理论认为，企业的价值取决于预期未来现金流量。20世纪30年代大危机（the Great Depression）之后，人们开始反思会计采用当前价值的消极影响，认为采用当前价值作为资产计量属性的资产负债表没有向投资者提供有助于决策的信息。因此，从20世纪30年代，具有客观性和可验证性且基于交易的HCA开始成为资产和负债的主要计量属性，收益表被认为提供了有关预期未来现金流量的信息而成为主要报表，资产负债表成为配比原则和实现原则下的成本摊余报表。金融监管机构如FRB均支持将资产的最终可收回性（ultimate collectibility）作为确定价值的标准，并基于稳定金融市场和防止投机等需要反对采用市场价值。1938年，美国金融监管机构联席会议联合公报指出，银行证券投资应当根据内在合理性而不是以日复一日的波动为基础来考虑；银行体系的合理性取决于国家经济和行业运行态势的合理性，不应当依据不稳定的当前市场报价来计量，因为市场报价经常反映投机活动且不是内在价值的真实反映。FDIC也指出，对证券投资采用市场价值计量将鼓励投机，并因证券市场的状况影响净资产而扭曲资本的计算。❶因此，在监管机构的支持下，HCA的主导地位也最终得以在商业银行体系得到实现。

会计是反应性的。企业所处的经济、政治和社会等外部环境是不断发生变化的，主要表现为各种经济变量如利率、汇率和价格（商品价格和权益市场价格）均处于不断变化之中。经济环境的外在变化要求会计原则和实务做出相应的变化。20世纪五六十年代，低利率政策推动世界经济强劲发展，各种经济变量较为稳定。在商业银行方面，存贷款利率、经营范围和地域等受到严格管制，各种金融工具价格波动较小，包括S&L A在内的存款类金融机构通过稳定的利差（spread）能够赚取获得可观的收益。❷

3.2.1.1 CAP和APB在探索公允价值计量的努力

1936年，AICPA发起成立会计程序委员会（the Committee of Accounting Procedure，CAP），旨在采用归纳法从当时众多的会计惯例中确认和描述"最佳"惯例。1953年，CAP在第43号研究公报（Restatement and Revision of Accounting Research Bulletins）中以示例的方式提及公允价值。CAP指出，在非现金购买情况下（如出售证券以换取无形资产），成本可以是支付对价的公允价值，或者是获得的财产或权利的公允价值，这取决于二者谁能够提供更加清晰的证据。CAP关于公允价值的定义主要具有两方面的特征：①将公允价值作为资产的计量属性；②适用于非货币性交换情形。在历史成本占据主导地位的情况下，CAP关于公允价值的定义只是对历史成本的补充。

为了有效地解决会计信息可比性问题以满足不断发展的资本市场信息需求，在AICPA主席Jennings的倡议下，1957年12月，AICPA成立研究规划特别委员会（Special Committee on Research Program），以解决会计理论研究和对会计假设及原则认识不一致等问题。1958年，研究规划特别委员会提出建立会计原则委员会（the Accounting Principles Board，APB）和会计研究部（the Accounting Research Division，ARD），分别取代CAP和会计研究处（the Accounting Research

---

❶ 这可能与大危机过后社会公众和政府对金融市场过度投机所引发的金融危机的看法相关。

❷ 联邦政府对竞争的严格限制和保护致使存款类金融机构享受安逸的"3-6-3"的经营环境。存款类金融机构高级管理人员以3%吸收存款，并以6%贷出，下午3点打高尔夫球。

Department，ARD），以期发挥在会计准则制定和理论研究方面的积极作用。APB 和 ARD 的主要目标有 3 个：①推动 GAAP 的典籍化；②缩小会计实务的多样性，提高会计信息的可比性；③引导未解决和存在争议问题。❶秉承 Jennings 的观点，ARD 在研究方法上的重大变化是采用演绎法（normative-deductive approach）来建立一套完整和具有较强逻辑性的理论框架，包括目标、假设、原则和规则。在 Moonitz 的主持下，ARD 在 1961 和 1962 年相继发布第 1、3 辑研究（Accounting Research Studies，ARS）（ARS No.1 和 ARS No.3）。❷ARS No.1 提出 3 组共 14 项会计假设（见表3-2），分别是经济和政治环境假设、会计处理假设和强制性假设（imperative postulate），其中后者代表一系列规范性要求。

表3-2　ARS No.1 关于会计假设的观点

序号	组群	名称
1	A—经济和政治环境假设	数量性
2		交换
3		主体
4		期间
5		计量单位
6	B—会计处理假设	财务报表
7		市场价格
8		主体
9		短暂性
10	C—强制性假设	持续经营
11		客观性
12		一贯性

❶ Zeff(1984)认为 5 个方面的因素导致 CAP 的终结:①在解决重大会计问题时存在多样化的选择,其主要原因在于缺乏系统、一致的会计原则作指导;②美国主计长协会(the Controller Institute of America,现演变为财务经理协会(the Financial Executive Institute,FEI)对未能积极参与 GAAP 制定表示不满;③许多执业者更加认可美国会计学会(the American Accounting Association,AAA)在 GAAP 制定方面的进展;④"八大"会计公司中最强势的安达信不断公开地批评 CAP;⑤CAP 在许多方面与 SEC 发生冲突以致关系紧张。

❷ ARS No.1 的全称是《基本会计假设》(The Basic Postulates of Accounting);ARS No.3 的全称是《关于针对企业广泛会计原则的暂时性结论》(A Tentative Set of Broad Accounting Principles for Business Enterprises)。

续表

序号	组群	名称
13		稳定计量单位
14		披露

资料来源：根据 *Accounting Theory: Contemporary Accounting Issues* 整理。

ARS No.1 的显著特点在于没有提及当时两个占据主导地位的会计概念——配比原则和历史成本，而将市场价格作为会计处理的重要假设。ARS No.1 认为，会计数据应当以过去、现在或未来已经发生或与其将要发生的交换所产生的价格为基础。ARS No.1 市场价格假设与经济和政治环境假设中的交换假设直接相关，并重点关注以市场价格来计量交易。但是，市场价格假设是以一些条件为基础的，主要包括：①两个或两个以上主体之间进行的交易是公允的；②交换主体的行为是理性的；③市场交易足够活跃，证明所发生的交易具有代表性。因此，ARS No.1 提出的市场价格在关键要素组成上与 FASB 公允价值概念是相似的。

在承袭 ARS No.1 的基础上，ARS No.3 提出具有普遍适用性的 8 项会计原则（见表 3-3）。对财富计量和价值的关注最终导致争议集中在对所有客观因素确定的资产价值变化的确认，包括价格水平、重置成本和来自其他因素导致的变化。

ARS No.3 提出的 8 项会计原则主要具有两个特点：①强调市场价值或当前价值（如重置成本）而不是历史成本，这是对当时 HCA 模式占据主导地位的重大革命；②强调确认资产价值的变化，导致实现原则在事实上被废止。总之，ARS No.1 和 ARS No.3 均试图以当前价值替换历史成本，这主要是因为 ARS No.1 和 ARS No.3 对财富计量的关注及其对资产变化的确认显著地偏离 HCA 模式。但是，ARS No.1 和 ARS No.3 均遭致利益相关方的强烈反对。例如，AICP（1962）认为，ARS No.3 会计原则是对现有会计实务的过度偏离，并拒绝接受。但是，AICPA 内部对 ARS No.3 是存在较大争论的。此外，一些学者如 Cannon 和 Shenkir 也对 ARS No.3 倡导市场价值的观点表示支持。在看待当前市场价值方面，ARS No.1 和 ARS No.3 均强调市场价格/值是客观的，是更加相关的计量属性，并在计量为获得资产的使用所牺牲的资源方面优于获得价格。其中，ARS No.3 更加充分地体现

Edwards 和 Bell（1961）、Chambers（1966）和 Sterling（1967）等学者一贯倡导的市场价值观念。

表3-3　ARS No.3关于会计原则的观点

序号	名称
A	利润源于企业的整体活动
B	资源的变化应当按照其性质进行分类:(1)价格水平的变化;(2)重置成本的变化;(3)销售或其他转让;和/或(4)其他因素
C	企业的所有资产应当记录在账户中,并在财务报表中予以报告
D	资产的计量问题(定价、估值)是关于对未来服务的计量问题,并至少包括三个步骤:(1)确定未来服务是否确实存在;(2)估计未来服务的数量;(3)根据未来服务的数量,选择方法、基础或公式对其定价。一般情况下,这种选择由三个方面组成:过去交换价格(历史成本)、当前交换价格(重置成本)和未来交换价格(预期销售价格)
	以货币或求偿权形式存在的所有资产应当以其现值或其等价物显示
	已知价格且可以易于预测处置成本的随时可销售存货应当以可实现净值记录,并且相关收入在该时予以处理。其他存货应当以其当前重置成本记录,并单独列示其相关利得或损失
	所有正在提供服务或备用的厂场设备应当以其取得成本或建造成本记录,并在主要财务报表或补充财务报表中适当地修正价格水平变化的影响
	以成本或其他基础的工厂投资应当在估计经济寿命内摊销
	所有无形资产应当以成本记录,具有有限寿命的无形资产应当注销
E	企业的所有负债应当记录在账户中,并在财务报表中予以报告
F	要求以商品或服务清偿的负债应当以其销售价格计量
G	对于一个公司,股东权益应当分类为投入资本和留存收益
H	经营成果表应当充分地揭示利润的构成

资料来源：根据 Thomas G. Evans 的 *Accounting Theory: Contemporary Accounting Issues*（2003）整理。

　　需要注意的是，ARS No.3并未明确提及公允价值，并仍将其视为资产历史成本计量的组成部分，但其提倡市场价值计量属性和确认资产价值变动（利得或损失）的观点是与公允价值的实质一致的。APB在1970年发布的第16号意见书《企业合并》（*Opinion No.16—Business Combination*）再次提及公允价值，指出公司必须确信所收到的对价是公允的，正如公司必须确信公允价值是所收到的现金支付。此外，APB第18号意见书和第25号意见书也分别提及市场价值和公允价值。

3.2.1.2　FASB在探索公允价值计量方面的努力

　　为了应对来自美国会计学会（AAA）在争夺研究和制定会计准则主导权方面

的压力，1971年3月，AICPA分别成立研究财务报告目标的Trueblood委员会和研究会计原则制定以及改进准则制定程序的White委员会。❶在White委员会的倡议下，具有自治性和遵循应循程序（due process）的美国财务会计准则委员会（FASB）正式诞生。FASB以决策有用性作为财务报告的目的，并贯穿于会计准则制订过程。SFAC No.1（FASB，1978）明确指出，编制财务报告的目的在于提供做出业务和经济决策有用的信息。

在20世纪80年代金融危机发生之前，FASB在对待公允价值的观点基本上与APB是一致的，即公允价值的应用主要局限于特定项目（主要是非货币性交换和债务重组），并未涉及金融工具问题。因此，FV是从属于HCA框架的，且在应用范围上存在较大限制。1985年，FASB在SFAS No.8《外币交易折算和外币财务报表的会计处理》（*Accounting for Foreign Currency Transaction and Foreign Currency Financial Statement*）阐述商誉确认时首次提及公允价值，并在SFAS No.12《某些有价证券的会计处理》（*Accounting for Certain Marketable Securities*）再次将公允价值作为权益证券账面价值的替代计量属性。但是，SFAS No.12只是将公允价值与市场价值和评估价值并列，并未正确处理市场价值与公允价值之间的相互关系。此外，SFAS No.8和SFAS No.12都没有界定公允价值的内涵。尽管如此，SFAS No.12还是遭到FRB和存款类金融机构（包括S&L A）的强烈反对，认为这将削弱行业竞争力，并限制银行的借款活动。此外，70年代的经济滞胀引起企业界和学术界对HCA框架下会计数据相关性和可靠性的质疑。

1976年，FASB在SFAS No.13《租赁会计》（*Accounting for Lease*）中正式提出公允价值的定义，认为公允价值是指不存在关联关系且自愿交易的当事人之间在公平交易（at arm's length transaction）中，一项财产可能被出售的价格。SFAS No.13要求融资租赁的资本化金额作为公允价值，部分地解决了由于企业大量使用表外融资而造成的财务状况和经营成果扭曲。SFAS No.13关于公允价值的定义具有3个方面的重要特点：①公允价值是价格的具体表现形式；②强调公允价值产生于独立的理性经济人之间的交易；③交易是虚拟的，不是现实发生的交易。

---

❶ 需要注意的是，尽管ARS No.1将会计目标作为研究主要内容，但是却回避了向谁提供会计信息（信息需求主体）问题。

这三个特点基本上涵盖了现代公允价值概念的关键要素。

1982年，FASB在SFAS No.67《房地产项目成本和初始租赁经营》（*Accounting for Cost and Initial Rental Operations of Real Estate Project*）中将公允价值的定义进一步扩展为一个较为综合的概念。SFAS No.67指出，公允价值是指在当前交易中，自愿交易的买方和自愿交易的卖方之间（即不是强迫或清算性出售），一项房地产可能产生的现金或其他对价的现金等价物价值的金额。SFAS No.67所称的公允价值十分类似特定企业公允价值或使用价值（entity-specific fair value 或 value in use），如强调特定项目（如房地产）的实物特征和可能的最终用途等因素。在1985年发布的SFAS No.87《养老金会计》（*Accounting for Pension Fund*）中，FASB在公允价值定义中加入对不确定性因素的考虑，认为公允价值是在当前交易中，自愿交易的买方和自愿交易的卖方之间（即不是强迫或清算性出售），针对单项投资，一项养老金计划可能合理预期收到的金额。在定义中，SFAS No.87十分强调"合理预期"，以突出交易的虚拟性和不确定性。

从SFAS No.13到SFAS No.87，FASB均在不同准则中提及或给出正式定义。但是，这些准则更多强调的是公允价值在特定资产或负债计量（如租赁、房地产、非货币性交换和退休后福利等）的应用，不但没有从更广泛意义上提出普遍适用意义的公允价值定义，也没有对如何确定公允价值给出具有可操作性的指南。因此，在20世纪80年代金融危机之前，关于公允价值的阐述和应用是散乱且矛盾的，没有形成对公允价值的系统性研究。

3.2.2　20世纪80年代金融危机对公允价值会计发展的影响

3.2.2.1　20世纪80年代金融政策与S&L A危机

20世纪80年代是美国经济政策发生根本转变的时代（Feldstein，2000）。在经历了70年代的高通货膨胀后，1980年上台的里根政府赞同联邦储备委员会（FRB）实行紧缩的货币政策，这直接导致美国在1980~1982年爆发二战后最严重、最深刻的经济危机。在经济危机期间，为了治理通货膨胀，1979年10月，FRB实行新的货币政策操作程序，不再将联邦基金利率保持在指定的水平或狭窄的预期波动幅度，而是负责供应与公开市场委员（FOMC）规定的预期货币总量增长率一致的银行准备金。新货币政策导致短期利率急剧攀升。1979年12月联邦基金利率为14%，1980年3月升至19.4%，商业银行优惠利率在1980年4月至1981年8月先后4次超过20%。其中，1980年高达21.5%。在美联储实行相当紧缩的货币政策情况下，通货膨胀率由1980年的12.4%降至1982年的3.9%，但失业率却升至10.8%。在金融领域，《Q条例》（*Q Regulation*）对存贷款利率的严格管制导致存款类金融机构资金不断流入收益率更高的金融产品（如MMMF），而商业票据市场、欧洲美元市场和共同市场货币基金等迅猛发展进一步导致"脱媒"（disintermediation）现象的深化。

紧缩的货币政策严重地影响着S&L A的财务状况和经营成果。20世纪80年代以前，S&L A的资产类型基本上都是固定利率抵押贷款（fixed rate mortagages，FRMs），存款则是具有利率高度敏感性的短期存款，具有典型的"借短贷长"特征。理论上，只有当FRMs的利率在扣除营业成本后不低于当前和预期在抵押贷款存续期内需要支付的未来短期存款利率的平均值的情况下，S&L A才能实现盈利。当市场利率出现大幅上升时，FRMs定价过低就可能导致S&L A利息收入低于预期甚至出现亏损，而存款外流进一步加剧S&L A资金枯竭程度。在整个80年代，S&L A行业共爆发三次较大规模的危机。

3.2.2.1.1　1980～1982年的第一次S&L A危机

在《1933年银行法》（*The Bank Act of 1933*）《Q条例》的约束下，银行类存款机构（包括所有储蓄存款机构）禁止支付超过可支付利率上限的利率。例如，1980年3月，短期国债利率为15%，而银行类存款机构的利率支付上限为5.5%。经济全球化和信息技术的进步不但使得银行和储蓄机构之间出现竞争，也促进共同市场货币基金和商业票据市场的长足发展，社会经济生活出现"脱媒"现象。"脱媒"现象（包括资产证券化）的发展导致存款者不断将资金投放到不受利率管制的金融机构，从而降低S&L A的资金可获得性、资金成本的提高和客户质量的下降，行业发展受到双重挤压。

为了解决面临的危机，1980年3月，国会通过《放松储蓄存款机构管制和货币控制法案》（*The Depository Institute Deregulation and Monetary Control Act of 1980*），并成立存款机构放松管制委员会（DIDC），负责在今后6年中逐步解除利率上限；为了鼓励存款者不要提前支取存款，进一步将存款保险上限由 4 万升至 10 万美元，并准许联邦注册的 S&L A 将其资产的有限部分用于消费贷款。1981 年，FHLBB 授权联邦注册的 S&L A 开办可转让支付命令账户（NOW），并允许发放浮动利率抵押贷款（variable rate mortagage，VRMs）。但是，在高利率冲击下，S&L A 仍旧出现大量存款外流，并陷入流动性困难。1981 年和 1982 年，存款净减少 320 亿美元（布伦博，1988 年）。1981 年，82 家 S&L A 破产；1982 年则有 250 家（Broome 和 Markham，2004）。

为了抑制存款外流和亏损增加，1982 年 12 月，国会又通过《加恩-圣杰曼储蓄机构法案》（*The Garn-St. Germain Act of 1982*），授权银行和 S&L A 开办直接与货币市场共同基金（MMMF）竞争的存款证券——货币市场存款账户（MMDA）（最低余额为 2500 美元），并加快解除存款利率限制的进程，允许增加消费贷款限额，以及允许联邦注册的 S&L A 扩大商业不动产抵押贷款和普通商业贷款等高风险活动。此外，监管机构也放松了对新进入者和现有机构的财务要求，将最低资本从 5% 降至 3%，1981 年，国会进一步淡化监管资本要求，认可 S&L A 采用似乎更加稳健的监管会计原则（regulatory accounting principle，RAP），允许在出售抵押品时将其损失分摊在抵押品的剩余使用年限内，以及将抵押贷款初始确认的大额预付费作为收入。在 RAP 框架下，资不抵债 S&L A 的数量和资产大大低于以有形资本为基础计算的无清偿能力的 S&L A 数量和资产。

但是，金融管制放松并不能有效地阻止 S&L A 行业危机的产生。截至 1982 年 12 月 31 日，85% 的 S&L A 发生亏损，盈利性 S&L A 仅占 8.7%，整个行业的净值相当于资产总值的 20%，导致 FSLIC 的现有储备不足以满足存款人提取存款的要求，进一步迫使 S&L A 的监管机构——FHLB 延迟甚至竭力掩盖 S&L 危机的真相。《加恩-圣杰曼储蓄机构法案》不但允许 FHLBB 降低对 S&L A 的资本要求，而且还许可其向经济意义上破产甚至按照 GAAP 已经破产的 S&L A 提供净值凭证（net worth certificates），以确保这些 S&L A 继续营业。FHLBB 采取的监管克制（regulatory forbearance）行动不仅没有遏制 S&L A 危机，反而变相鼓励 S&L A 采取更加激进经营行为（如过度发放房地产贷款和购买垃圾债券）。此外，面对急剧上升的联邦预算赤字，联邦政府和国会都不希望拨款 1000 亿美元关闭所有按照市场价值计算无清偿能力的S&L A，以避免可能遭遇的政治选举失败。

3.2.2.1.2　1985～1987年的第二次S&L A危机

紧缩货币政策在治理通货膨胀的同时也加剧了经济衰退。为了刺激经济增长，FRB转而实行松动的货币政策。1983～1984年，美国经济开始复苏，实际国内生产总值迅速增长，通货膨胀率保持在4%左右。卡特政府实行消费信贷管制政策，导致货币供给人为地减少，美元名义和实际币值分别高估17%和14%，长期实际利率持续走高。在财政支出方面，社会保障和军备竞赛等开支导致预算赤字不断攀升。例如，1980～1984年预算赤字占GDP比重由2.8%升至5%。

放松金融管制没有帮助S&L A改善财务状况，却刺激其不断从事高风险的业务活动，如购买垃圾债券和大量吸收经纪存款，以及加大对房地产贷款的投放力度。道德风险的存在也导致存款者愿意将不超过10万美元的存款继续存放在虽然已经破产但仍在持续经营的S&L A中。此外，联邦政府和S&L A均认为随着利率和经济增长，S&L A行业状况将得以改善。但是，联邦政府所采取的各种放松管制政策并未扭转S&L A的境遇，而始于1986年的税制改革对房地产投资的冲击更进一步加剧S&L A行业的危机。截至1986年12月31日，按照GAAP计算有488家S&L A丧失支付能力，515家S&L A资本资产比率不足3%，整个S&L A行业处于事实上的破产状态（见表3-4）。

表3-4　1981～1987年无清偿能力和无累积资本的储蓄机构的数量和资产

单位：10亿美元

年份	按RAP计算的无清偿能力的储蓄机构		按有形资产计算的无清偿能力的储蓄机构		有形资本占资产比例低于3%的储蓄机构	
	数量	资产	数量	资产	数量	资产
1981	31	3	112	29	702	163
1982	71	13	415	220	783	217
1983	48	13	515	234	879	273
1984	71	15	695	336	853	321

续表

年份	按RAP计算的无清偿能力的储蓄机构		按有形资产计算的无清偿能力的储蓄机构		有形资本占资产比例低于3%的储蓄机构	
	数量	资产	数量	资产	数量	资产
1985	130	26	705	335	726	437
1986	255	66	672	324	581	335
1987	351	99	672	336	471	339

资料来源:根据FHLBB披露数据计算。

考虑到FSLIC保险资金出现巨额亏空,无力关闭所有丧失清偿能力的S&L A,1987年,国会通过《竞争平等银行法案》(*The Competitive Equality Banking Act of 1987*),授权FSLIC在12月内发行高达375亿美元的专项债券用于关闭丧失清偿能力的S&L A,创设融资公司(financeing corporation),并允许S&L A在7年内摊销贷款损失。

3.2.2.1.3 1988~1990年的第三次S&L A危机

1987~1989年货币政策的整体走势由刺激经济增长再次转向抑制通货膨胀,货币政策总体处于紧缩状态。货币总量的增长率逐渐下降,但联邦基金利率逐步和大幅提高,从1988年3月的6.6%升至1989年5月的9.8%,上涨幅度是通货膨胀率的2倍。但是,FRB降低通货膨胀率的努力导致经济增长缓慢。从80年代中后期,得克萨斯州、俄克拉荷马州和新英格兰州等开始出现急剧的经济衰退。

经济增长缓慢甚至出现急速衰退、紧缩货币政策和FHLBB的监管克制行为以及税法的变化等导致S&L A在20世纪80年代后期出现全行业破产。❶ 1986~1989年期间,FSLIC共关闭或清算296家S&L A,资产总额高达1250亿美元。不断倒闭的S&L A及其损失增加导致1988年上台的布什政府不得不采取紧急行动。截至1989年,FSLIC的赤字预计超过1000亿美元。布什政府计划在3年内关闭大约500家明显资不抵债的S&L A,在1989年以前再关闭另外200家濒临资不抵债的S&L A。1989年8月,国会通过《1989年金融机构改

---

❶ 1981年,联邦政府鼓励金融机构对商业房地产进行投资。但是,1986年,税法突然不再鼓励投资,而且对旧投资进行惩罚。

革、复兴和加强法》（*The Financial Institutes Reform，Recovery，and Enforcement*，FIRREA）。

FIRREA中与S&L A直接相关的主要条款有：S&L经营活动；增加资本要求；增加存款保险费；增加居民抵押贷款所要求的资产比例；增加对非居民抵押贷款的限制；限制州注册协会与联邦许可设立的协会拥有相似的贷款权；限制对单一借款人的贷款；允许BHC收购S&L A；监管结构；解散FHLBB和FSLIC；将监管、监督和检查权移交财政部储蓄机构监督署（OTS）；将存款保险移交在FDIC内新成立的储蓄协会保险基金（SAIF），并赋予其政府的完全信任和信贷担保；将联邦住房银行事务移交给新成立的联邦住房金融委员会；对丧失清偿力的S&L A的解决；建立清理信托公司（RTC），以监督和管理丧失清偿能力的S&L A的出售或变现；新增拨款约1000亿美元政府资金为丧失清偿能力的S&L A的存款提供全部担保。

FIRREA（1989）的主要内容包括：①解散FHLBB，在财政部内部成立储蓄监督署（Office of Thrift Supervision，OTS），负责监管S&L A；②撤销FSLIC而由FDIC代行存款保险职能；③成立清理信托公司（the Revolution Trust Corporation，RTC），在FDIC的监督下清理丧失偿债能力的S&L A。截至1990年12月31日，拥有2000亿美元资产的近500家S&L A被接管（约占全行业的1/6）。1995年，对新倒闭的S&L A清算责任从RTC转交给FDIC，但RTC已接管约750家S&L A。

总之，在20世纪80年代S&L A行业危机期间，S&L A数量锐减49.13%，并造成约1529亿美元的损失，其中有1238亿美元由纳税人承担。❶为了防止金融危机和减少纳税人的损失，1991年，美国国会再次通过《联邦存款保险公司改善法案》（*The Federal Deposit Insurance Corporation Improvement Act of 1991*，FDI-CIA），对改进联邦存款保险体制做出较大调整，包括五级资本水平标准（five

---

❶ 虽然在20世纪80年代和90年代初期约有1500家商业银行丧失清偿能力，但实质上其资不抵债的总体规模相对较小，而且FDIC有更为充裕的保险资金来满足存款人的提款要求。因此，对丧失清偿能力的商业银行进行清理并不需要纳税人承担。美国会计总署甚至认为，清理丧失清偿能力的S&L A可能花费5000亿美元。

capital levels）和及时纠正性行动（prompt correction action）要求。❶FDICIA规定，联邦银行监管机构应当联合制定一套监管方法，要求参加保险的存款机构提供关于其资产和负债估计市场价值的补充披露信息。

3.2.2.2　S&L A危机对历史成本计量属性的冲击和影响

20世纪80年代美国S&L A危机对会计准则演变具有十分深远的影响，突出表现为对历史成本计量属性的质疑和对公允（市场）价值计量属性的推崇，最终导致公允价值计量属性以金融工具为突破口逐渐在GAAP扩大应用范围并占据主导地位。GAO（1992）在调查39家银行失败案例后认为，现有GAAP未能提供减值资产（如贷款）价值的真实预警信息，并提供给银行管理当局相当大的自由度来延迟损失确认和掩盖真实财务状况，以避免监管干预。

历史成本计量属性所拥有的客观性和可验证性使得其得到广泛的支持，成为GAAP制定的基础，且基于历史成本的收益确认还能有效地衡量企业管理当局的受托责任履行情况。但是，历史成本是基于过去已发生的交易或事项的，且以实现原则（已实现或可实现）来记录资产价值的变化。随着时间的流逝，各种经济变量如利率和汇率等不断发生变化，企业面临的经营环境日益充满不确定性。基于交易的历史成本信息不能有效地反映市场的变化，包括市场价格的现在和未来的变化。在20世纪80年代早期，FHLBB就开始关注MVA，并成立任务小组研究MVA的可行性。但是，在监管克制压力下，研究结论所产生的唯一变化是要求S&L A秘密地报告资产和负债的到期日和利率期限结构。事实上，商业银行已经按照表格RC-J的要求在监管报告披露市场价值信息。

在GAAP框架下，当市场利率迅速上升时，S&L A对固定抵押贷款产品的错误定价和持有中长期债券（尤其是垃圾债券）可能使其面临利润的下降甚至出现亏损。但是，HCA模式下，这种潜在损失只有在贷款出售或债券实际出售时才可能反映在当期经营成果中。因此，以历史而非未来为导向的HCA无法向监管

---

❶ 美国联邦银行监管机构结合杠杆比率（资本/资产）和资本充足率将所监管银行分为5类：①资本非常充足：风险资产加权资本充足率在10%以上（含，下同），杠杆比率在5%以上；②资本充足：资本充足率在8%以上，杠杆比率在4%以上；③资本不充足：资本充足率介于6%和8%之间，杠杆比率介于3%和4%之间；④资本明显不足：资本充足率小于6%，杠杆比率小于3%；⑤存在问题。

机构和投资者提供有价值的反映现时财务状况和经营成果的信息，其相关性难以满足动态经济环境的要求，所提供的财务报告甚至可能是具有误导性的。为了规避监管干预，S&L A管理当局有充分的动力将贷款和中长期债券持有至到期而不确认相关潜在损失。在监管法规方面，1982年《加恩–圣杰曼法案》不但允许FHLBB降低对S&L A的资本要求，甚至允许FHLBB向依据GAAP计算事实上已经破产的S&L A提供账面资本，以使其能够继续合法经营，希冀能延缓经济周期对S&L A行业的冲击和影响。此外，FHLBB还进一步允许S&L A采用更为宽松的监管会计原则（RAP），使得濒临破产的S&L A通过报告更高的净资产价值或者损失递延以延缓经济紧缩的影响。[1]例如，S&L A可以在出售有问题资产时将损失作为未来期间待摊的商誉入账，导致已丧失清偿能力的S&L A继续经营甚至从事高风险的投资活动，以期挨过经济萧条。总之，在放松管制的背景下，监管资本要求的降低和HCA框架使得S&L A行业的账面净资产价值远远高于市场价值（见图3–2）。

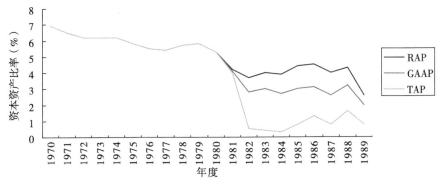

图3–2 按照RAP、GAAP和TAP计算的S&L行业资本资产比率

资料来源：摘自《改革联邦存款保险系统的必要性》（Barth等，1991）。

---

[1] 在RAP框架下，S&L A可以在一定期间内递延抵押贷款和其他资产出售所产生的损失，如抵押贷款预期时间。RAP认为，因为出售所得可以再投资于更高收益的资产，递延行为是合理的。但是，S&L A将几乎所有的出售所得投向商业房地产领域或更高收益的抵押支持证券（mortgage-backed securities，MBS）。前者遭受到房地产萧条的冲击，后者在利率下跌时，抵押贷款者可能会尽快地提前清偿高利率贷款而借入低利率贷款。1989年国会通过的FIRREA忽视了递延损失的存在，导致许多S&L A在资产负债表中出现大量RAP资产。

图 3-2 显示,在 1981~1982 年期间,整个 S&L 行业的资本资产比率按照 RAP
和 GAAP 计算分别为 4% 和 3%。如果按照更为保守的有形会计原则(tangible ac-
counting principles,TAP)则下降到 1%。但是,即使是按照 TAP 计算的资本资产
比率也高估了 S&L A 行业净资产的实际价值,因为这种计算没有调整为出售资产
(如债券)所承担的利率风险损失。这充分表明:基于市场的 MVA 更加能够提供
有关真实 S&L A 清偿能力的会计数据,并为积极监管关于提供重要依据。如果
FHLBB 和 FSLIC 能够在 20 世纪 80 年代采用 MMVA 来处理 S&L A 的资产,大多数
S&L A 可能在利率上升期间会出现丧失清偿能力的局面,从而大大降低因清理资
不抵债 S&L A 而给纳税人带来的损失(见表 3-5)。表 3-5 充分揭示出按照市场价
值计算的资本资产比率早在 80 年代初期就出现负数,且远远小于按照 RAP、
GAAP 和 TAP 计算的资本资产比率。因此,S&L A 行业危机的加深和损失程度的
扩大在一定程度上被 HCA 所放大,并进一步导致无法及时采取有效监管措。

表 3-5　根据各类会计方法计算的储蓄机构资本资产比率

年份	GAAP 资本净值/总资产	RAP 资本净值/总资产	有形资本净值/总资产	市场价值资本净值/总资产
1980	5.26	5.26	5.23	−12.47
1981	4.15	4.27	3.91	−17.32
1982	2.95	3.69	0.54	−12.03
1983	3.14	4.02	0.47	−5.64
1984	2.86	3.80	0.41	−2.74
1985	3.15	4.36	0.81	NA
1986	3.41	4.56	1.33	NA

S&L A 危机充分显示 MVA 在揭示存款类金融机构真实清偿能力和监理风险监
管预警机制等方面具有潜在优势,更能够满足建立安全、稳定金融体系的需要。❶
1989 年通过的 FIRREA 授权财政部研究 MVA 的有用性。财政部在 1991 年发表研

---

❶ 在 20 世纪 80 年代的国会听证时,FHLBB 主席声称,截至 1982 年,所有 S&L A 的真实资本已经完全被
侵蚀。如果按照实际市场利率计量资产和负债的价值,事实上几乎所有的 S&L A 都有较大的负净资产。虽
然 S&L A 要求满足最低资本要求,但监管资本的计算是以 RAP 为基础的,从而在形式上满足了联邦金融监
管机构的监管标准。

究报告指出，在金融机构中推行全面 MVA 是有益的。这主要是因为 MVA 对存款机构净资产真实价值的揭示，充分地代表了存款保险者实际可获得的存款保护和真实的资本水平。

总之，20 世纪 80 年代 S&L A 危机向联邦政府（包括金融监管机构）、会计准则制定者、学术界和社会公众提出一个重要启示：如果监管机构基于 MVA 来监管 S&L A，金融危机可能避免或者降低危机处理成本（如通过监管机构对事实上丧失清偿能力的存款机构的提前干预）。

3.2.2.3　FASB 在 20 世纪 80 年代后期和 90 年代的努力

20 世纪 80 年代 S&L A 危机使得国会、财政部、SEC 和 FRB 等开始重视研究 MVA。在 SEC 敦促下，FASB 在制定或修订准则时开始不断扩大应用范围（见图 3-3）。

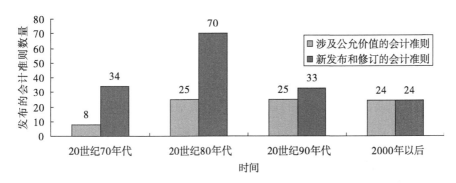

图 3-3　FASB 在会计准则中对公允价值计量属性的应用

资料来源：根据 FASB 发布的第 1～160 号准则公告整理。

美联储（FRB）的目标是保持可持续的经济增长和低通货膨胀。1979 年 10 月，FRB 货币政策调整导致联邦基金利率剧烈波动，并且总体上呈现不断攀升态势。例如，1979 年 12 月联邦基金利率为 14%，1980 年 3 月则升至 19.4%。在布雷顿森林体系解体的背景下，经济波动和联邦基金利率的波动进一步带动汇率发生剧烈波动。❶

---

❶ 美国著名货币金融学家弗兰克尔认为，20 世纪 80 年代美国货币史可以分为三个阶段：①1981～1984 年，美元实际币值相对极大地高估；②1985～1986 年，在美元上升过程中美元币值达到峰值并且逆转；③1987～1990 年，汇率在一定范围内波动。大多数经济学家认为币值高估是美国贸易恶化的最基本原因。从 1982～1987 年，贸易赤字上升了 1230 亿美元。

为了更好地规避金融变量剧烈波动所产生的市场风险和规避监管以及获取竞争优势,在信息技术的不断推动下,以商业银行为主体的金融机构积极进行金融创新。

表外金融创新工具对企业真实的财务状况和经营成果产生重要影响,但在既定 GAAP 框架下并不反映在财务报表中。在 S&L A 危机发轫之初,FASB(1981)就发布金融工具征求意见稿,要求金融资产和金融负债按照类别在报表或附注中披露其市场价值。1986 年 5 月,FASB 发起金融工具和表外融资项目,旨在制订具有普遍适用性的会计原则,以帮助解决源于各种金融工具和相关交易引起的现有财务会计处理和报告以及其他问题。S&L A 危机导致 SEC 和 FASB 加快关于 MVA 的研究。SEC 指出,以历史成本为基础的会计准则是导致 S&L A 行业危机的重要原因。1990 年,SEC 主席 Breeden 发表演讲《90 年代的证券市场》,认为公允价值是金融工具唯一相关的计量属性,所有金融机构应当报告其全部金融工具的市场价值。Henderiksen 和 Brenda(1992)将 Breeden 的观点视为 50 年来会计革命性的变化。SEC 首席会计师 Schuetze 认为 S&L A 损失与 HCA 框架存在密切联系。在 SEC 有力推动下,1990 年 3 月,FASB 发布 SFAS No.105《关于具有表外风险的金融工具和具有信用风险集中的金融工具的信息披露》(*Disclosure of Information about Financial Instruments with Off-balance Risk and Financial Instruments with Concentrations of Credit Risk*),规定所有企业应当披露具有表外风险金融工具的会计损失。

在 SEC 的敦促和压力下,1990 年,AICPA 会计准则执行委员会(AICPA Accounting Standards Executive Committee,AcSEC)开始考虑要求所有金融机构在财务报表中报告债务和权益证券的组合价值。在遭到银行和其他金融机构反对的情况下,AcSEC 寻求折中,要求在财务报表附注中披露投资组合的市场价值。但是,SEC 认为,AcSEC 所建议的披露要求是不够的。此外,储蓄机构监督署(OTS)也在 1990 年强制要求投资账户的证券组合应当采用盯市会计处理,除非金融机构表明其有意图和能力在任何可预见的情况下持有至到期。

为了满足 FDICIA 要求,1990 年 12 月,FASB 发布《金融工具披露》(征求意见稿），并于 1991 年 12 月正式发布 SFAS No.107《金融工具公允价值披露》(*Disclosures About Fair Value of Financial Instruments*)，规定在估计公允价值可行（practicable）时，所有企业应当在可行时报告金融工具的公允价值[❶]；如果难以可靠地确定公允价值，应当披露描述性信息。SFAS No.107 具有两方面的重要特点：①在形式上正式以公允价值代替市场价值或公允市场价值；②提供关于合理确定金融工具公允价值的方法。在 SFAS No.107 的影响下，公允价值计量属性不断在金融工具准则项目中广泛采用，而且在其他特殊项目中不断应用，如以股份为基础薪酬和长期资产减值等。

在 20 世纪 20 年代之前，有价证券投资是按照市场价值计量的。Sprouse和 Moonitz（1962）认为以市场价值计量有价证券具有两方面的显著特点：①市场价格是客观的；②消除相同有价证券因获得价格不同而产生的账面金额的不一致现象。S&L A 危机进一步凸显按照市场价值计量有价证券以衡量金融机构清偿能力的重要性。1992 年 1 月，FASB 发布 SFAS No.115《债务和权益证券投资的会计处理》(*Accounting for Certain Investments in Debt and Equity Securities*)。SFAS No.115 的最主要内容在于按照管理当局的判断（意图和能力）将投资划分为交易性证券、AFS 和 HTM，其中前二者按照公允价值计量，且其变动分别计入当期损益和所有者权益。与 SFAS No.107 相比，SFAS No.115 将公允价值由表外披露转为表内确认，并进行后续计量，标志着 FVA 的正式产生。

1996 年 6 月，FASB 发布 SFAS No.125《金融资产转移和服务提供以及负债清偿的会计处理》(*Accounting for Transfers and Servicing of Financial Assets and Extinguishments of Liabilities*)，对金融资产转移（尤其是证券化）中相关资产和服务的公允价值计量做出明确规定；1998 年 6 月，FASB 发布 SFAS No.133《衍生工具和套期活动的会计处理》(*Accounting for Derivative Instruments and Hedging Activities*)，规范衍生活动和套期会计处理。SFAS No.133 认为公允价值是金融工具最相关的计量属性，是衍生工具唯一相关的计量属性。考虑到 SFAS

---

❶ 商业银行普遍持反对意见,认为市场价值披露将可能忽视持续经营的价值估计值。此外,为了确定金融资产和负债的市场价值,银行不得不对现有系统做出较大变动,或开发新的系统(GAO,1992)。

No.133 的复杂性，FASB 成立衍生工具实施小组（derivatives implementation group，DIG），以帮助财务报表编制者和使用者了解衍生工具和套期活动的会计处理及其披露。

但是，SEC 和 FASB 倡导公允价值计量属性的努力遭到金融企业及监管机构的质疑或者反对。财政部研究认为，考虑到缺乏活跃的市场、可靠性和实施成本等因素，现阶段缺乏全面推行 FVA（MVA）的可行性；FRB 反对在大量实质性问题得到解决之前采用 FVA 是过于激进的；大部分金融机构也认为 MVA 太过于主观，难以验证，并且容易由于估值技术的不同导致可比性较差。此外，独立公共会计师处于规避审计责任的需要也倾向于采纳更具有可验证性的历史成本。

3.3 公允价值计量属性主导地位的最终确立

1999 年 12 月，FASB 发布财务会计系列文告《暂时性结论：以公允价值报告金融工具和相关资产和负债》（PV），规定所有金融工具以公允价值计量且其变动计入当期损益。但是，PV 遭到绝大多数金融机构（尤其是商业银行）和监管机构（如 FRB 和 OCC）的反对或质疑。例如，FRB 认为，非活跃市场和管理当局偏见等因素导致公允价值并不优于历史成本；第一国民银行（First National Bank）认为银行不是以公允价值为基础进行管理的，要求对所有资产估值对理解银行的真实财务状况没有意义；Premier 银行和第一西部银行（First Western Bank）等众多中小银行认为这将加重经济负担，且不能向投资者、客户和监管机构提供有意义的信息。

2000 年 2 月，FASB 发表 SFAC No.7《在会计计量中使用现金流量信息和现值》（*Using Cash Flow Information and Present Value in Accounting Measurements*）。SFAC No.7 指出，在初始确认和后续期间新起点计量时，公允价值是绝大多数计量的目标；现值技术的唯一目的是计量公允价值。为了协调与 SFAC No.5《企业财务报表确认和计量》（*Recognition and Measurement in Financial Statements of Business Enterprises*，SFAC No.5）的关系，SFAC No.7 认为，在初始计量时，如果没有

相反证据，收到或支付的现金或现金等价物（历史成本或收入）通常近似于公允价值。❶总之，在承袭SFAC No.5关于计量属性确定的基础上，SFAC No.7从概念框架层面确定了公允价值计量在资产或负债初始和后续计量中的重要地位，使之成为主要的计量属性。为了解决金融工具估值可靠性问题，2003年，FASB组建由估值专家、审计师和报表编制者等组成的估值专家组（Valuation Resource Group），为FVM提供指南。在公允价值审计方面，AICPA下设审计准则委员会（ASB）发布SASNo.101《审计公允价值计量和披露》（*Auditing Fair Value Measuremet and Disclosures*），为注册会计师开展公允价值计量和披露审计提供规范。

为了规范和解决GAAP中公允价值概念及其计量方法的不一致等问题，向财务报表编制者和使用者提供具有普遍意义的公允价值信息，2004年6月，FASB发布第1201-100号征求意见稿《公允价值计量》（*Fair Value Measurement*，FVM）（*Exposure Draft No.1201-100*）。其发布引起金融监管机构、执业界、企业界和理论界等激烈争论（见附录2和附录3）。2006年8月，FASB正式发布SFAS No.157《公允价值计量》。SFAS No.157的主要内容包括：①提出具有普遍适用性的公允价值定义；②建立FVM计量层级框架（fair value hierarchy）；③确定FVM估值技术——市场法、收益法和成本法；④规范公允价值披露，主要是参数选择和对盈利、净资产的影响。需要注意的是，SFAS No.157只是将散布于各准则公告的公允价值概念和计量方法等典籍化，并没有规定对全部金融工具采用公允价值计量。2007年2月，为了降低套期有效性测试的复杂性、减少或消除FVM对盈利波动的消极影响以及实现与IASB趋同（主要是IAS No.39），FASB发布SFAS No.159《金融资产和金融负债公允价值选择》（*The Fair Value Option for Financial Assets and Financial Liabilities*），允许企业选择采用公允价值计量金融资产和金融负债。SFAS No.159变相地为将FVM应用于任何金融工具项目，并为采用单一公允价值计量属性和全面公允价值会计（FFVA）奠定制度基础。FASB拟在第二阶段将公允价值选择推广

---

❶ SFAC No.5指出资产和负债具有5种计量属性,分别是:历史成本、当前成本、当前市场价值、可实现净值和未来现金流量现值。

至非金融工具和例外项目。总之，SFAS No.157和159的发布正式标志着公允价值计量属性主导地位的最终确立。

3.4 公允价值计量属性在国际财务报告准则中的应用

公允价值在国际财务报告准则（international financial reporting standards，IF-RS）[含国际会计准则（international accounting standards，IAS），下同]也经历由表外披露到表内确认和计量且应用范围不断扩大的过程。

1982年，IASC发布IAS No.16《长场设备会计处理》（*Accounting for Property，Plant and Equipment*），首次提出公允价值定义。此后，IASC先后将公允价值应用于IAS No.17、18、20、22和25等准则。例如，IAS No.26（IASC，1987）建议企业以公允价值报告退休福利计划投资，并认为市场价值是有价证券公允价值最有用的表示。总之，在20世纪90年代之前，这些会计准则在应用公允价值时主要具有两个主要特点：①作为历史成本计量属性的补充；②广泛地应用于特定非金融工具项目如租赁、建造合同和厂场设备以及退休后福利计划等，或者是作为成本分配的基础。20世纪90年代，IASC先后以公允价值对原有准则进行修订，如IAS No.11（1993）、No.21（1993）和No.32（1997）等。

1995年，IASC发布IAS No.32《金融工具：披露和列报》（*Financial Instruments: Disclosure and Presentation*），将公允价值的应用范围扩展到金融工具，要求企业披露金融资产和金融负债的公允价值；1997年，IASC组建准则制定者联合工作组（JWGSS），制定以公允价值报告金融工具的内在一致性框架。1998年，IASC发布IAS No.39《金融工具：确认和计量》（*Financial Instruments: Recognition and Measurement*）。IAS No.39的显著特点是将金融工具和衍生工具的公允价值变化反映在当期损益或所有者权益中。IAS No.39还粗略地提供了确定公允价值的方法及其层级框架。在IAS No.39的多次修订中，尤其是2003年2月和2005年6月的修订，通过公允价值选择的方式，事实上为以公允价值计量所有金融工具铺平道路。在信息披露方面，2005年8月，IASB发布IFRSNo.7《金融工具列报》（*Financial Instruments: Disclosures*）。IFRS No.7取代IAS No.32，对企业尤其是金融企业披露风险信息（包括公允价值）提出更高要求。

与美国GAAP相比，IFRS中公允价值的应用范围更加广泛，不仅包括金融工具，还包括非金融工具项目，如投资性房地产（IAS No.40）、农业（IAS No.41）和政府补助（IAS No.20）以及企业合并（IAS No.22）等。此外，在相关准则修订时，公允价值也得到广泛地采用，如IAS No.16《财产、厂场设备》（*Property, Plant and Equipment*）、IAS No.17《租赁》（*Lease*）和IAS No.36《资产减值》（*Impairment of Assets*）等。需要注意的是，在等效于SFAC的《财务报表编制与列报框架》（*Framework for the Preparation and Presentation of Financial Statements*）中，IASC也同样未将公允价值作为计量属性，这与SFAC No.5关于计量属性的论述是一致的。

在金融工具确认和计量方面，1990年，IASC金融工具项目筹委会发布原则公告草案，要求经营性或交易性金融资产和金融负债以公允价值计量；1992年，IASC发布IAS No.30《银行和类似金融机构的披露》，要求披露按照类别金融资产的公允价值；1997年，IASC和CICA联合发布《金融资产和金融负债会计处理》（征求意见稿）（*Accounting for Financial Assets and Financial Liabilities*），旨在建立具有普遍适用性的金融工具公允价值计量综合性框架；2000年1月，金融工具准则联合工作组（JWGSS）发布研究报告——《金融工具和相似项目》（*Financial Instruments and Similar Items*），认为充分可靠的金融工具公允价值是可以获取的，所有金融工具应当以公允价值计量且其变动形成的相应利得和损失应当在发生时计入利润表。但是，许多金融机构和监管部门明确表示反对以公允价值计量全部金融资产和金融负债，或者提出质疑。例如，金融工具银行业联合工作组（JWGBA）认为，现行修订的HCA模式（即混合模式）已经向财务报表使用者提供了用于决策的最优信息。2005年，IASB发布由加拿大CICA起草的准则讨论稿《财务会计计量基础：初始确认时的计量》（MBFA），认为，在初始确认时，公允价值是更加相关的计量属性。总之，IASC（包括继任的IASB）是将以公允价值计量所有金融工具作为最终目标的，且现阶段较为广泛地应用于非金融工具项目。

此外，英国会计准则委员会（ASB）和澳大利亚会计准则委员会（AASB）

等纷纷从1996年开始依照FASB和IASB的思路（先披露后确认、计量）逐步以公允价值计量和披露所有金融资产和金融负债。

总之，IASB和西方发达国家准则制定机构在财务报告准则制定方面越来越重视公允价值的应用，公允价值开始成为占据主导地位的计量模式。

3.5 公允价值计量属性在中国企业会计准则主导地位的确定

在我国，公允价值计量属性应用一度被废止。1998年6月，《非货币性交易》和《债务重组》等企业会计准则正式应用公允价值计量属性，但2001年被废止。2006年2月，财政部已发布39项企业会计准则中有22项涉及公允价值计量属性的应用，包括计量（初始和后续计量）、收益确定、成本分配和披露等4个方面（见附录1）。但是，在实现与国际会计准则实质趋同背景下，金融企业、监管机构和学术界对公允价值计量属性及其经济后果持不同态度。

2005年11月8日，中国会计准则委员会（CASC）与IASB签署联合声明，指出中国制定的企业会计准则体系已实现与国际财务报告准则的趋同。截至2009年12月31日，企业会计准则体系已在所有上市公司和全国35个省、自治区、直辖市、计划单列市（含新疆生产建设兵团）的非上市大中型企业执行。

在公允价值计量的会计准则制定方面，中国准则制定机构积极与IASB互动。2012年5月，财政部发布《公允价值计量》征求意见稿（财办会〔2012〕17号），明确公允价值的定义、计量、级次和披露。在定义方面，征求意见稿将公允价值确定为退出价格，强调以（当前/主要）市场而不是特定主体为基础的计量特征，以及相关资产和负债特征；在计量方面，强调估值技术及其输入值，以及应用时的一贯性和一致性；在级次方面，与FASB和IASB相关准则一致，将估值技术输入参数（inputs）按照优先顺序分为三个级次；在披露方面，在适当分组基础上，披露计量级次、估值技术和输入值等相关信息。

2014年1月，财政部正式发布《企业会计准则第39号——公允价值计量》（财会〔2014〕6号），对公允价值的定义、相关资产和负债的特征、有序交易和市场、市场特征、计量（含初始）、估值技术、级次、特定类型资产负债表项目

（非金融资产、负债、自身权益工具和可抵消金融资产负债项目）的计量、披露以及适用范围等做出明确规范。值得注意的是，《企业会计准则第 39 号——公允价值计量》对不同情形下公允价值计量的披露做出详细规定，并从 2014 年 7 月 1 日起在所有执行企业会计准则的企业范围内施行，鼓励在境外上市的企业提前执行。

为实现与国际趋同，强化企业风险管理，优化市场资源配置，加强金融监管，根据《中国企业会计准则与国际财务报告准则持续趋同路线图》（财会〔2010〕10 号），在广泛征求意见基础上，2017 年 3 月，财政部发布修订后的三项金融工具会计准则（CAS22、CAS23 和 CAS24），相应涉及公允价值计量和披露的规定，并新增条款如公允价值选择权。

总之，在国际趋同背景下，虽然经历存废，但公允价值计量属性最终在中国企业会计准则体系中确定其主导计量属性地位。

3.6　全球金融危机下公允价值计量的争论及地位确定

2008 年全球金融危机对公允价值计量的冲击是巨大的，公允价值计量（尤其是顺周期性）一度被视为造成金融危机的重要根源之一，诱发对金融危机与公允价值及相关会计准则之间关系的巨大争论，并促使对包括公允价值计量在内的重要会计准则项目做出重大改革。例如，2008 年 4 月，金融稳定论坛（FSF）发布研究报告《提高市场和机构适应性》（*Report of the Financial Stability Forum on Enhancing Market and Institutional Resilience*），要求国际准则制定机构改善估值方面的会计处理、披露和审计指南以及估值流程。此外，巴塞尔银行监督委员会（BCBS）也应当发布咨询指南以改善对银行估值流程的评估，以及强化良好实践的应用。

3.6.1　全球金融危机后美国财务会计准则中公允价值计量准则的改进

在美国，公允价值计量被视为诱发金融危机的重要原因，这使得会计准则制定机构（FASB）和监管机构（SEC）都面临巨大压力。例如，白宫总统金融市场工作组（the President's Working Group on Financial Markets）要求监管机构鼓励金融机构改善复杂和非流动性金融工具的公允价值质量及披露。有60名国会议员联名写信给SEC要求暂停使用公允价值计量,并认为如果银行不必按市值给其资产定价的话,金融危机就会消退。一些金融机构也对公允价值持批评态度,并提出三方面主要缺陷:①资产负债表中已确认损失具有误导性,这些损失是临时性的,且在市场恢复正常时转回;②公允价值难以估计,且不具有可靠性;③已确认损失对市场价格具有不利影响,并进一步产生损失和增加金融系统整体风险。但是,财务分析师协会(ICFA)明确支持公允价值,认为能帮助投资者动态了解金融危机的规模及其影响。学术界如Ryan(2008a,2008b)也支持采用公允价值会计,认为能够向投资者提供有用的信息。

在巨大政治压力下,2008年9月,SEC和FASB已经联合发布声明澄清不存在活跃市场时如何计量证券的公允价值,允许在缺乏活跃市场时可以采用内部模型或假设条件来确定公允价值;2008年10月,FASB发布第FSP157-3(FASB Staff Position),进一步阐明在不存在活跃市场时如何确定金融资产的公允价值。此外,FASB也先后修订包括SFAS No.107、SFAS No.115、SFAS No.124等会计准则。但是,我们看到SEC并没有屈从于政治压力,而是秉持专业性并给予FASB有力的法律支持。

2008年10月,美国国会通过《2008年紧急经济稳定法案》(*The Emergency Economic Stabilization Act of 2008*,EESA)。EESA第133节要求SEC会商FRB和财政部来研究FASB制定的公允价值计量准则(SFAS No.157)。在广泛调查研究后,2008年12月,SEC下属首席会计师办公室和公司财务部联合发布《对紧急经济稳定法案第133节的报告和研究:盯市会计研究》(*Report and Recommendations Pursuant to Section 133 of the Emergency Economic Stabilization Act of 2008: Study on Mark-to-Market Accounting*)。SEC认为SFAS No.157自身没有要求采用公允价值计量,公允价值会计不是2008年银行失败的根本原因。通过对2008年22家失败银行的研究表明,公允价值会计的影响十分有限,已确认公允价值损失对资本没有产生重大影响。SEC进一步认为,资产负债表强烈的去杠杆导致资产价格通过自我强化而螺旋式下降、衍生品投资巨额亏损、金融资产信用质量不透明和市场信心严重缺失是根本原因。在全面分析并得出结论后,SEC提出八项建议,其中与公允价值计量直接相关的主要是三项：①应当强化 SFAS No.157，而不是推迟；②现有的公允价值会计和盯市会计规定不应当被推迟；③在不建议推迟公允价值会计情况下，也应当采取其他计量措施来改善与现有公允价值计量相关的应用和实践。

2009 年 7 月，金融危机咨询小组（Financial Crisis Advisory Group）发布研究报告，认为在历史成本会计占重要地位情况下，公允价值会计并不会低估金融资产价值。

此外，SEC 还在 2008 年 11 月发布会计准则趋同路线图；2010 年 2 月，发布声明重审对建立一套全球统一的高质量会计准则的支持。这就意味着美国相对高质量的公允价值会计准则也将与 IAS 39 和 IFRS 9 等趋同。

SEC 对 FASB 的强有力支持不但没有使其迫于政治压力而暂停或者取消公允价值计量，反而是全面采用。我们也看到在 SEC 支持下，FASB 不断修订和制定与公允价值计量相关的会计准则，以更好地满足资本市场投资者需求。

3.6.2　全球金融危机后国际财务报告准则中公允价值计量准则的改进

为响应二十国集团（G20）和金融稳定委员会（Financial Stability Board，FSB）所提出的建立全球统一的高质量会计准则的要求，IASB 从 2008 年开始积极研究金融危机中暴露出来的重要会计问题尤其是公允价值计量。这涉及近 20 个会计准则和国际财务报告准则。

在组织结构方面，IASB 在 2008 年 12 月成立金融危机咨询组，深入探讨金融危机下的会计改革对策，并于 2009 年 7 月发布有关报告，系统提出改进财务报告应对金融危机的建议。

在公允价值计量和披露准则制定方面，除修订《国际会计准则第 39 号——金融工具确认与计量》外，2008 年 10 月，IASB 发布专家组报告《不再活跃市场中的金融工具公允价值的计量和披露》。2009 年 5 月，国际会计准则委员会发布《公允价值计量》征求意见稿（*Fair Value Measurement*）（*Exposure Draft*）。2009 年 11 月，IASB 发布《国际财务报告准则第 9 号——金融工具》（IFRS 9）。IFRS 9 最大变化是改原有金融资产"四分类"为两分类——公允价值计量和以摊余成本计量两类，取消可供出售金融资产和持有至到期金融资产（含"感染"条款），要求所有权益性投资均以公允价值计量，属于适用范围的衍生工具也按公允价值计量；只有在限定情况下才能采用成本计量。但是，IFRS9仅规定金融资产而没有涉及金融负债。此外，IFRS9也没有得到欧盟委员会认可。

为建立统一的公允价值计量指南，提高应用一致性，清晰化计量目标，加强披露，实现与FASB趋同，2010年6月，又针对公允价值计量时存在的不确定性发布《公允价值计量中计量不确定性分析的披露》征求意见稿，要求披露第三层级公允价值计量在计量不确定性分析中考虑不可观察输入值相关性的影响。

2011年5月，国际会计准则委员会正式发布《国际财务报告准则第13号——公允价值计量》，正式明确公允价值的计量和披露等相关规定，不但制定统一的公允价值计量框架，而且规范公允价值计量的披露要求，如区分层级而做出不同的信息披露要求，并从2013年1月1日起执行。尽管欧盟尚未正式批准《国际财务报告准则第13号——公允价值计量》，但金融机构也可参照执行。

2014年7月，IASB发布修订后的IFRS9以取代IAS39，并从2018年1月开始实行。与IAS39相比，修订后的IFRS9的最大变化是以预期损失模型替代已发生损失模型；在负债计量方面，从两分类拓展为三分类：摊余成本、以公允价值计量且其变动计入当期损益、以公允价值计量且其变动计入其他综合收益。这无形中更加细化金融负债的公允价值计量。

《国际财务报告准则第13号——公允价值计量》的发布，正式标志着历经金融危机洗礼的公允价值计量属性成为主导计量属性，并为其他国家或地区应用公允价值计量提供有益参考。

总之，无论是美国SEC、FASB还是IASB，尽管面临巨大政治压力，但均坚持独立性和专业性，公允价值计量不但没有因为2008年金融危机而暂停或者取消，反而进一步强化公允价值计量属性的主导地位。

3.7 小结

20世纪30年代大危机最终导致历史成本主导地位的确立。历史成本的客观性、可验证性和监督管理当局受托责任履行情况等优点在二战后相对稳定的经济环境中使其得到广泛的应用，配比原则和收入实现原则成为决定收益的根本要件，收益表成为主要报表，而资产负债表成为摊余报表。

会计是反应性的。HCA只有在价格稳定和完善市场条件下才能有效发挥作用（Chambers，1986）。20世纪七八十年代，经济、政治和社会环境以及信息技术等发生重大变化。为治理通货膨胀而实施的从紧货币政策和放松管制导致宏观经济变量波动性加剧；金融创新（金融工具和证券化等）加速"脱媒现象"产生，并推动金融体系和商业银行角色发生重大转变；信息技术的突飞猛进导致衍生活动和风险管理技术（如VaR）的不断发展；经济全球化致使竞争的深度和广度不断增加。在这些因素的共同作用下，商业银行的外部经营环境日益充满不确定性。从70年代开始，通货膨胀和金融创新导致基于HCA的会计数据逐渐失去相关性，HCA的主导地位不断受到冲击。此外，金融创新和风险管理技术的进步不断对HCA产生挑战，并推动FVA的发展。

20世纪80年代S&L A危机促使SEC、FRB和OCC等监管机构以及立法机构开始重视FVA在促进金融体系稳定和完善监管等方面的积极作用。在SEC的推动下，FASB采用分步实施和逐渐扩大应用范围的方法推动FVA的积极应用，FVA在金融工具先后经历披露到确认、计量后的演变过程，并逐渐扩展到非金融工具项目和资产减值（包括贷款减值和长期资产减值）等项目。SFAS No.157（FASB，2006）和SFAS No.159（FASB，2007）的发布最终标志着公允价值计量属性主导地位的最终确立。在国际会计准则方面，IASB采用与FASB相同的路径推进FVA的演进。值得一提的是，IASB在将FVA应用到非金融工具项目如厂场设备上显得更为积极，并且关于公允价值选择的规定也超前于FASB。总之，FVA在IAS和IFRS中已经逐渐占据主导地位。尽管公允价值在计量属性选择中占据主导地位，但FVA的应用是以单个准则为基础的，无论是FASB还是IASB，均没有在概念框架层面解决公允价值的定位问题。

第4章 公允价值、市场经济与法律制度

4.1 公允价值与市场经济

4.1.1 市场与市场经济

4.1.1.1 20世纪30年代经济危机与经济管制

市场是经济活动的中心。古典经济学家 Adam Smith 认为，每个人都在力图应用他的资本，使其生产品能得到最大的价值。一般地说，他并不企图增进公共福利，也不知道他所增进的公共福利为多少。他所追求的仅仅是他个人的安乐，仅仅是是他个人的利益。在这样做时，有一只看不见的手引导他去达到一种目标，而这种目标绝不是他所追求的东西。由于追逐他自己的利益，他经常促进了社会利益，其效果要比他真正想促进社会利益时所得到的效果大。Adam Smith 观点的核心在于追求自利的"经济人"通过市场机制致使其经济行为能实现资源配置达到最优化，并促进整个社会福利最大化。法律经济学创始人 Posner（1997）指出，自愿的市场交换使资源得到最有利的使用。现代微观经济学基本上是遵循 Adam Smith "看不见的手"观点的，并倡导自由竞争市场、反对国家干预。1993年2000年，美国经历战后30年来最长的经济增长周期，这与克林顿政府所倡导的政府改革以充分地发挥市场机制作用是密不可分的。为了更好地促进市场在创造就业、促进经济增长和提高资源配置效率等方面的积极作用，克林顿政府将劳工教育、社会保障、医疗保险和环境保护以及打击垄断势力等社会公共事物作为政府作为的重点领域。

微观经济学是以完全竞争市场（perfectly competitive market）为研究对象的。

完全竞争市场强调通过价格和竞争机制引导商品和服务供给与需求实现均衡，并借此实现社会稀缺资源的最优配置和社会福利。但是，完全竞争市场在现实中并不存在。垄断、外部性和不完全信息以及公共物品等导致市场并不能实现资源最优配置。

20世纪30年代大危机宣告自由放任（laissez-faire）理念的破产。大危机主要在两个方面严重冲击社会和经济稳定：①历史上最长和最高的失业率。1929至1933年，美国国民生产总值（GNP）下降近30%，失业率从3%急剧上升到25%。②资本市场崩溃和银行破产。1929年9月至1932年6月，股票市场暴跌85%（费希尔，2006）。费希尔（2006）指出，大危机是世界范围的，在某种程度上是国际金融系统崩溃的产物。大危机在催生第二次世界大战的同时，也催生了现代宏观经济学。政府采取积极财政政策实现充分就业和经济增长。1933至1937年，罗斯福政府进行许多重要立法和行政活动，创建和改组许多特别法律主体来干预经济运行，主要包括联邦存款保险公司（FDIC）、证券交易委员会（SEC）和联邦通讯委员会（the Federal Communication Commission，FCC）等。罗斯福新政（New Deal）的主要经济政策是以凯恩斯革命为特征的扩张性财政政策和全面经济管制。❶英国著名经济学家凯恩斯认为，经济危机的根源在于总需求不足，运用反周期的减税和增加政府支出等积极财政政策能够有效地减缓经济周期性波动，实现充分就业。❷除运用积极财政政策外，罗斯福政府开始建立以立法管制为特征的全面经济管制，主要包括银行、证券、航空和运输（包括公路、海运和管道运输）等竞争性产业。❸20世纪50

---

❶ 政府宏观调控的主要隐含假设在于不完善的市场和拥有充分信息的政府。但是，新自由主义经济学认为，政府也具有自身的利益诉求，并具有有限理性和认知能力。

❷ 20世纪60年代，肯尼迪政府公开宣布信奉凯恩斯主义经济政策，并使充分就业预算成为积极财政政策的中心。

❸ 20世纪三十四年代，美国金融管制立法主要包括：①《1933年银行法案》(《格拉斯-斯蒂格尔法案》)；②《1935年银行法案》；③《1933年证券法》；④《1934年证券交易法》；⑤《1938年曼罗尼法案》；⑥《1940年投资公司法案》；⑦《1949年投资顾问法案》。50～70年代制定的主要金融立法包括：①《1956年银行控股公司法案》；②《1960银行合并法案》；③《1964年证券法修正案》；④《1966年银行兼并法案》；⑤《1966年利率限制法案》；⑥《1968年真实信贷法案》；⑦《1969年消费者信贷保护法案》；⑧《1970年公平信用法案》；⑨《1970年证券投资保护法案》；⑩《1970年银行控股公司法案修正案》；⑪《1971年公平信贷法案》；⑫《1974年公平信贷机会法案》；⑬《1974年公平信贷收费法案》；⑭《1975年住房抵押披露法案》；⑮《1975年证券法修正案》；⑯《1977年社区再投资法案》；⑰《1978年电子基金转移法案》。

年代对能源、天然气和管道运输等管制是 30 年代经济管制的延伸。总之，20 世纪五六十年代，西方发达资本主义国家普遍奉行凯恩斯主义，积极干预经济和制定反危机的经济政策。

积极财政政策和全面经济管制极大地扩张了政府在社会经济中的地位和作用，并刺激经济逐步恢复和扩张。1947 ~ 1960 年，GNP 年均增长 3.5%；1961 ~ 1970 年 GNP 年均增长 3.8%（陈宝森，1987）。在经济持续增长和失业率下降的同时，50 年代早期至 60 年代中后期，以消费物价指数衡量的通货膨胀率一直很低，美国经济出现充分就业、经济扩张和低通货膨胀的局面。

4.1.1.2　20世纪80年代放松管制与市场基础地位的回归

在卷入越南战争程度的不断加深和石油危机等因素作用下，美国经济在 20 世纪 70 年代出现滞胀现象。1973 年，通货膨胀率攀升至 8.7%，1974 年更高达 12.3%，远超过 60 年代长期经济扩张结束时 6.2% 的水平（Feldstein，2000）。整个 70 年代，美国通货膨胀率基本保持在 5% 以上。其中，1979 年全面通货膨胀高达 13.3%。为了有效地治理通货膨胀，促进经济增长和就业，美国政府和 FRB 通过提高联邦基金利率和规定目标货币总量增长率等方式来治理遏制通货膨胀。但是，M1、M2 和 M3 的屡次超过数量限额以及各项通胀指标的不断上扬都表明政府治理通货膨胀努力的失败。FDIC 主席威廉·A.艾萨克认为，不管动机如何，政府干预市场运行注定是要失败的。20 世纪 80 年代 S&L A 危机与 30 年代政府对存款贷利率、经营地域、产品和并购等过度干预存在最直接的关系。

20 世纪 70 年代居高不下的通货膨胀率和失业率在昭示凯恩斯经济理论内在缺陷的同时，也引起社会公众对政府积极财政政策和经济管制的质疑。急剧变化的市场利率、日新月异的金融创新和新技术革命等也极大地冲击原有经济管制体制。❶货币主义、供给学派和理性预期学派等纷纷对凯恩斯经济学提出批评。❷以Fredman为首的芝加哥学派重视货币政策在决定产出和价格中的重要作用，并十分强调市场在经济中资源配置中的基础地位。著名经济学家弗里德曼指出，不存在任何真正令人满意的、对自由市场的全面利用的替代物，而且市场本身（在广泛意义上）是发展价值判断的一种机制。通过整个市场，所有参与者都将在边际点上获得共同的价值观念。只有在市场运行不完全情况下，政府才有必要干预。Stigler（1971）和Posner（1971）等学者认为，经济管制有损于公共利益；注重微观经济学和市场地位的芝加哥学派则认为管制代价是高昂的，影响竞争性行业内的竞争条件，并产生道德风险。此外，在20世纪80年代，社会公众和联邦政府开始转变意识观念，更加强调保守和自由市场意识形态（Joskow，Noll，2000）。从70年代后期至90年代早期美国历届政府尤其是里根政府掀起放松管制（Deregulation）的浪潮。银行、证券、航空运输、广播电视和电信以及能源等产业纷纷废止或修订相关管制立法。在美国引领下，欧洲国家如英国也开始经济自由化改革。撒切尔夫人在80年代中后期推行的国有企业私有化改革和金融自由化运动，如1986年伦敦城"金融大爆炸"（the Big Bang）。

放松管制的中心内容在于更大程度地发挥市场在自发调节供给和需求方面的基础性作用，创造出可竞争的市场❸，并逐步缩减政府对经济运行的过度干预，以更好地保护消费者利益和反对市场不完全性。在银行业，《1980年储蓄机构解除经济管制和货币控制法案》（*The Depository Institutions Deregulation and Monetary*

---

❶ 20世纪70年代，对管制的经济研究和政策分析主要包括3个流派：①集中于特定行业管制成本分析，尤其是公路、航空等交通领域，代表人物主要有约翰·R.迈耶、乔治·W.道格拉斯和托马斯·G.穆尔等。②集中于管制过程的基本性质分析，尤其是管制者和被管制者的相互关系。代表性理论主要有伯恩斯坦(1955)、乔治·斯蒂格勒和萨姆·佩尔曼(1976)的政府管制捕获理论。他们认为管制机构通常被所管制的公司捕获，从而降低了竞争和资源配置效率。③集中于管制的一般成本分析，尤其是对消费者负担的成本。代表人物主要有韦登鲍姆、萨姆·佩尔曼和约翰·P.古尔德等。他们认为经济管制是以消费者承担的隐含成本为代价的。

❷ 例如，Fredman和Schwartz(1963)在《美国货币史1867～1960》[*A Monetory History of the United States (1867～1960)*]中研究认为，大危机是货币供应紧张的主要产物；持续稳定的货币增长能够实现经济增长。罗斯巴德在《美国大危机》中也指出，1921年至1929年大危机的主要原因是货币供应过度紧张（年均货币供应增长率为7.7%）。

❸ 可竞争市场理论强调无限制进入和无退出成本的市场特征。

Control Act of 1980，DIDMCA）取消利率上限；《1982年加恩-圣·杰尔曼储蓄机构法案》（*The Gran-St.Germain Act of 1982*）创造出货币市场存款账户（MMDA），并取消银行和储蓄机构之间的利率差异；《1994年瑞格尔-尼尔跨州及分行效率法案》允许银行在全国范围内设立更多的分支机构。

总之，从20世纪80年代开始，以美国为首的西方资本主义国家纷纷开展以放松管制和强化市场基础地位为特征的经济自由化改革。经济自由化改革不但深刻地冲击着金融、航空和电信等产业，对社会经济运行发挥积极作用，而且也对会计准则演变尤其是公允价值发挥巨大推动作用。

4.1.2　市场价格与公允价值

4.1.2.1　公允价值与完全竞争市场

市场经济是指市场作为资源配置基础地位的经济体制。在市场经济中，交易（transaction）是最基本的活动单元，市场则是参与者相互作用并得以决定交易价格和数量的制度安排。❶在这制度安排中，市场参与者赋予体现其风险和收益偏好的市场价格。著名经济学家弗里德曼指出，交易的发生是以参与者价值观念存在差异为条件的；交易的本质是不同参与者价值观念的协调一致，是在不存在一致点的情况下，一致意见的取得。每一个市场参与者都具有不同的私有信息和管理能力，这导致各个市场参与者关于特定对象的风险与报酬偏好存在差异。在市场交易中，每一个参与者出于自利目的进行交易，而均衡价格的形成则表示交易参与者价值最大化的实现。因此，市场经济的顺畅运行是通过价格机制自由波动来实现的。市场价格主要发挥3个方面的作用：①传递关于偏好、资源的可得性和生产可能性的信息；②通过利润指标引导实现资源最优配置；③进行收入分配。这三个方面的作用是密不可分的。因此，市场价格及其实现机制确保风险和收益的差异化，并引导资源最优配置。

FASB（1978）指出，市场是美国经济中资源配置的重要因素。从公允价值

---

❶ MBFA（IASB，2005）指出，市场是指一群了解情况、自愿且独立的参与者从事大量的资产或负债交易（sufficient extensive transactions）以实现均衡价格，并反映在计量日实现盈利或支付相称风险市场回报的市场预期。MBFA关于市场的定义在本质上与微观经济学完全竞争市场的概念是一致的。

定义发展历史来看，公允价值和市场价格是紧密相关的。Barth 和 Landsman（1995）提出，公允价值只有完全市场（perfect and complete market）中才能准确定义。Barth 和 Landsman（1995）的完全市场概念与现代微观经济学中完全竞争市场（perfectly competitive market）是一致的。完全竞争市场主要具有5个特点：①市场上存在无数的买方和卖方；②没有任何买方或卖方对市场价格具有显著的影响力，都是既定市场价格的接受者；③市场上每个厂商提供的产品都是同质的；④资源流动是完全自由的，不存在进入或退出限制；⑤信息是完全的，每一个买方和卖方都完全掌握与其交易相关的所有信息。完全竞争市场价格反映市场参与者共同的关于风险和报酬的价值判断。但是，完全竞争市场在现实中并不存在，会计准则制定机构需要在买入价格、退出价格和使用价值之间取舍。❶FASB（1999）在 PV 中提出，公允价值是退出价格（exit price）的估计值；SFAC No.7指出，使用价值（in-use value）和特定主体价值（entity-specific value）不能反映资产之间的经济差异❷；SFAS No.157明确指出以退出价格作为公允价值计量目标。虽然 SFAS No.157没有提出完全市场的概念，但其关于有序交易（orderly transactions）和市场参与者所具有的4项特征在本质上与完全竞争市场是相通的。❸

IASB 虽然在 IAS No.32 和 IAS No.39 中提出活跃市场（active market）概念，但并没有对其内涵作出说明。CAS No.22 则提出活跃市场具有的3个主要特征：①市场内交易的对象具有同质性；②可随时找到自愿交易的买方和卖方；③市场价格信息是公开的。CAS No.22提出的活跃市场定义完全竞争市场相似的，都或多或少地涉及完全竞争市场的关键特征，如交易对象的同质性、大量交易者和信

---

❶ Chambers（1966）较早地支持采用退出价格取代历史成本以更好地反映市场交易；Barth 和 Landsman（1983）认为基于使用价值的公允价值最难实施，这主要是在估值时存在较多的管理当局主观判断。

❷ FASB（2000）认为，会计计量中使用现值的目标在于尽可能地获取资产之间的经济差异，主要包括：①对未来现金流量的估计，或者在更复杂情况下对不同时间一系列未来现金流量的估计；②对现金流量金额或发生时间可能变动的预期；③以无风险利率表示的货币时间价值；④包含资产或负债内在不确定性的价格；⑤包括非流动性和市场不完全在内的其他因素（有时这些因素可能无法辨认）。

❸ 有序交易不是指被迫或困境出售（distress sale）。在有序交易中，市场参与者承担在交易实际发生前的市场暴露，并考虑到交易的常规性和交易惯例。市场参与者具有4项主要特征：①独立性，不是关联方；②了解交易情况，基于全部所获得的信息合理地理解资产和负债及交易；③能够从事资产或负债交易；④自愿进行交易。市场参与者的4项特征与完全竞争市场5项特征中买方和卖方的特征是相同的。

息完全等。

当不存在活跃市场时，FASB 和 IASB 以及其他会计准则制定机构如 CICA 等提倡采用市场法或收益法来确定公允价值。但是，无论是市场法还是收益法，都试图近似构成市场价格即公允价值的各个组成要素，这主要是因为市场价格即公允价值包含着所有市场参与者对所交易的资产或负债的效用、未来现金流量的金额和发生时间及其不确定性的共同预期，是市场参与者关于资产或负债风险和报酬相一致的价值判断，是一种均衡价格，并代表市场参与者价值最大化的实现。

综上所述，在完全竞争市场中，公允价值与均衡市场价格是相同的；在非完全竞争市场中，公允价值是均衡市场价格的近似。

4.1.2.2　公允价值是市场经济发展到成熟阶段的历史产物

市场为交易价格和数量的确定提供制度安排。在完全竞争市场中，市场价格是唯一的，并成为发展和反映价值判断的机制。Richard（2005）认为，作为公允价值本质的市场价值早在 17 世纪法德会计管制中就展露雏形。但是，公允价值的产生和发展是市场经济发展到一定阶段的产物，并体现为社会公众在经济发展较为成熟时的道德诉求。

19 世纪末 20 世纪初期，在第二次产业革命推动下，生产和资本集中程度不断加深，西方发达资本主义国家由自由竞争资本主义发展到垄断资本主义。在主要资本主义国家走向垄断的过程中，股份公司和证券市场在国民经济中的地位和作用日益重要，标志着市场经济发展到新阶段。❶股份公司尤其是铁路公司的发展，促使以银行为代表的债权人、股东和机构投资者等迫切地了解与所持证券相

---

❶ 股份公司得到迅速发展。在英国，1844～1855 年,英国特许公司有 4500 家,年均增长 330 家;1862～1886 年,注册公司达到 25000 家,年均增长 1041 家;1897 年新注册公司高达 4975 家;1900 年则为 4966 家,其中制造业占 36.4%。20 世纪初期,国民财富的 1/4～1/3 被股份公司所控制(希尔,1985,转自李达昌等主编,2000)。在证券市场方面,伦敦证券交易所和纽约证券交易所努力推动"大众投资时代",电信技术和电话使远距离交易成为现实,全国性证券网络开始形成。在美国,1923～1929 年工业增长 18%,而有价证券发行量增加 150%。在上市公司构成方面,1880 年后制造业公司上市数量不断增加,1897 年为 170 家;到 1921 年,石油、钢铁、化工和汽车等制造业公司取代铁路公司成为主流(李达昌等,2000)。在证券市场大力发展的同时,证券投资基金也得到迅猛发展。1924 年,美国投资基金约 50 家,投资者数千人;到 1929 年大危机之前变为750 家,资产市值突破 85 亿元,投资者高达 52.5 万人,每千户家庭至少拥有一种信托基金。

关的财务信息。从1844年《公司法》伊始，投资者希望看到全面、公允的资产负债表。但是，股份经济和垄断势力的产生和发展不可避免地侵犯私人财产权（Berle和Means，1932；Previts和Merino，1998）。为了限制垄断势力的发展，联邦政府发布《1898年谢尔曼反托拉斯法案》和《1927年克莱顿法案》对托拉斯企业进行管制。最高法院对所有被管制产业的价格合理性进行重新审查，以确保公司在为公众提供服务所耗用价值的基础上赚取公允回报（fair return）（Conant，1974）。公允价值概念作为在确定公司公允回报时的观念正式产生。

1862年，美国联邦政府开始征收所得税，并在后续30多年内几经反复和改革。❶所得税制的建立和演进不仅强有力地推动税务会计的发展，也使公允市场价值（fair market value）作为重要的征税基准出现在《1918年收入法案》（*The Revenue Act of 1918*）中。《1918年收入法案》规定，为了确定财产交换利得或损失，所收到财产的价值等于其公允市场价值的现金价值（Fishman，Pratt，Morrison，2007）。随着股份公司的发展，在法院裁决股东异议权和受压制判例中，弗吉尼亚和俄亥俄州等法院提出公允价值概念，并认为公允价值等同于公允市场价值。但是，二者最重要的差异在于申诉的异议或受压制股东并不是自愿的，即交易条件不属于常规或惯例交易。

总之，19世纪末和20世纪初公允（市场）价值概念的提出，与股份经济发展、所得税改革和政府经济管制存在直接的联系。

4.1.2.3　金融自由化是推动公允价值发展和最终地位确立的关键

美国在20世纪80年代掀起放松管制高潮，特别是金融管制。20世纪60年代早期花旗银行首创的可转让存单（CD）将商业银行从资产管理导向积极的负债管理。在信息技术、现代金融理论、税法改革和全球化以及现代风险管理技术等推动下，美国银行业在20世纪八九十年代大举进行以金融工程（financial engineering）为特征的创新活动。这些金融创新主要包括：①债务担保债券和货币互

---

❶ 1862年，美国联邦政府开征所得税，并于1865年达到21%的税率。内战结束后，国会在富裕阶层游说下同意于1872年停止征收。1890年共和党主政时，企图重新开征所得税。但是，1895年，最高法院裁定征收所得税违反宪法。1902年，民主党上诉要求重新开征所得税。在社会公众呼声日益高涨的情况下，1913年，《盎德伍德—西蒙关税法案》（*The Underwood-Simmons Tariff Act of 1913*）重新建立所得税制（Fishman、Pratt和Morrison，2007）。

换（1980）；②零息票债券、利率互换和票据发行便利（1981）；③期权、股指期货、可调整利率优先股（1982）；④动产抵押债券（1983）；⑤远期利率协议（FRA）和欧洲美元期货期权（1984）；⑥汽车贷款证券化、可变换债券和保证无损失债券（1985）；⑦参与抵押债券（1986）。金融创新的快速发展为金融企业从根本上改变原有的利率风险和信用风险等管理模式，并由客户驱动转向交易驱动。但是，金融创新尤其是衍生金融工具的迅猛发展致使商业银行财务报表难以真实、公允地反映其财务状况、经营成果和现金流量。在20世纪90年代，伴随着金融自由化和放松管制，金融危机的爆发频率和危害程度日益严重。英国巴林银行、美国奥兰治郡和长期资本管理公司（LTCM）等破产事件以及1997～1998年金融危机促使社会公众和监管机构日益重视表外活动可能引发的金融风险。

戈德·史密斯（1994）在研究1860～1963年35个国家统计数据后认为，经济增长和金融自由化存在很强的平行关系，经济高速增长的同时伴随着金融发展平均速度的快速增加；熊彼特则认为金融引导产业，并刺激技术创新和企业家精神。美国经济是金融资本主义经济，而现代金融是以金融市场为中心的。金融自由化的本质是市场化，是市场作为基础资源配置地位的重新确立和强化。无论是取消Q条例、允许跨区域经营、证券化还是金融并购，这些放松金融措施都旨在强调市场在金融资源配置的核心地位。随着金融自由化程度的加深，商业银行和非银行金融机构的界限日渐模糊，经济虚拟化程度不断加深。例如，花旗集团和摩根大通银行的业务除传统商业贷款外，已渗透至消费者融资、投资银行和保险以及租赁等领域。为了顺应金融业发展潮流，1999年，国会通过《金融服务现代化法案》（*Gramm-Leach-Bliley Act of 1999*），允许实现银行、证券和保险的综合经营。

金融自由化与金融创新迫使监管机构如SEC、FRB和OCC以及BCBS等开始关注金融工具尤其表外活动对财务状况和经营成果以及内在风险的确认和计量问题。与有形资产相比，金融工具的基本特征在于其交易性和投资性，其效用和价值是随着利率和汇率等金融变量的波动而不断变动的。这有效地规避了公允价值属性——使用价值与交换价值的争论。金融工具的无限制交易（交易频率、价格波动和技术）无形中实现金融工具使用价值和交换价值的统一。因此，公允价值计量属性广泛应用的突破口是从金融工具开始的。FASB（1998）指出，公允价值是金融工具最相关的计量属性，是衍生工具唯一相关的计量属性。从20世纪90年代开始，随着学术研究的深入和会计准则制定机构经验的日渐成熟，公允价值计量属性开始跨越金融工具领域，向退休后福利、股份薪酬、商誉和资产减值以及厂场设备（PPE）等领域纵深应用，并渐趋向单一计量属性方向。

4.1.3　新自由主义经济学是公允价值的理论基础

随着20世纪60年代后期凯恩斯主义的渐趋式微，反思政府干预和提倡市场的新自由主义经济学成为社会主流，并形成倡导市场经济的"华盛顿共识"。●新自由主义经济学包括许多流派，但他们都力图从亚当·斯密和大卫·李嘉图等古典经济学家著作中寻找理论渊源，都认为应当采用新的自由放任政策，充分利用市场机制和竞争来刺激经济发展。这些流派主要包括以下几种。

（1）货币主义学派（或称芝加哥学派）（the Monetarism School）。以 Fredman 为代表的芝加哥学派的主要观点有：①重视市场机制。芝加哥学派认为，政府干预只能导致市场波动程度的加剧而不是缓和，政府应当通过货币总量定期和有规律的增加实现价格稳定和经济增长。②市场经济随经济周期波动但自身可以实现充分就业。著名经济学家弗里德曼在《1867～1960年美国货币史》中证明，大危机的根源在于错误的货币政策，政府干预是不必要的。③以永久性收入和生命周期概念反对凯恩斯单纯强调需求管理观点。④重新界定政府的职能边界。Fredman（1986）指出，政府的作用在于提供市场本身所不能从事的事情，即决定、调解和强制执行游戏的规则。只有在自由交换是非常昂贵的或实际上是不

---

❶ 新古典自由主义经济学包括许多不同的学派,尽管这些学派观点差异较大,但都反对政府对经济过度干预,强调市场机制和私有产权的重要作用。总的来说,新古典自由主义经济学按照主要观点分为3个派别:①强调市场机制,反映政府干预,如货币主义学派和理性预期学派;②强调私有产权对经济发展和社会发展的重要性,如新制度经济学和新经济史学;③对政府干预经济的动机和决策机制的研究,如公共选择学派。

1990年,美国国际经济研究所牵头召开由国际货币基金组织(IMF)、世界银行(WB)、美国财政部、拉美国家和其他地区参加研究会,并达成7项以自由市场和币值稳定为核心的政策工具,被称为"华盛顿共识"。

可能的时才需要政府干预。❶总之,市场价格的自由波动将引导供求自动平衡,使市场达到出清(clear)状态,而政府干预尤其是财政政策将引致产量和就业的人为波动。

(2) 理性预期学派(the Rational Expectation School)。以 Lucas 和 Sargent 为代表的理性预期学派的主要观点有:①追求效用最大化的"经济人"能够利用一切可获得的信息理性地预期未来,并考虑可能伴随的不确定性。当政府宏观调控政策能够被社会公众理性预期到时,社会公众能够采取相应行动以规避,政府宏观调控是无效的。②政府宏观调控以实现充分就业的政策在短期内无效。③在自然失业率情况下,凯恩斯需求管理政策只能导致价格不断上涨而不影响实际产出。总之,政府干预将破坏经济运行的内在稳定性,加剧经济波动。

(3) 新制度经济学派(the New Institutional economic School)。以 Coase 和 North 为代表的新制度经济学的主要观点有:①利用交易成本理论阐述企业和市场的边界问题,市场交换的本质是产权交换。❷个人财产权是市场竞争和交换的基础,保证市场机制顺利运转的关键在于保护市场参与者的私有产权。②产权制度安排与企业效率存在稳定关系❸。③私有产权能够实现经济增长。North(1994)认为,私人产权制度能够有效地提升组织效率,并促进经济增长。

---

❶ 弗里德曼认为,政府应当维护法律与秩序,界定产权,充当修改产权和其他经济博弈规则的工具,裁决在解释规则上出现的争端,强制执行契约,促进竞争,提供货币机构。

❷ Coase(1937)认为,使用价格机制是需要支付成本的。交易成本决定企业和市场的内在边界。但企业内部行政机制的边际成本等于外部市场机制的边际交易成本时,企业和市场处于临界状态。市场是交换产权的财产所有者的集合。产权制度源于对产权的不同规定,包括正式的法律制度和各种非正式法律制度。在不同产权制度下,交易成本是存在差别的,对财产所有权的保护费用也存在差别。财产所有权能够帮助所有者在交易时形成合理预期,并最终实现自愿交易。因此,财产所有权是竞争性市场的基础。一个产权制度是否有效的主要标准在于是否节约交易成本,降低对财产的保护成本和促进资源有效配置。

❸ 科斯定理认为,当交易成本为零时,只要产权清晰界定,市场交换能够实现资源有效配置。当交易费用不为零时,对于具有公共产品性质的物品,私有化不是最佳制度选择;对于消费性私人物品,私有产权制度下交易成本为零,效率最高。企业是资源所有者通过内部专业化分工和合作以节约交易成本的组织。企业效率源于企业内部产权安排的私有化。

（4）公共选择学派（the Public Choice School）。以Buchnan为代表的公共选择学派将市场经济理论来研究政府行为和动机，主要观点有：①政府是选民（包括特殊利益集团）、政治家和公务人员等利益主体效用最大化行为相互作用的结果，且不具有一贯理性；②政府干预存在失灵现象，且造成巨大的社会代价，是各种社会问题产生的根源。因此，应当在立法层面上限制政府权力的扩张，减少政府干预和重新创造市场，充分发挥市场机制的作用。

除上述4大新自由主义经济学派外，其他学派如以Laffer为代表的新供给学派、Beck为代表的新消费者理论学派和德国弗莱堡学派等都反对政府过度干预市场机制运行，强调发挥市场力量和自由竞争。例如，弗莱堡学派主张保护性职能应当成为政府的重点，尤其是培养和建立各种有利于竞争性经济系统制度。因此，政府公共政策应当顺应市场（market conform）需要，而不应当削弱竞争（柯武钢，史漫飞，2002）。[1]

新自由主义经济学高度推崇契约自治和市场机制，认为市场价格能够反映市场对公司及其商品或服务的价格评价。市场价格自由浮动能使供给和需求自发实现均衡，达到市场出清（clean market）。新自由主义经济学对市场的重要性的重新认识和强调与公允价值计量的市场退出价值目标是高度一致的，是在财务报告领域的具体应用。在公允价值内涵历史发展过程中，准则制定机构始终把握公允价值计量的市场计量目标。FASB始终强调将市场报价作为公允价值最可靠和最相关的证据；当采用现值技术确定公允价值时，体现市场参与者风险和报酬偏好的估计未来现金流量（金额、发生时间和不确定性）的现值内含在市场价格之中，包括以现金购买资产记录的历史成本。SFAS No.157则通过公允价值层级框架明确地将市场参数作为一级参数；对于第二、三级掺杂管理当局主观判断的参数应当增加披露水平。IASB在准则如IAS No.39中也规定，活跃市场报价是公允价值的最佳证据。这充分说明发展于20世纪80年代的公允价值与新自由主义经济学是具有内在逻辑关系的。

---

[1] 柯武钢和史漫飞（2002）认为，德国Ordo自由主义学派的政策主要包括：①私人财产；②缔约自由；③个人对其承诺和行动承担责任；④开放的市场：进入和退出的自由；⑤货币的稳定（没有通货膨胀的货币）；⑥经济政策的稳定。Ordo学派主张这些原则应当占据统率性和宪法性地位，并成为公共政策的准绳。

4.2 公允价值与法律制度

4.2.1 普通法和衡平法构成英美法系的精髓

法律的生命不在于逻辑，而是经验。英美法系是以英国普通法为基石、英美法律为核心的。从历史发展角度来看，形成于12世纪英国的普通法是一种以判例形式出现的法律❶；产生于13、14世纪的衡平法（Equity）则是通过大法官的司法实践而发展起来的，是"自然正义"（naturaljustice）原则的具体化，是对普通法的有益补充。普通法与衡平法的关系不是两种制度的关系，而是法典与法典补充条款、正文与注释之间的关系（钱弘道，2004）。因此，衡平法是普通法补充规则的集合。

亚里士多德认为，公平就是公正，纠正法律普遍性所产生的缺陷是公平的本性。普通法难以有效地覆盖每项社会活动，并及时适应社会发展。为了实现社会的公平、公正和正义，有必要采用"自然正义"原则和规则来补充、改进和完善"法律正义"。因此，在普通法发展的过程中，源于大法官（chancellor）和大法官庭（chancery）实践的衡平法院逐渐独立，并最终于15世纪后半期形成独立的法院系统——衡平法院（court of equity）。当诉讼当事人无法通过普通法院获取正义时，可能向衡平法院寻求支持。❷大法官根据良心（conscience）或"自然正

---

❶ 1066年，诺曼底公爵威廉一世征服英格兰，建立以国王为中心的中央集权封建国家，史称诺曼征服。为了更好地统治盎格鲁–撒克森各部落，威廉一世几乎全部接受了原有部落习惯及规则、罗马法和教会法等日尔曼法律秩序，包括遵循判例制度(stare decisis)。诺曼征服后，国王建立御前会议(curia regis)和首席政法官(justiciars)，辅佐其进行裁决，并最终御前会议分离出专门审理民事纠纷的普通诉讼法院(court of common plea)。1215年，在贵族和市民的压力下，约翰(John Lackland)被迫签订《大宪章》(Magna Carta)。《大宪章》的主旨是限制国王的权力，保障教会与世俗贵族的政治、经济和司法权力不受侵害。虽然在性质上属于封建法律文献，但《大宪章》所倡导的限制王权精神被英国新兴资产阶级所继承，并奠定了君主立宪制的基础。时至今日，《大宪章》仍然是英国宪法的重要组成部分。

盛行于1200年左右的令状制度(Writ)对英国普通法的产生和发展具有重要作用。在令状制度下，程序优于权力和遵循先例等原则最终得以确立。

❷ 1474年，大法官首次以自己名义发布命令，标志着独立的衡平法院正式产生。著名法律学者Sjames指出，三个普通法法院在大厅的一边，大法官法院在另一边。当事人在普通法院得不到正义时，就穿过大厅寻求大法官的救助。

义"原则独立进行审理，并逐渐形成独特的实体规则和程序规则。❶由此可见，衡平法的主要功能在于补救性，以弥补可能错误适用的法律。❷在衡平法产生的早期，其主要内容是保护私人财产权，包括用益权、抵押权和账目，并在后期逐步延伸到各种市场经济法律关系。在审判时，衡平法强调不否认即承认原则，而非普通法倡导的凡主张皆有证据原则。总之，从衡平法的发展历史、内容和基本原则等看，衡平法主要属于调整（不）动产权利、债权、抵押、信托和资本等民事法律关系的私法，其核心在于公平和正义。为了寻求公平和正义，衡平法注重内容而非形式，不仅追求程序正义而且还要追求结果正义和道德良心。❸《1873年司法制度改革法》将普通法院和衡平法院合并。但是，在司法实践中，当同一案件运用普通法和衡平法产生相互矛盾判决时，则采用衡平法原则。与以罗马法为核心来划分公法和私法的大陆法系不同，英国法律体系的主要特点是普通法和衡平法的双重架构模式，二者各自存在独立的实体内容、法律程序、管辖范围和法院主体。但是，普通法与衡平法并非相互独立的，而是主从依附关系，并在长期历史发展过程中不断竞争和渗透。

法律起源决定金融发展。与制定法相比，以普通法和衡平法双重架构模式的英美法系似乎更加注重对私有产权的保护。Mahoney（2001）研究认为，大陆法系框架下政府干预较为突出，而普通法系国家保护个人自由；La-Porta、Shleifer、Silanes 和 Vishnny（1997，1998）认为，普通法国家对投资者保护的注重与较为发达的资本市场、公司估值正相关。总之，对"自然正义"追求、法官自行创设法律的传统和高度的司法独立等特征致使英美法系国家较大陆法系国家更加注重保护投资者利益。

英国法律体系的传播与不列颠帝国的殖民扩张是密不可分的。《1865年殖民

---

❶ 虽然此时的衡平法只是一种无条理、不确定的补救措施和命令总和，但已涉及财产法、民事法和契约法等诸多领域。其中，有些规则针对实体规则的过时与缺陷，旨在保护普通法不予承认的社会权利，如用益权和抵押权；有些规则针对普通法的不足与僵化，旨在调整普通法无力解决的新社会利益问题，如账目诉讼和欺诈等（钱弘道，2004）。

❷ 衡平法的救助性主要表现在一些特定的基本准则，包括：①衡平不允许存在不法行为而不进行救助；②衡平遵循法律；③向衡平法院寻求救助的当事人必须自身清白；④寻求衡平的当事人必须公平地作为；⑤衡平重内容而轻形式；⑥衡平作用于人而非物，通过救济以实现自然正义。

❸ 在这种意义上，衡平法院通常也被称为良心法院（court of conscience）。

地效力法》规定,一切与英国法相抵触的殖民地法均无效。英国政府还通过枢密院司法委员会严格监督殖民地立法活动。加拿大、澳大利亚和印度等英联邦成员国都移植英国法律体系。1775～1783年独立战争后,美国最终于19世纪30年代确立遵循先例的普通法原则。但是,美国法又具有十分鲜明的大陆法系特征,主要表现为法典化和公司、证券等领域制定法数量的不断增加,如《1933年证券法》和《1934年证券交易法》。❶尽管如此,美国法律从整体上仍然属于以遵循判例为主的法律制度,尤其是在私法领域,法院通过审查制定法和司法解释以及判例来创设法律。❷

4.2.2 英美法系"真实与公允"观念及其含义

作为市场替代物的公司是一系列合约(nexus of contracts)的联结体(Coase,1937)。广义的合约边界包括政府、客户和供应商等在内的所有利害关系人,而狭义的合约边界仅涉及生产要素提供者,包括人力资本和非人力资本提供者。其中,人力资本分为经营劳动提供者(经营者)和生产劳动提供者(生产者);非人力资本提供者分为股权资本(股东)和债权资本提供者(债权人)。

公司法的产生和发展与资本主义经济发展是同步的。与大陆法系国家19世纪开始实行的法典化改革相比,英国19世纪法律改革依然遵循判例法传统,确立司法程序适应司法目的原则,并最终实现司法独立。❸此外,英国还在契约法、财产法和公司法等实体法领域开展改革以适应市场经济发展需要。以制定法形式出现的公司法快速发展,并先后在19世纪中后期发布许多公司法,主要包括

---

❶ 例如,纽约州在1865年起草5部法典,并广为其他州所采纳。

❷ 大陆法系存在公法和私法的划分。其中,公法包括宪法、行政法和刑法,私法则包括民法和商法。英美法系按照其历史传统没有严格的公法和私法区分,而是按照惯例分为财产法、契约法、侵权行为法和信托法等独立法律部门。

❸ 在英国,遵循先例原则具有3个含义:①上议院的判决对其他一切法院都具有约束力;②上诉法院的判决对除上议院以外的所有法院(包括其自身)都具有约束力;③高等法院法官的判决,下级法院必须遵从。但是,对于该法院的其他法官或刑事法院法官仅具有重要的说服力而无绝对的约束力(转引自钱弘道,2004)。通过遵循先例,有效地实现立法和司法的统一以及法律的稳定性,并通过区别技术保持一定的灵活性。因此,英美法系法律体系主要是法官司法活动的产物。在这个过程中,英美法律对法官素质和独立性提出较高要求。

《贸易公司法》(*The Trading Company Act of 1834*)、《合股公司法》(*The Joint Stock Companies Act of 1844*)和《公司法》(*The Company Act of 1864*)。

尽管没有对公允做出诠释或说明,《1844年股份公司法》首次提出资产负债表应当全面和公允(full and fair),以防止欺诈。❶《1855年公司法》和《1856年股份公司法》重点在于确认有限责任原则,但也继承《1844年公司法》关于资产负债表公开披露的原则。在1857年至1947年的公司法律多次修订中,均强调审计师报告必须确定财务报表是否真实和正确(true and correct)。《1948年公司法》是英国公司法律的集大成者,系统地规定现代公司法的各项制度。在信息披露方面,《1948年公司法》继承《1947年公司法》关于财务报表应当发表真实和公允观点(a true and fair view),要求公司财务报表应当真实和公允地反映公司的财务状况和经营成果。但是,《1947年公司法》和《1948年公司法》都没有界定真实和公允的内涵和标准,而在实践中更多依赖法院的判断和解释。1983年,英格兰和威尔士特许会计协会(ICAEW)下属会计准则委员会(Accounting Standards Board,ASB)向御用大律师 Hoffmann 和 Arden 提出有关"真实和公允"的指引要求。ICAEW 在指引中指出,"真实和公允"是一个法律术语,财务报表是否表达了"真实和公允"的观点需要由法院做出判决。但是,法院将按照可接受的会计原则进行会计处理作为财务报表真实和公允表达的初步证据。1989年英国《公司法》(*UK Companies Act of 1989*)正式确认会计准则的法定地位。著名学者 Arden 指出,法律所支持的会计原则成为法律自身权威的源泉。但是,在普通法下,遵守规则本身并不足以证明财务报表表达了真实和公允的观点或公允表达。例如,在1969年 *U.S. vs Simon* 判决中,法官裁定遵守 GAAP 是非常重要但绝非确凿的证据,公开财务报表即使遵循 GAAP 仍有可能不公允。1995年的 *Shala-la vs Guernsey Memorial Hospital* 判决更进一步削弱 GAAP 的法律地位。此外,Parker 和 Nobes(1994)指出,"真实和公允"是一个动态的概念,其内涵随时间和地点而不断发生变化,且是相对于其所依赖的具体会计准则框架的。Kirk(2001)

---

❶ 信息披露是证券市场健康发展的基石,是确保公平、公正、公开的前提条件。财务报告是信息披露的重要形式。现实和潜在的投资者、债权人和其他利益相关者利用财务报告提供的有用信息做出决策。随着证券市场的发展和日益在社会经济中扮演重要角色,信息披露开始为社会公众和监管机构所重视。1899年,纽约证券交易所开始采取措施要求上市公司定期提交财务报表(Previts 和 Merino,2000)。

进一步指出,"真实和公允"观念有助于培养良好的社会道德氛围。由此可见,真实和公允观念更多的是一个法律术语而非会计术语,法官而不是公司管理当局或者审计师是评判财务报表是否真实和公允的最终裁定者,并且具有相当大的自由裁量权。《1985 年公司法》首次承认会计准则的法律地位,要求所有财务报表应当说明是否按照适用的会计准则编制;如果存在偏离,应当说明事实和原因。1993 年,英国会计准则委员会(ASB)发布会计准则序言指出,在一般情况下,遵循会计准则就可以显示真实和公允;在特殊情况下,为了显示真实和公允可以偏离会计准则,但特殊会计处理应当是无偏的(unbiased)和基于可靠信息的(informed)。此外,公司应当在财务报表中披露事实、原因及其影响。因此,遵循会计准则与表达真实和公允观念并不存在直接映射关系,遵循会计准则可以作为判断是否传递真实和公允观念的一项可选而非绝对或者唯一标准。

AICPA(1992)在 AU Section 410《遵循公认会计原则(GAAP)公允列报的含义》中指出,独立审计师对财务报表总体公允性的判断应当在 GAAP 框架下做出。因此,GAAP 框架是判断财务报表公允列报的统一标准。在做出判断时,独立审计师应当主要以下列 5 个方面作为评价标准:①所选择和适用的会计原则的普遍接受性(general acceptance);②特定环境下会计原则的恰当性;③财务报表及其附注的信息含量;④财务报表列报信息分类和汇总方式的合理性,既不能太详细又不能过于简略;⑤财务报表在可接受范围(limits)内反映基础交易和事项的方式、范围是合理且可行的。与美国公允列报更加具有规则导向性相比,真实与公允更加具有原则性,且对会计师的职业判断水平要求较高。

总之,在英美法系下,财务报表公允性的判断是一种司法行为。法官在做出财务报表是否公允反映财务状况、经营成果和现金流量时一般依据特定会计准则框架(如 FRS、IFRS 或 GAAP),但并不完全依赖。按照特定会计准则框架编制财务报表是财务报表公允表达的必要而非充分条件。

4.2.3　公允价值与受托信义义务

信义义务(fiduciary duty)由忠实义务(duty of loyalty)和注意义务(duty of

care）构成。在信义义务原则指导下，受托人按照信义义务受益人的利益正直行事。何美欢（1999）指出，没有受托信义义务就没有披露的义务❶；Posner认为，受托信义义务是解决信息成本不公平问题的法律方法。作为英美法系所特有的信托是指当事人之间的受托信义义务。受托信义义务是一种衡平法义务，约束受托人为受益人利益处理所控制的财产（信托财产）。

企业制度经历了从古典企业（单一业主制和合伙制）到现代公司的演变。随着现代公司尤其是公众公司的出现和发展分离现象日益严重，到20世纪80年代公司治理问题成为社会普遍关注的重大问题。❷在现代公司结构中，股东是公司产权的最终所有者，委托治理当局和管理当局对公司财产行使经营管理权。股东与治理当局和管理当局的关系实质上构成一种信托义务，后者应当按照股东的最佳利益行事。

FASB（1978）认为，编制财务报告旨在提供对决策有用的信息。虽然FASB将决策有用信息（特别是收益及其组成）作为财务报告编制的最重要目标，但这并不意味着解除管理当局的受托义务。FASB（1978）规定，在提供报告期内财务业绩信息时，同时提供管理当局解除其受托责任（stewardship responsibility）的信息。FASB的观点具有3个方面的重大含义：①提供决策有

---

❶ 著名学者Landis认为，美国证券法中发行人、董事、雇员和专家的民事责任总的来说源于英国公司法。《布莱克法律词典》对受托信义义务（fiduciary）的定义是：指一个具有受托人或者类似于受托人特性的人，该特性包含着委托（trust）与信任（confidence），要求谨慎的善意和诚实。一个由于其事业而负有为了另一个人的事业相关的利益而行动的义务的人。联邦大法官道格拉斯在Pepper vs Litton判例中将受托信义义务定义为：一个负有受托义务的人，不能利用本身的权利厚己薄人、失其公正立场、谋一己私利而害公司、股东及债权人的利益（梅慎实，1996）。Bean（1995）认为，受托信义义务是指一方承诺为另一方最佳利益而行为，或者为了双方共同的利益而行为（张开平，1998）。

❷ 公众公司（public held company）指不是私人公司（private held company）的公司。私人公司一般指在公司章程中做出如下限制的公司：①限制其股份转让的权利；②限定其成员人数不超过50人，但不包括受雇于该公司的人，亦不包括先前受雇于该公司而在受雇期间及终止受雇之后一直作为该公司成员的人；③禁止邀请公众人士认购该公司任何股份或债权证［参见香港《1984年公司条例（修订）》］。上市公司是公众公司的最主要组成部分。

公司治理问题真正受到广泛关注则是在20世纪80年代以后。其主要有3个原因：一是机构投资者的兴起导致股东主义的复兴；二是敌意接管和反接管的白热化严重损害了债权人、员工等利益相关者的利益；三是公司管理当局滥用权力和高薪等引起股东的严重不满。这一切在美国80年代经济衰退和"滞胀"的大背景下不但引发了大量针对公司管理当局的诉讼，并导致政府和社会公众开始关注公司治理问题。

用性信息并不排斥提供信托义务的信息；②提供信托义务信息从属于提供收益信息。FASB（1978）指出，编制财务报告的首要重点是提供收益及其组成内容的信息。从现实来看，考察管理当局是否履行受托信义义务的主要标准在于收益实现情况。如果管理当局勤勉尽责地按照委托人最佳利益行事，就无形中实现委托财产的价值最大化；③提供信息旨在帮助现实和潜在投资者、债权人和其他使用者评价未来现金流量金额、发生时间和不确定性。公司市场价值体现为未来现金流量的净现值，提供净现金流量是股东、债权人和管理当局以及其他利益相关者共同利益所系，是管理当局解除受托信义义务的重要表现。❶

编制财务报告的责任在于提供真实、公允的信息，而提供公允价值信息更加能够反映管理当局受托信义义务的履行情况。在HCA下，资产和负债按照历史成本计量，不确认未实现利得。这种情况下更加适合于经济发展相对较为稳定的环境，而不是适用于不确定性环境，而且为管理当局操纵利润提供一定空间。例如，在通货膨胀时期，HCA无形中侵蚀公司资本，无法有效实现实物资本保全；管理当局可以通过利得交易（gain trading）确认升值资产而将编制资产持有至到期。采用FVA尤其是FFVA，不仅消除现阶段资产和负债计量不对称会计处理的现象，而且能够更好地评价管理当局受托信义义务履行情况，主要表现在：①更加适合现阶段经济不确定性的经营环境。在信息技术、金融创新和全球化等冲击下，企业所处经营环境日益充满着不确定性，历史成本赖以生存的经济环境难以存在。②对管理当局受托信义义务的评价不仅应当考虑信托财产的已实现利益，还要考虑其潜在价值。所有资产以公允价值计量且其变动计入当期损益使得公司价值更加清晰化，而且能够评价公司未来价值趋势。③采用公允价值计量在一定程度上能够防止公司管理当局采用操纵利润。④更加真实地反映经济虚拟化程度加深的现实。随着证券市场在国民经济中地位和作用不断上升，商业银行等金融机构资产证券化趋势日益增强，衍生活动在风险管理扮演着

---

❶ IASB 的观点与 FASB 相近。在《财务报表编制和列报框架》(*Framework for the preparation and presentation of financial statements*)中，IASC（1989）指出，财务报表还应当反映管理当局对托付(trust)给它的资源的受托责任(stewardship)或经管责任(accountability)。使用者评价管理当局受托责任或经管责任旨在做出经济决策。因此，IASB 似乎更加倾向于二者的并列关系，而不是从属关系。

越来越重要的角色。历史成本无法有效地反映金融机构风险管理活动及其对财务状况、经营成果和现金流量的影响，只有公允价值才能在不确定环境下真实、公允地反映管理当局风险管理活动对其受托信义义务履行情况。

4.2.4 公允价值与司法估价救济

多数表决（major rule）原则是公司法的基本原则。在表决重大事项时，按照一股一票和多数表决原则，所通过决议一般是多数股东（尤其是控股股东）的意思表示，而不是全体股东的共同意思表示。[1]当少数股东对决议持异议（dissent）[2]或受到大股东（或控股股东）压制（oppression）时，如何公平、公正地保护少数股东合法权益和防止多数股东滥用表决权成为公司法需要面临的重大问题，特别是对非公开募股公司（closely-held corporation 或 close company）。[3]这些公司股份通常缺乏活跃市场，投资者对公司股份的价值判断存在较大不一致。

当多数股东和少数股东发生利益冲突时，特别是对于需要全体股东一致同意的重大表决事项，多数股东或控股股东可能会采用压制手段来降低少数股东的影响，主要方式包括：①利益排挤（squeeze-outs），是指多数股东利用其优势地位、内幕消息和控制权等手段，完全排斥少数股东的所有权或决策参与权，如取消累积投票制、攫取公司机会、不分派股利或者取消股东优先认股权等；②权益冻结

---

[1] 例如，我国《公司法》（2005）规定，股东会会议由股东按照出资比例行使表决权；股东会会议做出修改公司章程、增加或者减少注册资本的决议，以及公司合并、分立、解散或者变更公司形式的决议，必须经代表三分之二以上表决权的股东通过；董事会决议的表决，实行一人一票；监事会决议应当经半数以上监事通过。

[2] ALL 和 ABA 援引股东提出异议权的事实主要包括：①企业合并；②资产处置；③换股；④章程修改。

[3] 与公众公司（public company/corporation 或 publicly-held corporation）或上市公司（listed company/corporation）相比，不公开募股公司具有下列5个主要特点：①股东人数较少；②股东之间具有高度相互信赖关系；③股份转让受到较为严格的限制；④董事通常从股东尤其是大股东中选举，或者股东委派董事；⑤所有者和经营者合一。

美国律师协会（American Bar Association, ABA）在模范法定不公开募股公司补编（Model Statutory Close Corporation Supplement）中提出4项判断标准：①公司章程中明确规定为不公开募股公司；②股东人数在50人以下；③股份转让存在严格限制，主要表现为依照法律或其他规定，禁止股权权益自愿或非自愿转让；④全体股东以书面形式规范公司权利行使方式、公司业务经营或者股东之间关系。

（freeze-outs），是指多数股东通过某些交易导致少数股东丧失或改变其股东权益或地位，以致被迫收回所持股份，如管理当局收购（management buyouts）或逆向股票分割（reverse stock split）等。无论是利益排挤还是权益冻结，都是多数股东尤其是控股股东排挤少数股东以攫取更大利益的行为。在这种情况下，公司法应当避免多数股东滥用多数表决权原则，以公平地保护少数股东权益。对于上市公司，少数股东可以通过"用脚投票"的方式通过市场转让其所持股份，但非公开募股规定股份市场价值一般难以合理确定，且股份转让可能受到较多限制。因此，美国公司法规定对事实上存在交易市场的股份不享有司法估价救济。当少数股东对重大决议事项（如并购重组）存在异议时，异议股东有权以现金方式提取按照法院确定的金额。

英美公司法都对少数股东异议和压制做出规定，而在法国和德国等大陆法系国家公司法中没有关于压制的规定。[1]《美国模范商业公司法》（*American Business Corporation Act*，ABCA）第13.34（a）款规定，当股东依据第13.30（b）款规定请求法院解散公司时，如果公司股份没有上市或者在一个或以上国家或附属证券协会定期交易（regularly traded），公司可以选择或者当其没有选择时一个或以上股东可以选择以公允价值购买上诉股东所持股份。ABCA关于压制和以公允价值回购股份的规定在37个州公司法得到采纳。因此，在英美法系下，公允价值是保护少数股东合法权益的重要司法救济手段。

《特拉华州普通公司法》（*Delaware Gerneral Corporation Law*）第262（h）款规定，法院对股份进行估价，决定其公允价值。在美国，几乎所有的州为协议收购时保护股东利益提供司法保护。在控制权和所有权相互分离的情况下，股东和管理当局存在信息不对称现象。对于非公开募股公司，确定少数股东所持股份的公允价值尤为困难。如果不能合理确定股份的公允价值，少数股东保护最终仍旧无法实现。从司法实践来看，诉讼中公允价值的确定（包括控制权溢价和持有头寸大小的影响）成为争论焦点。但是，与FASB和IASB遵循的市场价值计量目标相比，司法救济中公允价值更加侧重于价值评估结果的公允性（fair）：公平、公正

---

[1] 在德国，《有限责任公司法》中没有关于压制的定义，仅是公司解散的重大事由之一，压制的判断标准和救济方式是通过判例法确定的；在法国，《法国民法典》中也没有关于压制的定义，压制是股东退出公司的正当理由和司法解散的正当理由。

地对待每一个股东，并充分考虑到控制权溢价和折扣问题。这可能主要出于两方面因素的考虑：①公允价值的市场价值导向所要求具备的条件无法实现，包括当事人交易的自愿性、充分信息和有序市场交易；②少数股东通常无法控制公司的财务政策和经营政策，无法获取控制权溢价。因此，在确定少数股的所持股份市场价值时，应当考虑市场折扣和少数股权折扣。但是，市场折扣和少数股权折扣通常对所持股份价值具有很大影响，绝大多数美国法院均持否定态度，因为不符合衡平法所提倡的救济理念。需要注意的是，美国税法允许采用市场折扣和少数折扣确定股权转让所得。在大陆法系国家，一般只对评估做出程序性规定，主要通过独立的估值专家确定少数股东所持股份的公允价值。但是，法院通常发现独立估值专家的评估结果是存在派系和高度分歧的。

特拉华州采用组合方法（the Delware Block Method）来确定少数股东所持股份的公允价值：将资本化盈利、市场价值和净资产价值加权平均确定，由法院最终确定三者各自所占权重。这种方法在各州得到较为广泛地采纳。1932～1984年期间，几乎所有的州采用此方法计算股份的公允价值。此外，有些州还选取适当的资本化率折现过去5年每股收益平均值，或者直接采用资产价值来计算。值得注意的是，这些方法都是以历史数据为基础的，具有后顾性（backward-looking）。在1984年 *Weinberger vs UOP*, *Inc.*案例中，特拉华州高等法院认为原有的估值方法显得过时，允许法官采用以未来现金流量和盈利预测为基础的前瞻性估值技术如折现技术（DCF）和超额盈利折现（excess earnings methods）模型（包括EBITDA），体现市场参与者对公司股份价值的共同风险和报酬观念，以更好地保护股东权益。Chen、Yee和Yoo（2007）研究认为，前瞻性估值方法能够提高估值的精确性。受特拉华州判例法的影响，美国许多州、英国、加拿大和澳大利亚等普通法下国家也逐渐开始在判决中更多地采用面向未来的公允价值确定方法。总之，在美国，法院接受任何评估方法，只要其通常为金融机构和法院所接受。但是，从20世纪80年代中后期开始，体现现在和未来事项影响的现值技术逐渐为法院认可，而以历史成本为基础的特拉华州组合法被摒弃。

4.3 公允价值内涵

4.3.1 公允价值内涵的演变与确立

在美国，公允价值概念在财务报告中正式作为会计计量属性而逐步完善是一个较为漫长的过程。为了更好地理解美国公允价值的演变历程，本书分别按照不同准则制定机构来考察公允价值概念的演变。

4.3.1.1 CAP和APB公允价值概念的确定

1953年，会计程序委员会（CAP）发布第43号研究公报（*Accounting Research Bulletin*，ARB No.43）《会计研究公报重述和修订》（*Restatement and Revision of Accounting Research Bulletin*），指出在非现金购买情况下（如出售证券以换取无形资产），成本可以是下列两项之中的更可靠者：①支付对价的公允价值；②获得的财产或权利的公允价值。但是，CAP并没有对公允价值的内涵和确定方法及其应用做出具体说明。

1958年，会计原则委员会（APB）取代CAP成为会计准则制定机构。1970年，APB发布关于企业合并的第16、17号意见书（Opinion No.16、17）。在Opinion No.16中，公允价值是与购买法直接相关的计量属性，并且作为分配所购买资产组成本的标准❶；Opinion No.17明确指出，企业合并中获取的无形资产按照成

---

❶ Opinion No.16指出，所获资产组不仅要求确知其总体成本，而且要将资产组成本按照公允价值分配至单项资产。已分配有形资产和可识别无形资产成本总额减去承担的负债与资产组成本之差是未确知无形资产的价值。

Opinion No.16提出处理企业合并的购买法（purchase method）和权益联营法（pooling of interest method）。二者的主要差别在于如何看待企业合并的经济实质。购买法将企业合并视同为资产购买行为，需要按照公允价值来分配已获资产成本，并确认商誉；权益联营法将企业合并视同为企业间的联合，因此在历史成本基础上将合并各方净资产简单相加。为了防止在企业合并中通过权益联营法操纵利润，Opinion No.17规定，当采用权益联营法时应当同时满足12项条件，其中特别强调合并企业的独立性。例如，第4项标准规定，继续存在的公司或者最终形成的母公司只能发行与其对外发行的大多数有表决权普通股同等权利的普通股，用以交换其他（参与合并）公司在合并计划完成日几乎全部的对外发行的有表决权普通股；第5项标准规定，参与合并的每家公司必须基本上保持有表决权普通股的同等股权。

本计量，并以公允价值为基础分配至每项可识别无形资产。1971年，APB发布Opinion No.21《应收和应付款项利息》；1973年，APB又发布 Opinion No.29《非货币性交易会计处理》，提出在非货币性交易中采用公允价值计量资产的入账价值。虽然 Opinion No.21 和 Opinion No.29 都介绍了当时用于估计公允价值时应当考虑的主要因素。但是，无论是CAP还是APB，都没有正式地对公允价值的内涵做出明确界定，也没有对如何确定和应用公允价值提供必要的指南，且在应用范围上仅限于非货币性资产之间发生的交易行为，或者更多是作为资产成本分摊的基础/标准。❶企业根据特定事实和环境主观地采用多样化的公允价值确定方法，导致财务报表可比性较差。需要注意的是，Opinion No.16还十分重视独立估值专家在确定公允价值方面的独特作用。

4.3.1.2　FASB公允价值概念的演变和确定

（1）20世纪70年代 FASB 准则中公允价值概念的演变。

1973年，FASB接替APB成为会计准则制定机构。FASB先后在SFAS No.8和SFAS No.12中提及公允价值，但均未进行明确定义。为了更好地反映租赁活动对企业财务状况和经营成果的影响，SFAS No.13（FASB，1976）《租赁会计》（*Accounting for Lease*）要求在租赁会计处理中采用公允价值，规定租赁资产的公允价值是非关联方之间在公平交易（at arm's length transactions）中的销售价格。其中，关联方包括母公司及其子公司、独资企业及其合营企业（公司或其他形式）和合伙企业、投资者（含自然人）及其被投资企业。此外，SFAS No.13还以示例方式提出确定公允价值的方法。❷SFAS No.13公允价值概念有3个主要特点：①范围限定于租赁资产；②强调交易的独立性和公平性；③是一种销售价格，即市场交换价格。SFAS No.13对市场价格的强调是对 ASR No.1 的回归，深刻地体

---

❶ 这与APB在第4号研究公报《构成企业财务报表基础的基本概念和会计原则》（*Basic Concepts and Accounting Principles Underlying Financial Statements of Business Enterprises*）的观点是一致的。第4号研究公报（APB,1970）第181段将公允价值的应用仅仅限定于非货币性资产的市场价值，认为公允价值是指在转让过程中不涉及货币或货币求偿权的交换价格近似值。需要注意的是，与APB发布的意见书相比，研究公报不具有强制性，也不具有SEC认可的权威地位。

❷ 公平交易是指在符合市场交易规则和商业惯例的基础上进行的自愿、平等、公正和合理的交易行为。这种公平不但体现为交易过程的公平，还注重交易结果的公平性。世界上许多发达国家均对公平交易进行立法，如英国、新西兰、日本和法国均发布《公平交易法》。

现了公允价值的市场导向特征和市场推出价格本质。

1977年，FASB发布SFAS No.15《债务重组》（*Accounting by Debtors and Creditors for Troubled Debt Restructurings*）。SFAS No.15关于公允价值的处理主要具有下列3个特点：①在4种重组方式中广泛地应用公允价值（包括成本分摊），特别是重组利得或损失的确认和计量❶；②初步提出确定公允价值的基本思路——市场价值导向；③强调在确定偿债资产公允价值时的交易背景——非强迫和破产清算情况的出售。但是，SFAS No.15仍将公允价值限定为特定资产的公允价值，并指出这并不意味着采纳当前价值会计，而只是现有会计框架的一种普通会计处理方法。因此，SFAS No.15在债务重组中应用公允价值只不过是APB的一种历史延续，这主要是因为在债务重组条件下货币求偿权不具有实际意义。因此，适用于非货币性交易的公允价值概念自然地延伸到债务重组会计处理中。

总之，在20世纪70年代FASB发布的34项准则公告中共有8项涉及公允价值。但是，在历史成本占据主导地位的情况下，这8项准则公告不但没有给出普遍适用的公允价值概念，而且没有提出明确的公允价值确定方法，只是将公允价值适用于租赁、债务重组和非货币性交易等特定项目中的非货币性资产。❷

（2）20世纪80年代FASB准则中公允价值概念的演变。

20世纪80年代，FASB共发布涉及公允价值计量和披露的准则公告25项，占全部新发布准则（含修订）的35.71%。纵观这些准则公告，公允价值在计量和披露方面的应用主要具有下列4个方面的特点。

①明确提出特定环境下公允价值的概念。1980年，FASB在SFAS No.35提出养老金计划投资公允价值概念；1982年和1985年，FASB先后发布SFAS No.67和SFAS No.87，分别针对房地产项目和养老金在附录术语表中提出公允价值概念及其确定方法。SFAS No.67指出，公允价值是指非强制或清算出售情况下，自愿买

---

❶ 例如，SFAS No.15第14段规定，债务人用于清偿债务的资产的账面价值与公允价值之间的差异作为转让资产的利得或损失，计入债务清偿期间的净收益；第28段规定，债权人应收账款账面投资额（而不是账面价值大于资产公允价值的部分确认为损失。

❷ FASB内部关于公允价值的应用也存在较大争论。例如，在发布SFAS No.19《石油天然气企业财务会计处理和报告》时，4名委员赞成3名委员反对。反对者认为，HCA不能反映石油天然气勘探和开发的独特性，不能向财务报表使用者提供有助于决策的信息。因此，建议采用公允价值对矿藏储量进行计量。

方和自愿卖方之间房地产项目出售产生的现金及现金等价物金额（即销售价格）；SFAS No.87则指出，公允价值是指在非强制或清算出售情况下，自愿买方和自愿卖方之间在当前销售时针对一项投资养老金计划能够合理预期收到的金额。SFAS No.67和SFAS No.87关于公允价值的定义除沿袭自利性和正常有序交易特征外，突出其在房地产和养老金计划投资领域的具体应用。因此，这种公允价值概念是较为狭隘的，不具有普遍适用意义。值得注意的是，在20世纪80年代，FASB还提出一些容易混淆的概念，如市场相关价值（market-related value）和公允市场价值（fair market value）以及未来现金流量折现等。这在一定程度上反映出FASB尚没有形成关于公允价值概念和计量的系统观念。❶

②公允价值计量属性应用主要限于非货币性资产，主要包括：（a）房地产及其租赁，包括房地产项目的转租赁和售后回租重要性标准判定（SFAS No.41、SFAS No.66和SFAS No.67以及SFAS No.98）；（b）特殊资产，包括采掘业和石油天然气企业矿藏储备（SFAS No.39）、林场和成长林（SFAS No.40）、计划投资（SFAS No.35）和研发活动（SFAS No.68）以及产权档案库（SFAS No.61）等；（c）特殊项目，包括特许权协议（SFAS No.45）、管制企业（SFAS No.71和SFAS No.90）和银行并购（SFAS No.38和SFAS No.72）。

③公允价值计量开始在负债确认和计量得到应用，突出表现在养老金计划和退休后福利义务确定方面。SFAS No.35、SFAS No.59和SFAS No.87都规定限定受益养老金计划投资（不含保险公司合约）应当以计量日/报告日公允价值计量。

---

❶ 在SFAS No.35中，FASB认为，以公允价值计量的养老金计划投资（不含保险公司合约）能够提供最相关的计量属性，尽管难以确定某些类型计划投资的公允价值；同时，当存在活跃市场时，市场报价将最具有客观性和相关性。此外，对于一些计划投资采用合格的独立估值专家估计也是必要的。SFAS No.69（FASB，1982）还提出公允市场价值（fair market value）概念。FASB（1982）指出，公允市场价值是自愿买方和自愿卖方之间在公平交易中能够合理预期的交换价格；以估计未来价格和成本、生产时间和特定企业折现率为基础的折现未来现金流量是公允市场价值的替代。SFAS No.87提出市场相关价值的概念，并认为市场相关价值既可以是公允价值，也可以是在不超过5年期限内按照系统且合理的方式确认公允价值变动形成的价值。FASB（1980）认为，虽然SEC要求的储备确认会计（reserve recognition accounting, RRA）信息是以现值技术为基础的，但并不意味着要导致一项公允价值列报基础。RRA估值方法没有代表公允价值估计，这主要是因为这种方法没有充分地考虑预期未来经济条件、变化的折现率或者可能储备的数量。与历史成本相比，公允价值与现值技术存在更加紧密和稳定的关系。在活跃和有效市场中，价格（公允价值）可能近似地等于未来现金流量的净现值。

其中，前两者还明确了以市场价值为导向的公允价值确定方法；SFAS No.87则规定，当累积福利义务超过养老金计划资产的公允价值时，雇主应当在资产负债表中确认为负债，包括无资金应计养老金成本（unfunded accrued pension cost）。

④在应用范围上，不仅限于计量和作为成本分配的基础，而且开始在收益确认（含利得或损失）和披露上开始应用，并延伸至非营利组织。SFAS No.80规定，套期项目应当以公允价值报告；当套期项目未实现公允价值变动计入收益时，相关期货合约的市场价值变化应当在发生时确认为收益；SFAS No.84要求在债权人行权时，企业应当按照可转换债券和相关证券以及对价的公允价值差额确认一项费用；SFAS No.72要求在以购买法获得储蓄机构时将无法辨认的无形资产在不大于兼并的长期付息资产的剩余年限内摊销；SFAS No.35和SFAS No.87则要求企业披露限定受益养老金计划投资和计划资产的公允价值。

此外，公允价值开始在金融工具方面逐渐应用。SFAS No.80（FASB，1980）较为详尽地规范期货合约的公允价值计量、收益确认和套期有效性检验。

（3）20世纪90年代FASB准则中公允价值概念的演变。

在20世纪80年代中后期金融自由化和信息技术的有力推动下，金融创新的内容和速度不断加快。90年代至今，FASB在准则公告尤其是金融工具项目中日益广泛地应用公允价值，公允价值概念经历一个从资产逐渐到负债、从非金融项目到金融工具（从证券投资和贷款等金融资产到金融负债和权益工具）的演变。但是，FASB提出的公允价值概念仍旧局限于特定资产和负债，尤其是金融资产、养老金计划投资和股票期权等。

在90年代FASB发布的25项涉及公允价值的准则公告中，明确提出公允价值概念主要包括5项，分别是：①SFAS No.106《雇主养老金之外的退休后福利会计处理》（*Employers' Accounting for Postretirement Benefits Other Than Pension*）（1990）；②SFAS No.107《金融工具公允价值披露》（*Disclosure About Fair Value of Financial Instruments*）（1991）；③SFAS No.121《长期资产减值和待处置长期资产会计处理》（*Accounting for the impairment of Long-Lived Assets and for Long-Lived Assets to be Disposed of*）（1995）；④SFAS No.123《以股份为基础的薪酬会计处理》（*Accounting for Stock-Based Compensation*）（1995）；⑤SFAS No.125《金

融资产转移和服务以及债务解除会计处理》（*Accounting for Transfers and Servicing of Financial Assets and Extinguishments of Liabilities*）（1996）。其中，SFAS No.121和SFAS No.123公允价值概念相同。在这些概念中，为了避免混淆和实现国际趋同，从SFAS No.107伊始，FASB开始一贯性地应用公允价值替代市场价值。

遍观这些准则公告提出的公允价值概念，主要具有3个特点。

①侧重于金融工具领域尤其是金融资产，10项金融工具会计准则公告大量地将公允价值概念应用于披露、计量和分配标准等方面。

②从特定资产如养老金计划投资和金融资产逐步扩展到负债。在沿袭SFAS No.107基础上，SFAS No.125首次在负债中引入公允价值概念，指出资产或负债的公允价值是在当前交易中，自愿当事人之间在非强制性或清偿性出售情况下可能购买/承担或出售/清偿资产或负债的金额。

③在措辞方面强调金额（amount）和交易（transaction）而不是简单地交换（exchange），并用当事人（parties）取代买方（buyer）或卖方（seller）。❶

此外，SFAS No.106仍然承接SFAS No.35关于公允价值和市场相关价值相互关系的观念；SFAS No.123对股票期权还提出内在价值（intrinsic value）概念。

（4）2000年至2006年FASB准则中公允价值概念的演变。

2000年2月，FASB发布SFAC No.7《在会计计量中应用现金流量信息和现值》（*Using Cashing Flow Information and Present Value in Accounting Measurements*）。除承接SFAS No.125公允价值概念外，SFAC No.7的重要特点在于修订SFAC No.5关于5种计量属性的规定，认为现值计量属性是一种摊销方法；现值用于初始和后续期间新起点（fresh-start measurement）计量的唯一目标是估计公允价值；某些计量属性如现行成本和现行市价与公允价值是一致的。SFAC No.7的最重要特征在于从概念框架层面使公允价值成为最重要的计量基础之一，标志着公允价值全面应用的开端。

---

❶ SFAC No.3、No.6(FASB,1980,1985)指出，交易(transaction)是一种特定的外部事项，是两个或以上主体之间转移某种价值物(未来经济利益)的外部事项。交易可能是同时收到和牺牲价值的交换(exchange)，也可能是承担债务或向其他主体转移资产(或者收到一项资产或撤销一项负债)的非互惠转移。

在SFAS No.157正式发布之前，FASB共发布涉及公允价值的准则公告20项，占同期全部新发布准则（含修订）的91%，其中，共有12项准则明确提出公允价值概念及其确定方法。但是，除SFAS No.143和146局限于负债外，这些准则提出的公允价值概念基本上都沿袭SFAS No.107和SFAC No.125提出的公允价值概念，包括SFAS No.138、140、142和144等8项新发布准则和SFAS No.123（修订）。

4.3.1.3 FASB公允价值概念的确定

鉴于公允价值在内涵、计量方法和可比性等方面存在较大偏差，在历经3年多并多次发布征求意见稿和工作稿等基础上，2006年9月，FASB正式发布SFAS No.157《公允价值计量》。❶SFAS No.157提出，公允价值是计量日市场参与者之间在有序交易中可能出售一项资产可能收到或转移一项负债可能支付的价格。需要注意的是，SFAS No.157仅仅是将散布于其他准则公告中的公允价值概念、计量方法和披露等标准化和规范化，并没有推动混合模式向FFVA演进。

与以往历次准则公告相比，SFAS No.157提出的公允价值概念主要在下列4个方面有大变化。

（1）明确提出计量时点。市场价格是特定时间和空间的点估计。计量日观念的提出表明公允价值是特定资产或负债在计量日的时点价值，依赖于特定资产或负债（或其组合）的相关特征，如地理位置、状况和限制情况等。

（2）直接将公允价值确定为价格（price）而不是金额（amount），充分地体现市场价值导向计量目标。从持有资产或承担负债的市场参与者角度看，公允价值的计量目标是退出价格（exit price）而不是进入价格（entry price）。退出价格的提出致使公允价值显著地区别于现行成本（current cost）和使用价值（value in use）等，且与JWG保持一致。退出价格能够有效地反映市场参与者在当前情况下对未来现金流入或流出的预期，以更好地与资产和负债的定义保持高度一致。

（3）强调交易所处的市场特性。形成资产或负债公允价值的交易所处的市场应当是主市场（principle market），或者在缺乏主市场情况下的最有利市场（the

---

❶ FASB分别于2004年6月、2005年10月和2006年3月先后发布"征求意见稿"、"工作稿"和"修订的工作稿"。

most advantageous market）。❶主市场或最有利市场的提出有效地解决了相同资产在不同市场之间价格可比性以及与非活跃市场（thin market 或 non-active market）关系问题。因此，资产公允价值应当以报告主体最高和最佳使用为估值假设，负债则应当考虑报告主体自有信用风险问题。

（4）引入市场参与者（market participants）而非当事人（parties）以强化市场交易者的特质。在主市场或最有利市场情况下，市场参与者具有 4 个特征：①独立于报告主体，不是关联方；②熟悉情况，并在各种可获信息的基础上理性地理解交易和资产或负债；③能够参与资产或负债交易；④自愿参加交易。市场参与者除涵盖原有准则公告公允价值概念中的自愿和非强制性或清算性出售特征外，还进一步突出交易主体的能力、独立地位和交易理性。

市场是资源配置的重要场所，市场价格则是引导市场主体理性行为的重要因素。SFAS No.157 充分地继承了《初步观点》（FASB，2000）提出的市场退出价格理念，强调市场参与者的风险偏好和预期。在有效市场中，市场参与者多样化的风险偏好和预期最终体现为单一的、反映最大和最佳使用预期的市场均衡价格。在完全竞争市场中，每一个市场参与者都是市场均衡价格的消极接受者。但是，市场均衡价格并不是一成不变的。当新信息影响市场参与者的预期和风险偏好进而影响其交易行为时，原市场均衡价格重新调整为新的市场均衡价格，以充分地反映当时市场条件下市场参与者的预期和风险偏好。

4.3.1.4　SFAS No.157 和 IAS No.32/39 公允价值概念比较

1982 年，IASC 在 IAS No.16《不动产、厂场和设备》中首次引入公允价值概念。IAS No.16 允许企业定期重估并在后续计量时采用公允价值计量。但是，IAS No.16 对公允价值的确定是简单、具体且相互矛盾的。在确认公允价值以市场价值为基础确定情况下，第 33 段提出以现有使用情况为基础确定，混淆了使用价值与公允价值的界限。2000 年，国际会计准则制定机构联合工作组（JWGSS）提出以公允价值计量金融工具并将其变动计入当期损益。在《准则草案和结论基

---

❶ 主市场，是指报告主体以最大交易量和最大活动量出售资产或转移负债的市场；最有利市场，是指在考虑各自市场交易成本的情况下，报告主体可能出售资产或转移负债的市场，该市场使得报告主体能够最大化其可能出售而收到的金额，或者最小化其可能转移负债而支付的金额。因此，报告主体在主市场下不应当考虑交易成本，而在确定最有利市场时充分地考虑交易成本的影响。

础》（*Draft Standards & Basis of Conclusion*）中，JWG（2000）认为，公允价值，是计量日在为正常商业考虑而驱动的公平交易中，企业出售一项资产而可能收到或者清偿一项负债而可能支付的价格估计。JWG公允价值概念强调计量时点、交易驱动因素和价格实质以及交易的虚拟性。需要注意的是，在《财务报告编制和列报框架》（*Framework for the Preparation and Presentation of Financial Statements*）提出的5种计量基础中，公允价值并没有出现。

IAS No.32/39（IASB，2004）认为，公允价值是指公平交易中，熟悉情况的当事人自愿进行资产交换或负债清偿的金额。与SFAS No.157相比，IAS No.32/39公允价值概念基本上停留在20世纪90年代美国准则公告水平上，但也存在下列主要特点：①强调交易的独立性；②强调有效市场中交易者获取信息的能力。

4.3.2　市场价格、市场价值与公允市场价值

4.3.2.1　市场价格、市场价值与公允价值

在市场经济体制中，市场在资源配置方面发挥主导地位，其中，价格及其运行机制是资源/资本有效配置的关键，并主要在3个方面发挥重要作用：①决定生产什么及其数量；②决定如何生产；③决定哪些人可以获得所生产的产品和服务。

《新帕尔格雷夫经济学大辞典》认为，市场价格是一定时期内为购买某商品而支付的实际价格。市场价格的形成和变动主要受到效用和需求的影响，并可能随时发生变动。

价格是价值的表现形式，并围绕价值上下波动。但是，价格与价值的关系是无法观察的、潜在的或结构性的，但市场价格是可观察的、实际的和表象的，并在一定程度上表现价值。❶但是，确定决定市场价值的精确理论存在太多的影响因素而不可行。因此，现代微观经济学通常以市场价格为研究对象，探讨其竞争

---

❶《布莱克法律》词典指出，价值具有两个定义：①某物的重要性、值得拥有性或效用；②某物的货币价值或价格；交换中某物所要求的商品、服务或金钱的数量。本书没有深入探讨价值与价格的内在关系，因为这更多属于经济学范畴，特别是价值和价格的转化问题一直是包括马克思在内的经济学家致力解决的问题。例如，在《资本论》第1卷中马克思指出，价格与价值成比例。但是，在第3卷第9章马克思并没有解决价值和价格的转型问题。在现代经济学中，价格与价值的关系可以采用数量模型求解的方式来解决。

机制中的重大作用。

价值是客体对主体的有用性。从主体角度看，价值可以分为交换价值和使用价值。其中，交换价值是指在现实或虚拟交易中商品或服务交换的价值；使用价值是指对特定主体因使用或其他用途而产生的价值。公允价值在本质上是一种交换价值，并表现为特定时点的市场价格，是市场供给和需求均衡的价格表现。FASB（2000）和 IASB（2000，2005）都将公允价值定义为市场退出价格。在市场价值计量目标指引下，公允价值及其确定体现市场参与者普遍的预期和风险偏好，而不是特定报告主体的预期和风险偏好（即使用价值或特定主体价值）。

4.3.2.2　公允价值与公允市场价值

公允市场价值的出现最早可追溯至 19 世纪早期，并在 20 世纪 20 年代得到较为广泛地采用。在 United States vs Fourteen Packages of Pins 案例中，法院引入公允市场价值概念，并强调其非强迫性公允和公平价格属性（uncompelled fair and just price）。《1918 年税收法案》（*The Revenue Act of 1918*）则明文规定，为了确定财产交换所产生的利得或损失，任何收到的财产价值等于其公允市场价值的现金价值。1919 年，依据《1918 年税收法案》组建的税收咨询委员会（the Advisory Tax Board）正式提出公允市场价值的概念，指出公允市场价值是在具有潜在买者的市场中，买卖双方以公允和合理的价格可能达成一致的公允价值。其中，买卖双方不受强制地自由从事市场活动，以及合理地获悉所有重大事实。1925 年，税收咨询委员会追加自愿性来修饰买卖双方的特征。税收咨询委员会提出的公允市场价值概念为税收上诉法庭（the Board of Tax Appeals）所采纳。在 20 世纪 30 年代，最高和最佳利用观念逐渐纳入公允市场价值概念中，并较为广泛地在不动产估值中广泛采用，这可能是 SFAS No.157 主市场或最有利市场的历史渊源。

Paton（1946）指出，购入资产的成本应当按照转出财产的公允市场价值（fair market value）确定。但是，公允市场价值主要是法律用语，尤其是用于税务法庭和民事法庭的法律估值。公允市场价值定义及其确定方法最频繁地出现在房地产和捐赠税判例中（Fishmen，Pratt，Morrison，2007）。Pratt、Reilly 和

Scheihs（2000）研究指出，公允市场价值广泛地应用于联邦和州税收事务，包括房地产、捐赠、继承和收益确定以及从价税（ad valorem taxes）。因此，公允市场价值更多的是税收法律或者资产估值术语，用于确定特定资产的市场价值，而不是向外部财务报告使用者提供有助于决策的财务信息。从外延上看，公允市场价值是以特定资产或相似资产存在市场为条件的，难以使用于不存在市场的资产，这导致公允市场价值小于公允价值。

美国《国库条例》（*Treasure Regulation*）（20-2031-1）规定，公允市场价值是自愿买方和自愿卖方之间在非强迫性买卖和理性获悉相关事实的情况下可能交换财产的价格。《国库条例》进一步认为，公允市场价值不应当根据强制性出售来确定，也不应当依据除最经常交易之外的其他市场来确定。《国库条例》提出的公允市场价值概念具有3个重要特点。

①是一种交换价格而不是使用价值。

②强调交易的独立性和公平性，主要表现在：非强迫性交易；交易双方都合理地了解与交易相关的细节。

③强调公允价值附着于特定财产交易。

布莱克法律词典（*Black's Law Dictionary*）认为，公允市场价值是在公开市场和独立交易中卖方愿意接受且买方愿意支付的价格，此时供给和需求相一致。与《国库条例》相比，布莱克法律词典更加强调市场特性——公开（open market）和公平性（arm's length）以及市场供需均衡。

公允市场价值与SFAS No.157公允价值概念都体现市场价值计量目标导向，并强调交易者行为和理性-独立和出于自利目的进行交易。但是，公允市场价值概念主要是财产交易行为，强调资产的可出售性，并考虑折扣因素［如控制权溢价、可流动性和关键人员溢价以及交易量（blockage）］等影响，不涉及负债和权益工具公允价值问题，且主要出于税收征管和法院判定目的。

公允市场价值概念深入地影响公允价值概念的产生和发展。在20世纪90年代以前，FASB较为广泛地在房地产会计处理（包括房地产租赁）中采用公允价值概念。但是，这些概念无一例外地具有公允市场价值概念的本质特征，特别是对交易公平性的强调。

4.3.2.3 财务报告公允价值与法律公允价值

在美国，作为法律概念的公允价值主要出现在股东异议权（dissenter's right）和压制（oppression）判例之中，是一种司法概念。❶在多数原则主导下，为了保护少数股东的利益，法院在判例中给予对董事会持不同意见或受到压制的股东交换其所持股份将受到的现金价格。因为考虑到控制权溢价和流动性等因素，持不同意见或受压制股东收到的现金价格并不等于所持股份所占比例与公司市场价值的乘积。但是，法院判例中似乎并不存在得到普遍接受的公允价值定义和确定方法。

尽管从19世纪伊始公允价值就开始应用于股东异议权或压制判例中，但对于确定的公允价值概念各州公司法并未进行界定。公允市场价值强调市场参与者处于自利动机而自愿地进行资产交易。在股东异议权或压制案例中，因为异议股东或受压制股东在根本利益上与公司董事会或大股东存在冲突，二者不可能自愿地进行交易。事实上，许多判例也明确地指出，公允市场价值和公允价值是存在差别的不同概念。

1950年，特拉华高等法院在Tricontinental Corp vs Battey案例中正式提出公允价值概念。法院认为，股东有权利对公司从其手中获取的价值而得到支付（即在持续经营中相称的权益）。特拉华高等法院确定的公允价值概念对各州公司法和判例产生重大的持续影响。1969年，美国律师协会（the American Bar Association，ABA）在《模范公司法》（*The Model Business Corporation Act of 1969*）首次援引公允价值概念，并在1984年《修订模范公司法》（*The Revised Model Business Corporation Act*，RMBCA）追加限定性用语使其更加合理，提供了确定公允价值的指南。❷RMBCA提出的公允价值概念得到21个州采用。此外，有6个州采用美

---

❶ 少数股东一般没有持有充足的股份数量以影响公司决策。在缺乏控制权情况下，少数股东所持股份的价值并不与公司市场价值正相关。少数股东异议权通常涉及企业合并、资产出售或投资性质的重大变化，这些行为导致股东不再参与股东活动，受压制股东是指受到董事会或大股东不公平待遇或者有偏见对待的股东。

❷ RMBCA指出，公允价值是指异议者反对的公司行动立即生效前（immediately before）的股份价值，不包括任何期望公司活动产生的升值或贬值，除非可能造成不平等（inequitable）。此外，RMBCA还提出并非十分具体的公允价值确定指南，要求公司应当以公司行为发生日之前为基础估值。但是，指南并没有给出具体的估值方法或技术，也没有定义公允价值概念中不平等的确切含义。

国法律学会（the American Law Institute，ALI）在《公司治理原则》（*The Princi-ples of Corporate Governance*）（1992）提出的公允价值概念。❶与 RMBCA 相比，ALI 公允价值概念具有 3 个主要特点：①明确合格持有者与公司价值相称的价值；②不考虑少数股东控制权和缺乏可交易性因素造成的折价；③提出采用证券和金融市场通常采用的估值概念和技术来确定公允价值。1999 年，ABA 再次修订RMBCA 的公允价值概念，主要是增加确定公允价值时对折现技术的考虑。修订后的 RMBCA 公允价值概念基本上与 ALI 保持一致。

综上所述，无论是 RMBCA 还是 ALI 提出的公允价值概念都与在财务报告中适用的公允价值概念存在显著差别，主要表现在：

（1）适用范围不同。法律公允价值侧重于股东异议权或压制情形，且判例中不存在一致性的公允价值概念；财务报告公允价值概念侧重于财务报表要素确认、计量和披露，向外部会计信息使用者提供决策有用的信息。

（2）确定公允价值方法不同。法律公允价值概念只是原则性地提出按照金融市场当前普遍采用的估值技术来确定异议或受压制少数股东所持股份的价值；FASB 在 SFAS No.157 中提出确定财务报告公允价值的方法，包括市场法、收益法和成本法。

4.4　公允价值层级框架

4.4.1　SFAS No.157 之前的公允价值层级框架

在 SFAS No.157（FASB，2006）发布之前，FASB 在准则公告中没有明确提出公允价值层级框架问题，公允价值计量指南分散在各个体现不同制定目的的具体准则公告中，可比性较差。但是，在有效市场理论指导下，SFAS No.157 所体现的公允价值层级框架原则依稀表现在这些准则公告中。

1977 年，FASB 发布 SFAS No.15《债务重组会计处理》，提出确定公允价值可

---

❶ 也有一些州自行制定适用的公允价值概念。例如，俄亥俄州和路易斯安那州采用公允现金价值，加利福尼亚州则在异议判例中采用公允市场价值而在压制中采用清算公允价值概念。

靠性的三个层级（见图4-1）。SFAS No.15所确定的以市场有效性为导向来判断公允价值可靠性的原则对FASB准则公告产生深远的影响。SFAS No.35和No.85均沿袭了SFAS No.15的规定。

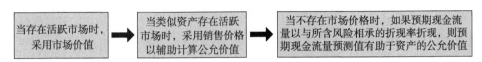

图4-1　公允价值层级

SFAS No.107将市场价值导向原则延伸至金融工具领域。SFAS No.107按照是否存在市场报价将金融工具分为两类，并在根据金融工具交易条件来分别确定公允价值（见图4-2）。尽管SFAS No.107考虑到不同市场如交易所、交易商市场（场外市场）、经纪商市场和主事人对主事人市场的活跃程度，但是，SFAS No.107并没有进一步划分市场活跃程度，以及根据活跃程度对金融工具公允价值如何进行调整。❶相比之下，SFAS No.115明确提出4种市场，并针对不定期交易和主事人对主事人市场进行采用相应的定价技术。❷

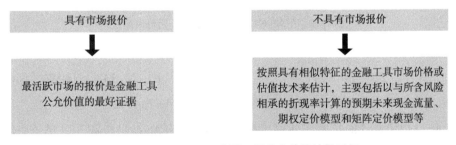

图4-2　SFAS No.107金融工具公允价值计量层级

---

❶ 交易所市场（exchange market）通常为金融工具交易提供最高透明度和秩序；交易商市场（dealer market）中的交易商随时进行自营交易，具有较强的流动性，特别是当前出价和要价比收盘价和交易量信息更加容易取得。场外交易属于交易商市场；经纪人市场（brokered market）中经纪人撮合达成交易，了解参与者价格要求，但参与者之间并不互相了解；主事人对主事人市场（principle-to-principle marekt）是直接交易，市场参与者直接通过协商达成交易，很少对外公布信息。

❷ 针对不定期交易和主事人对主事人市场，SFAS No.115提出4种定价方法（包括但不限于）：折现现金流量分析（discounted cash flow analysis）、矩阵定价（matrix pricing）、期权调整差价模型（option-adjusted spread models）和基础分析法（fundamental analysis）。

SFAS No.107提出的市场导向公允价值确定原则为金融工具公允价值层级框架奠定坚实的基础。SFAS No.116提出，当市场报价不可获得时，应当采用特定环境下的最佳信息来确定，主要包括相似资产的市场报价、独立估价师和估值技术确定。这表明FASB开始考虑市场的活跃程度和利用独立估价师作为外部来源。SFAS No.121在SFAS No.107、No.115和No.116基础上进一步完善公允价值层级框架，明确提出活跃市场的市场报价是公允价值的最好证据，应当作为确定公允价值的基础（见图4-3）。

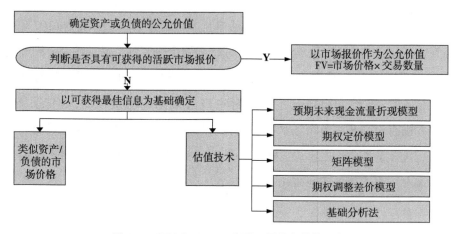

图4-3　SFAS No.121金融工具公允价值层级

SFAS No.123、No.124、No.138、No.140、No.142、No.143、No.146、No.149和No.156均延续SFAS No.121的规定。其中，SFAS No.142、No.143、No.144和No.146特别强调现值技术在估值技术中的地位；SFAS No.149和No.156还突出假设在估值技术的重要性。

4.4.2　SFAS No.157公允价值层级框架

SFAS No.157的重要特征是依据公允价值估值参数而不是估值技术本身的可靠性明确提出层级框架（fair value hierarchy），并据此确定相应的披露水平，以增强公允价值计量的一致性和可比性。《公允价值计量》（征求意见稿）提出三级次法，并在工作稿提出五级次法。但是，考虑到五级次法的可操作性问题，以及与IASB相关准则的一致性，修订工作稿还原为三级次法并最终在SFAS No.157中得到采纳。

　　按照市场参数的可获得性和可靠性，SFAS No.157将估值技术参数划分为三个层级（见图4-4）。❶与以往发布的准则公告相比，FASB更加注重公允价值确定过程中的参数而不是特定的估值技术（技术是中性的），这在一定程度上体现为程序公平而非简单的结果公平。

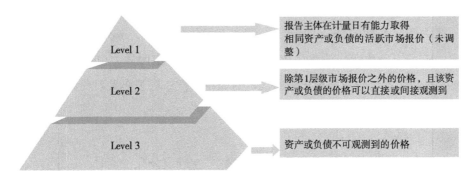

图4-4　SFAS No.157按照参数确定的公允价值层级框架

（1）一级参数（level 1 inputs）。

　　一级参数是计量日报告主体有能力进入市场交易的相同资产或负债的、未调整的活跃市场报价。与已往准则公告相比，SFAS No.157特别强调活跃市场的两种特殊情形：①报告主体持有大量要求进行公允价值计量的相似资产或负债，尽管可能得到活跃市场报价但不能独立获得每项资产或负债的市场报价。❷当采用备选定价方法（如矩阵定价模型）确定公允价值时，备选定价方法的应用只能提供较低层次的公允价值计量。②计量日活跃市场报价不能代表公允价值。例如，

---

❶ SFAS No.157指出，输入参数（inputs）泛指市场参与者可能用于确定资产或负债价值的各种假设，包括对风险的假设和（或）内在于估值参数的风险。参数可以分为两种：①可观察参数，指反映市场参与者可能用于确定资产或负债价格时的各种假设，该参数以独立于报告主体外的其他来源的市场数据为基础。②不可观察参数，指反映报告主体自身关于市场参与者可能依据最佳信息以确定资产或负债价格的各种假设的假设。在采用估值技术确定公允价值时，应当最大限度地使用可观察参数，最小限度地使用不可观察参数。

❷ 特定资产或负债的活跃市场，是指与资产或负债相关的交易以适当的频率和交易量发生，且在持续基础上提供价格信息的市场。

主事人对主事人市场或交易商市场在闭市与计量日之间发生的重大事项可能导致活跃市场报价不能反映计量日的公允价值。当活跃市场报价反映新信息时，所作调整只能提供较低层次的公允价值计量。

（2）二级参数（level 2 inputs）。

二级参数是一级参数外的可直接或间接观察到的参数，主要包括：①相似资产或负债的活跃市场报价；②非活跃市场相同或相似资产或负债的报价❶；③除市场报价外的其他可观察参数，如定期可观察的利率和收益率曲线、波动率、预付进度、损失严重程度、信用风险和违约率等；④主要源于或为可观察市场数据通过相关性或其他方法所佐证的参数（市场佐证参数，market-corroborated inputs）。对二级参数所作调整取决于资产或负债的特定因素，包括资产或负债状况和（或）位置、参数与可比资产或负债的相关性、可观察参数所处市场的交易量和水平。

（3）三级参数（level 3 inputs）。

三级参数是资产或负债不可观察的参数。在确定公允价值时，三级参数应当反映报告主体自身关于市场参与者在确定资产或负债价格时可能运用的各种假设。不可观察参数应当以特定环境下可获得最佳信息为基础。在确定不可观察参数时，尽管报告主体不需要尽各种努力获取关于市场参与者假设的信息，但也不应当忽视在不花费过度成本和努力情况下可以合理获得的市场参与者假设的各种信息。

不同参数级别决定公允价值计量所处的相应层级。随着参数确定中管理当局意图的加强，参数的主观性渐强而客观性减弱。在划分参数级别的基础上，SFAS No.157分别三级参数规定相应的披露水平，以切实解决公允价值计量的可靠性问题，防止管理当局通过操作公允价值确定来进行盈余管理，以向社会公众提供有助于决策的信息。❷

---

❶ 非活跃市场（non-active market），是指：①资产或负债交易清淡，价格不是当前交易价格，或者报价随时间或不同市场发生重大变化；②公众较少得到公开的信息，如主事人对主事人市场。

❷ SFAS No.157规定报告主体增加针对三级参数的公允价值计量。主要包括：①报告主体应用公允价值计量资产或负债的范围；②所用估值技术和假设；③公允价值计量对当期损益的影响。此外，报告主体还应当披露三级参数公允价值计量的期初和期末余额变化。

总之，公允价值计量过程就是持续经营条件下不断获取市场评价和认可的过程。对于市场参与者普遍认可的市场报价具有最高的可靠性，不需要提供详细的披露；对于过多掺杂管理当局主观偏好的估值技术（参数、假设和数据），需要向市场参者提供详尽的披露，以使其更好地认可和接受管理当局基于私有信息所做出的判断。

4.4.3　SFAS No.157与IAS No.39公允价值层级框架比较

IAS No.39（IASB，2004）没有明确提出公允价值计量层级框架。在实施指南中，IAS No.39按照是否存在活跃市场来确定计量的可靠性（见图4-5）。

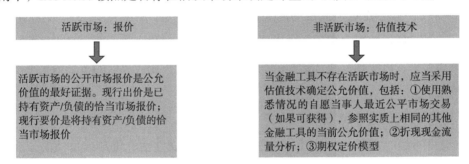

图4-5　IAS No.39公允价值计量

IAS No.39提出的公允价值计量原则与SFAS No.107本质上是一致的。IAS No.39认为，使用估值技术的目标在于确定计量日出于正常商业考虑而进行的公平交换中的交易价格。因此，在确定金融工具公允价值时应当最大限度地使用市场参数。尽管IAS No.39关于估值技术的规定符合SFAS No.157确定的市场价值计量目标，但IAS No.39公允价值计量主要具有下列3个方面的缺陷。

①没有区分不存在活跃市场情况下公允价值计量层级，特别是采用市场法与估值技术而产生的公允价值计量可靠性差异。

②没有详细考虑活跃市场报价不能可靠地代表公允价值的情形，特别是存在不同活跃市场情况下如何选择最有利市场。这主要可能是与IAS No.39公允价值概念的内在缺陷相关。

③适用范围上仅限于金融工具。

《财务报告计量基础——初始计量》（MBFA）（IASB，2005）在借鉴FVM

（ED）的基础上按照是否存在可接受的可靠性水平提出两类四级公允价值计量。

（1）公允价值估计：第1级和第2级。

当满足下列条件之一时，资产或负债公允价值估计在初始计量时具有可和接受的可靠性水平：①第1级（Level 1）：在或临近初始确认时所计量的资产或负债存在相同或相似资产或负债的可观察的市场价格，且可以针对市场交易资产或负债与计量资产或负债的差异和任何时间差异进行与市场预期一致的可靠调整；②第2级（Level 2）：不存在满足第1级条件的可观察市场价格，但在初始计量时存在可接受的模型或技术用于估计所计量资产或负债的市场价格，且所有重大参数反映可观察的市场价格或模型（或技术）内在的决定因素。为了满足第1、2层级要求，有必要对构成市场的关键要素进行界定。MBFA（IASB，2005）指出，市场是熟悉情况、资源和独立当事人的集合，该集合执行充分且广泛的资产或负债交易，以实现反映计量日市场盈利预期或支付相应风险的市场回报率的均衡价格。

（2）公允价值替代：第3级和第4级。

①第3级，现行成本估计：未能以接受的可靠性估计资产或负债的公允价值。在这种情况下，在初始计量时资产以现行成本计量，并假设该金额能够可靠地估计且合理预期可收回；负债以现行对价计量，并假设该金额能够可靠计量且可以合理预期代表所欠金额。

②第4级：显著取决于特定主体预期的模型或技术。当不满足第1、2或3级时，在初始计量时资产或负债应当以可接受的模型或技术为基础计量。在一定程度上可靠的市场基础数据难以获得，计量模型或技术应当采用能够可靠估计的特定主题数据，且该数据不能被证实与可观察的市场预期不一致。

MBFA（IASB，2005）与SFAS No.157公允价值层级框架存在3个方面的主要区别：①划分标准不同。MBFA以是否存在可接受的可靠性水平将公允价值划分为两个层级，SFAS No.157按照是否存在活跃市场报价划分为3个层级。②MBFA将存在可观察的相同或相似资产或负债市场价格予以合并，并将现行成本（重置成本）作为第3层级；SFAS No.157不认同以现行成本作为公允价值的替代。公允价值本质上是市场退出价格，现行成本是进入价格。当采用现行成本计量属性时，可能不满足公允价值计量目标。③MBFA将采用模型或技术确定的估计作为第2层级，SFAS No.157则将其作为第3层级。

4.4.4 建立我国公允价值层级框架的意见和建议

2006年，我国企业会计准则体系建设基本实现了与国际财务报告准则的实质性趋同。在公允价值层级框架方面，CAS No.22承袭IAS No.39的规定。因此，在IASB修订IAS No.39和起草公允价值准则的过程中，我国应当积极借鉴FASB和IASB正在制定的公允价值计量准则，及时补充和完善公允价值层级框架。主要表现在：

①修订CAS No.22中关于公允价值概念和确定方法的相关规定。

②以提高可比性和一致性为目标，提出适用的公允价值层级框架。

③按照可靠性程度，强化对按照估值技术或模型确定公允价值的披露水平，向财务报表使用者提供更加有用的信息。

4.5 小结

本章的主要内容包括4个方面：①公允价值与市场经济、新自由主义经济学的内在关系；②公允价值与英美普通法的逻辑关系；③公允价值的内涵；④公允价值层级框架。公允价值的产生和发展与市场经济的发展程度存在密切联系。20世纪80年代经济自由化尤其是金融自由化极大推动公允价值发展和最终地位的确立，其深层次理论基础在于兴起于70年代的新自由主义经济学，尤其是以Fredman、Lucas和Coase为代表的新自由主义学派。

公允价值是以市场为导向的计量属性，体现市场参与者对资产和负债风险和报酬的偏好，其退出价格目标与新自由主义经济学重视市场的呼声是遥相呼应的，是新自由主义经济学在财务报告领域的具体应用。在法律制度方面，英美法中普通法和衡平法对公平、公正、公开的不懈追求为公允价值的产生和发展奠定坚实的法律保障。体现在各种判例中的公允市场价值和作为司法救济的公允价值无不与普通法系国家对投资者保护存在密切关系。基于对公允价值经济理论和法律制度的分析，本书认为，公允价值内涵和层级都内在地体现着以市场为目标导向的哲学理念。

公允价值的内涵是不断演进的。从ASR No.43（APB，1953）到SFAS No.157（FASB，2006），公允价值的内涵始终围绕市场而不断深化。SFAS No.157提出的公允价值概念更加完善地体现成熟市场经济的理性诉求，如对市场性质和市场参与者特征的描述。相比之下，IAS No.39和CAS No.22关于公允价值的定义有待进一步完善，这可能与所处市场经济的发达程度存在密切关系。公允价值的可靠性因所计量的特定资产或负债而异。为了解决公允价值计量的可靠性问题，充分发挥市场约束作用，SFAS No.157（FASB，2006）按照确定公允价值时所依据的输入参数分为3个层级，并赋予不同的披露水平。

第5章 金融工具公允价值计量

5.1 公允价值计量方法

5.1.1 SFAS No.157公允价值计量方法

建立针对公允价值计量的会计处理和财务报告流程是企业管理当局的责任。虽然在SFAS No.107发布之前，FASB在许多准则公告均提出确定公允价值的原则，但因为不存在普遍适用的公允价值定义，而且准则没有提供可操作性的公允价值计量指南，现实中公允价值计量方法是多样化的，可比性较差。SFAS No.107的重要意义在于以区分4种市场为基础，按照是否存在市场报价创造性地以示例方式提供金融工具公允价值计量方法，包括短期金融工具、衍生工具和贷款以及存款等。然而，SFAS No.107没有制定可操作性的公允价值计量方法，也没有援引资产评估业的估值方法和惯例。

SFAS No.157在实施指南（implementation guidance）中提出可操作性的公允价值计量方法（见图5-1）。

以市场退出价格为导向，SFAS No.157指出，在以公允价值计量资产或负债时，报告主体应当确定4个因素：①计量对象——特定资产或负债（与会计单元（accounting unit）相一致）；②恰当的资产估值假设（与最高和最佳使用相一致）；③资产或负债主市场（或最有利市场）（针对资产，应与最高和最佳使用相一致）；④在考虑数据可获得性情况下适当的估值方法，该数据用于确定代表市场参与者可能用于对资产或负债定价时所用假设的参数，以及参数所处的层级。FASB（2006）认为，应当采用与市场法、收益法/或成本法一致的估值技术来确定资产或负债的公允价值。虽然FASB没有对3种估值方法表示偏好,但在市场导向原则下,FASB可能更加偏好市场法。❶在应用市场法时,针对可观察变量还应当考虑与计量相关的特定数量和实质性因素。当采用收益法如预期未来现金流量折现方法时,应当最大限度地使用市场参与者所用假设(包括违约概率和波动性),而不是报告主体管理当局自身的假设,以尽可能模拟市场交易。❷

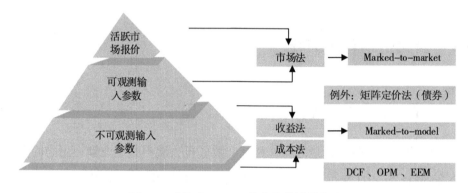

图5-1 SFAS No.157公允价值计量方法

总之,资产或负债公允价值计量按照数据来源可以分为两种:市场基础(marked-to-market approach)和模型基础(marked-to-model approach)。

5.1.1.1　活跃市场条件下资产或负债公允价值计量

市场是实现资源有效配置的制度安排。在有效市场中,市场价格反映市场参

---

❶ 在《专业估值实务统一准则》(*Uniform Standards of Professional Appraisal Practice*)中,市场法、收益法和成本法不存在偏好。当采用其中一种方法时,应当解释不采用其他方法的原因。

❷ 采用作为交换价值的退出价格作为公允价值并不必然排斥使用报告主体管理当局的假设和信息。现实中,在信息不对称情况下,市场参与者用于评估资产或负债公允价值的部分或所有假设只知道很少的信息,或者根本不知道任何信息,而管理当局则通过日常经营管理活动能够及时、准确地获悉"私人信息"(private information)。在这种情况下,按照成本效益原则,报告主体应当运用那些不需要花费过多成本和精力可获得的信息来估计现金流量。此时,运用报告主体管理当局自身关于未来学按金量假设与公允价值估计是一致的,只要没有相反证据表明市场参与者将运用不同的假设。因此,在特殊情况下,使用价值是可以替代公允价值的,尽管这存在严格的限制。

SFAS No.157并不反对使用基于管理当局的假设。当不存在其他最佳信息来源时,可以管理当局假设为基础形成公允价值估值参数。但是,输入参数应当符合成本效益原则,且采用市场参与者普遍采用的数据进行调整。

与者共同预期和风险偏好，包括未来现金流量的发生时间、金额和不确定性。当存在资产或负债的活跃市场时，可获得的市场价格是公允价值的最佳和最可靠的证据，且难以为管理当局操纵。因此，在计量资产或负债公允价值时，应当首先判断是否存在活跃市场。

虽然FASB（1978）认为市场是美国经济中分配资源的重要因素以及多层次市场的存在，但FASB没有明确地界定市场尤其是活跃市场的内涵。[1]在FVM（ED）（FASB，2005）中，活跃市场意味着实际（可观察）交易的市场报价能够容易和连续获取。其中，容易获得意味着价格信息在当前是可接近的（accessible）；连续可获得意味着交易以充分的频率发生，并持续地提供价格信息。在确定市场是否活跃时，重点应当放在特定资产或负债的活动水平方面。金融工具活跃市场报价的主要来源包括：①证券交易所；②交易商市场；③数据服务机构；④财经出版物；⑤估值公司/专家。在确定金融工具的公允价值时，应当考虑其来源的可靠性（见表5-1）。

表5-1 市场报价来源及其特征

市场类型	特征描述	价格信息的可获得性
交易所/拍卖市场	正式组织	收盘价和交易量容易获取
交易商市场	交易商随时进行自营交易，并提供流动性	可容易获取买卖价格
经纪市场	经纪商试图撮合买卖双方，不从事自营业务	有时可获取已完成交易的价格，但买卖双方并不清楚对方的价格要求
主事人市场	当事人之间独立协商确定交易价格和交易量，没有中间机构	很少公布信息

注：交易商市场包括柜台外交易（OTC）。
资料来源：Seidman（2002）.

---

[1] 例如，针对金融工具，SFAS No.107提出4种不同层次的市场，包括交易所市场、交易商市场、经纪商市场和主事人对主事人市场。但是，SFAS No.107也没有给出上述四种市场的一般性概念，只是强调要关注市场的交易频率或只发生在主事人对主事人市场(principle to principle market)的交易。

活跃市场的市场报价是公允价值计量的最佳证据。但是，在确定资产或负债公允价值时，应当区分主市场（the principle market）和最有利市场（the most advantageous market）。主市场是报告主体能够以最大交易量和交易水平出售资产的市场。只有当不存在主市场时，才选择能够实现最大化资产出售金额的最有利市场。需要注意的是，尽管在确定最有利市场时考虑交易成本因素，但在确定公允价值时不考虑交易成本，以充分反映市场参与者共同的预期和风险偏好。

5.1.1.2 非活跃市场条件下资产或负债公允价值计量

当不存在活跃市场［含交易清淡市场（thin market）或主事人对主事人市场］时，公允价值应当区分资产或负债是否存在可观察的市场价格，并按照下列估值技术确定：

（1）市场法（the market approach）。

市场法是指利用相同或类似项目的市场报价，通过直接比较或类比分析来确定特定资产或负债公允价值的方法。市场法将公允价值估计建立在其他可比交易表示的价值的基础之上。但是，应用市场法的难点是寻找相同或真正可比的项目。因此，在确定公允价值时，应当识别重大风险属性及其影响。

市场法的关键假设是被选择的可比交易是"真正"可比的。尽管市场法在很多情况下被优先使用，但却很少存在真正可比的交易。为获得可比性，应当通过比较所选对象与被评估项目之间某些重要方面或其他方面之间的重大差异，对初始估值做出调整。但是，对于权益工具，市场法可能难以有效应用，这主要是因为权益工具所对应的未来现金流量充满特殊性，包括股利支付率和行业特征。

（2）收益法（the income approach）。

收益法是指通过估测资产或负债未来预期收益的现值来判断其公允价值的方法。收益法的基本原理是价值来源于预期的未来收益或现金流。企业应当选择市场参与者普遍认同，且被以往市场实际交易价格验证具有可靠性的估值方法确定金融工具的公允价值。例如，采用估值技术确定金融工具的公允价值时，应当尽可能使用市场参与者在金融工具定价时考虑的所有市场参数，包括无风险利率、信用风险、外汇汇率、商品价格、股价或股价指数、金融工具价格未来波动率、提前偿还风险、金融资产或金融负债的服务成本等，尽可能不使用与企业特定相关的参数，以体现客观性和反映市场预期。

收益法以一系列的假设为基础，某些假设可能对估值结果具有实质性的影响。例如，在采用现值技术进行估值时，相关风险是如何被评估和分配的，是影响未来现金流量，还是影响折现率或资本化率。

收益法主要包括3种方法，分别是现金流量折现模型（the discounted cash flow，DCF）、期权定价模型（option pricing model）（主要是布莱克-斯科尔斯定价模型）和盈利资本化（capitalization-of-earnings）模型。

但是，鉴于大多数金融工具现阶段尚不存在活跃市场，当借助估值模型计量金融工具尤其是复合金融工具时，可能产生因重大假设、数据和估值模型不同等因素所产生的可比性问题。此外，当采用时间序列模型计量金融工具公允价值时，还应当积累一个经济周期的有关市场参与者行为的数据。例如，当估计信用风险时，通常应当积累两个经济周期的违约概率和违约损失率数据。

（3）成本法（the cost approach）。

成本法是指通过确定资产或企业净资产的重置成本来对资产或企业进行估值。一项资产的重置成本是指现在获得或建造具有可比效用的替代性资产将花费的成本（调整过时因素）。确定重置成本的方法主要包括：①持续在用的公允市场价值（fair market value in continued use），指自愿交易各方就所计量项目确定的公允市场价值，包括安装费和使该项目达到经营能力时的费用。②替换成本（replacement cost new），指在估值日一项与被估值项目有着最接近效用的新财产的现行成本。③折旧后替换成本（depreciated replacement cost new），指扣除由于实物折旧、功能过时和经济过时等三项因素导致的折旧后的更新成本。

成本法涉及的假设主要包括：①形成资产价值的耗费是必需的；②资产存在废旧问题；③截至计量日资产的所有成本均已发生。因此，货币的时间价值和通货膨胀都是不相关的。

5.1.2　SFAS No.157与IAS No.39公允价值计量方法比较

IAS No.39在应用指南（AG69-82）较为详细地阐述公允价值计量时应当考虑的主要因素。按照是否存在活跃市场，IAS No.39根据两种情况处理：①活跃市场报价。如果容易且经常地获得金融工具市场报价，并且价格反映实际和基于公平交易的正常市场交易，则视为存在活跃市场。活跃市场报价是公允价值的最好证据。②采用估值技术确定。当不存在活跃市场时，应当采用估值技术计量公允价值，主要包括，使用熟悉情况且自愿交易当事人之间的最近公平交易（如果可获得），并参照本质相同金融工具的现行公允价值；折现现金流量分析和期权定价模型。

与SFAS No.157相比，IAS No.39公允价值计量主要存在下列4个方面的不同。

（1）在确定活跃市场金融工具公允价值计量时，SFAS No.157更加偏向于主市场。只有当主市场不存在时才采用最有利市场；IAS No.39没有提出主市场概念。这可能与美国高度发达的金融市场密切相关，而国际会计准则需要适应不同金融发展程度的国家的需要。

（2）SFAS No.157将公允价值计量可靠性直接与公允价值层级框架挂钩，并赋予相应的披露水平；IAS No.39则没有明确设定公允价值层级框架。在估值方法多样化的情况下，公允价值计量方法易导致信息的可比性问题。

（3）在具体估值方法选择上，SFAS No.157将成本法作为选择；IAS No.39则未提出在公允价值计量中采用成本法。这可能主要是因为前者具有普遍适用性，后者只涉及金融工具。但是，IAS No.39专门针对非活跃市场权益工具及其与之挂钩并须通过交付该权益工具进行结算的衍生工具公允价值确定做出说明。

（4）IAS No.39没有提出确定公允价值的3种方法。活跃市场报价和本质上相同的金融工具可视为市场法，而现值技术则是收益法的重要构成。

5.1.3　现值技术在公允价值计量中的应用

FASB（1985）在SFAC No.5将现值作为5种计量属性；2000年2月，FASB发布SFAC No.7专门就现值技术在会计计量中的应用做出论述。FASB（2000）认为，当现值用于初始确认时的会计计量和新起点（refresh start）计量时，其唯一目的是估计公允价值；现值计量应当努力获取构成公允价值的各种构成因素。但是，在公允价值计量中应用现值技术并不仅仅是确定特定金融工具的现值，而是在满足决策有用性标准下代表资产或负债的某些客观的计量属性。在 SFAC No.7指引下，用于确定公允价值的现值技术在准则公告中得到较为广泛地应用。例如，SFAS No.142 和 No.143 指出，现值技术是估计资产（含净资产组和长期资产）或负债的最佳估值技术。

现值技术本身只是一个计算过程，不是一种独立的计量属性。FASB（2000）认为，会计计量使用现值的目标在于尽可能地获取不同组现金流量之间的差别。[●]因此，现值计量应当包括 5 项要素：①对未来现金流量的估计，或者在更复杂情况下对不同时间的数组未来现金流量的估计；②对这些现金流量金额或发生时间可能变动的预期；③以无风险利率表示的货币时间价值；④包含资产或负债内在不确定性的价格；⑤包括非流动性和市场不完善在内的其他因素。

5.1.3.1　传统现值技术及其主要缺陷

传统现值技术的主要特点在于采用一组单一的估计现金流量和单一与风险相称的利率。

$$PV = \sum_{t=1}^{n} \frac{CF_t}{(1+i)^t} \tag{5-1}$$

式中，PV 表示现值；t 表示第 t 期；i 表示与风险相称的折现率；CF_t 表示第 t 期现金流量。

传统法假设单一利率能够反映对未来现金流量的所有预期和适当的风险溢价。因此，对于具有合约现金流量的资产或负债，折现率包含风险溢价因素。采用传统法是符合市场参与者共同预期和风险偏好的。例如，对正常贷款和证券投资等具有合同现金流量的金融工具，在公允价值计量时可以采用传统法计。

[●] SFAC No.7 提出应用现值技术估计资产或负债公允价值的一般原则：①估计现金流量和利率应当尽可能地反映关于未来事项和不确定性的假设，并将其用于决定是否在一项公平交易中以现金购买一项资产或负债。在这种情况下，采用现值技术确定的公允价值代表资产或负债的价格，并为形成用于现值计量的现金流量和利率提供明确的指导；②折现率应当反映与估计现金流量内含假设一致的假设；③估计现金流量和利率应当是无偏的，且不受所涉及资产（或组）或负债（或组）无关因素的影响；④估计现金流量或利率应当反映可能结果的范围，而不是单一的最可能金额或者最小或最大的金额。

传统法的主要缺陷在于无法解决复杂的计量问题，包括自身和可比项目均不存在市场的非金融资产或负债，以及无法反映未来现金流量发生时间的不确定性。FASB（1978）认为，财务报表应当提供有助于潜在和现实的投资者、债权人和其他使用者由于评价未来现金流量的金额、发生时间和不确定的信息。在传统法下，现值只能反映特定时点金融工具的不确定性，而不能可靠地反映发生时间变动的影响。在现实中，为了获得与风险相称的利率，至少分析在市场上存在并具有可观察利率的资产或负债和所计量的资产或负债。实际上，不同资产或负债的现金流量的性质是存在较大差异的。被计量现金流量的适当利率应当根据其他资产或负债的可观察利率进行推断，且所参照现金流量的特征应当与所计量资产的特征是相似的。这无形中增加了传统法计算现值的困难及其结果可靠性。

5.1.3.2 预期现金流量法在公允价值计量中的应用

FASB（2000）认为，在很多情况下，预期现金流量法是更加有效的计量工具。预期现金流量法的主要特点是通过估计可能现金流量的所有预期和无风险折现率来确定现值。在这种情况下，未来现金流量反映关于发生时间和可能性的概率，通过将现金流量发生时间和金额分别与不同的概率相乘获得期望值（expectation），更加能够体现资产或负债公允价值的整体特征。

采用预期现金流量法能够较为完美地涵盖公允价值的要素，主要表现在：

（1）预期现金流量通过现金流量状态与相应概率充分地反映未来现金流量估计发生时间或金额的不确定性及其可能变动的预期。

（2）资产或负债的本质是未来经济利益的流入或流出，并表现为未来现金的流入或流出。因此，资产或负债的内在风险及其回报可以通过未来现金流量的数量或发生时间来呈现。

（3）折现率采用无风险和无通货膨胀的货币时间价值。

在采用预期现金流量法确定资产或负债公允价值时，如果现金流量发生时间确定，则预期现金流量可以用下列公式表示：

$$E(\mathrm{CF}) = \sum_{i=1}^{n} \mathrm{CF}_i \times P_i \qquad (5-2)$$

式中，i=1，2，…，n；$\sum_{i=1}^{n} P_i = 1$。

示例：2007 年 12 月 20 日，A 银行考虑到 B 公司存在财务困难的客观迹象，合理估计其归还应计利息 100 万元的现金流量分别为 80 万、90 万和 100 万元，相应概率分别为 20%、30% 和 50%。则 A 银行估计 B 公司归还应计利息现金流量预期值为 E（CF）=80×20%+90×30%+100×50%=93（万元）。

在采用预期现金流量法确定资产或负债公允价值时，如果现金流量发生时间不确定，则预期现金流量可以用预期现金流量法计算。

示例：B 公司资金周转出现困难，不能按时归还本金 100 万元。A 银行将此 100 万元逾期贷款分类为可疑贷款。2007 年 12 月 31 日，A 银行估计随着行业景气恢复，B 公司归还 100 万元预期贷款的时间分别是 2008 年或 2009 年 12 月 31 日，相应概率分别为 40% 和 60%。预期现值计算过程如下：

1 年期利率为 6% 100 万元现值：94.34；

概率为 40% 的现值：37.74。

2 年期利率为 8% 100 万元现值：85.73；

概率为 60% 的现值：51.44；

预期现值：89.18。

5.1.4　金融工具公允价值计量的特殊考虑

5.1.4.1　金融资产和金融负债现金流量的确定

金融资产和金融负债占商业银行资产负债表构成的 90% 以上。在资产构成方面，除固定资产、无形资产和递延所得税资产等外基本上都是金融资产；在负债构成方面，除应付职工薪酬和应交税金等外绝大部分都是金融负债。与实体经济产品相比，金融工具的最大特点在于其产品同质性所导致的无限次交易和在交易中创造价值。

金融工具是指形成一个主体金融资产并同时形成其他主体金融负债或权益工具的合约。作为一种具有约束力的合约，在未来现金流量特征方面，商业银行金融工具的未来现金流量具有很强的合同约束力——合同中明示未来现金流量的发生时间和金额，是一种合同现金流量（contractual cash flow）。即使对于不良信贷资产如次级、可疑或损失类贷款，商业银行可以通过借款合同或还款协议等契约有效地约束债务人；衍生金融工具如利率互换、货币互换或交叉互换均可以通过现值技术确定其公允价值；存款负债、发行债券（含次级债和可转换债券）以及卖出回购款项等金融负债也存在固定或可确定的未来现金流量。

商业银行金融工具的确定合同现金流量特征在较大程度上能够运用传统现值技术来确定特定金融资产或金融负债的公允价值。因此，现值技术尤其是传统法在商业以银行金融工具公允价值计量占据重要地位。在确定金融工具公允价值时，应当将重点放在选择与金融工具内涵风险相称的折现率上，而不是未来现金流量估计。但是，这并不排斥对某些特殊项目如减值贷款采用预期未来现金流量法确定公允价值。

5.1.4.2 自有信用状况在金融负债公允价值计量时的考虑

金融资产和金融负债会计处理应当是对称的。[1]金融工具是一种合约权利和义务的共同体。当在计量金融资产考虑信用风险和市场风险等以确定风险溢价时，这些因素同样也应当反映在金融负债计量中。例如，持有固定收益证券的公司在确定公允价值时应当考虑信用风险和利率风险，而信用风险程度则决定发行方所花费的筹资成本和资本总额；对于相同的银行贷款，AAA级客户能够获得比AA级客户更优惠的利率和费率。FASB（2000）认为，没有任何理由在现有资产或负债后续新起点计量和初始计量采取两种不同的观点；如果对资产或负债进行新起点计量，则初始计量时相关信息仍然具有相关性。因此，在

---

[1] SFAS No.110较早地在处理养老金计划投资时考虑如何将发行人信用质量融入交易不活跃养老金计划投资公允价值确定，并指出，当发行人出现财务困难时，某些养老金计划投资所获收入可能小于发行者法定应付的款项。FASB（1992）规定，对于存在重大保险风险的合同进行报告时，必须评价发行者的信用质量，按照SFAS No.5《或有事项会计处理》规定确定应计项目。此外，限定受益养老金计划所持金融工具还应当按照SFAS No.105《具有表外风险的金融工具和信用风险集中的金融工具的信息披露》，进行相应的披露。

但是，也存在一些准则公告如SFAS No.87和No.106在确定负债现值时采用新的计量方法，导致具有相同债务但信用状况不同的两个主体报告相同的账面价值。

现阶段混合计量属性的最大缺陷在于金融资产和金融负债采用公允价值计量的程度存在显著差异。金融资产越来越多地采用公允价值计量，但除交易性金融负债外，绝大多数金融负债采用摊余成本计量，从而人为地造成监管资本或盈利的非经济性波动。

初始确认时，无论是FVA还是HCA，信用风险均计入金融负债公允价值计量。但是，在后续计量时，学术界和企业界对于因自有信用状况恶化是改变金融负债的账面价值存在很大争论。例如，考虑到自有信用风险计量可能导致信用状况恶化的银行显示较为良好的财务状况，BCBS建议，只有市场共同波动的因素（如利率、汇率和权益指数等）才予以考虑，而不应当考虑市场主体的信用状况。

对负债最相关的计量是反映承担付款义务主体的信用状况（FASB，2000）。❶在采用现值技术确定具有特定合同现金流量的金融负债公允价值时，主体信用状况一般体现在折现率选择上，传统法能够有效地计算信用状况金融负债公允价值的影响。在FVA框架下，公允价值计量能够有效地捕捉市场风险和信用风险的内在差异及其变化。但是，当采用公允价值计量金融负债公允价值时，对报告主体自有信用状况的考虑将会产生一种有悖于常理的现象。风险越高，要求的回报率越高。当债务持有者信用质量恶化时，信用风险相应增加，并表现为折现率的提高。在特定现金流量不发生变动的情况下，折现率的提高导致金融负债的现值下降，并产生持有利得。因此，在资产总额及其结构不发生变动的情况下，单纯因为信用状况恶化所导致的折现率的提高就能够增加债务持有者的利得。然而，这只是一种假象。虽然信用质量恶化可能在短时间内产生利得，但从较长时间看，并不能对财务成果产生影响，主要表现为：①信用质量恶化通常表现为预期未来现金流量支付时间或金额（或二者）的不确定性，当采用预期现金流量法时，这种不确定性将导致现值减少。②当债务持有者信用状况恶化时，债权人通常可以通过提高担保水平或提前偿付条款等手段确保贷款安全，并且在发放新贷款时提高利率以补偿可能面临的风险。因此，提高担保水平或利率等增加的损失将抵消负债利得。③信用状况恶化将导致权利在权益持有之间地位的变化，即持有者向发行者转移权益。虽然因为信用状况恶化导致所有者剩余要求权增加，但所有者的有限责任及其与公司的分离不可能导致其代位清偿债务，此时所有者剩余要求权趋向于零。债权人可能因此通过法律手段接管公司，从而发生

---

❶ 主体信用状况对特定负债公允价值的影响取决于主体财务状况所决定的支付能力和保护性条款，如担保情况。

所有者权转移。④信用状况恶化将不可避免地导致债务持有者资本市场地位的下降，这将进一步增加其通过增资或配股等增加资本的难度。⑤信用质量恶化通常源于经营管理不善所导致的资产质量下降；资产质量下降所确认的费用或损失必然抵消因信用质量恶化所导致的利得。

综上所述，信用状况恶化并不能实质上增加企业利得。如果不在金融负债公允价值计量中反映债务持有者信用质量的变化，则必然忽视负债的经济差异，并违反尽可能反映各组未来现金流量之间经济差异的现值计量目标。

5.2 贷款公允价值的确定

贷款是商业银行最重要的资产构成。国际活跃银行客户贷款一般占资产总额的35%~60%，我国10家上市银行客户贷款（含垫款）所占比重平均为56.07%，其中公司贷款占全部贷款的82.73%（见表5-2）。因此，客户贷款定价在很大程度上决定着商业银行经营成果及其趋势，也是银行经营管理水平的重要表现形式。

表5-2　我国上市银行资产、负债和收入构成及利率风险期限　　　　单位：%

项目	深发展	浦发银行	招商银行	华夏银行	民生银行	兴业银行	中国银行	工商银行	建设银行	交通银行	平均值
净利息收入/营业收入	88.91	87.55	84.50	95.69	93.44	96.78	81.80	89.80	92.60	90.80	90.19
贷款利息收入/利息收入	81.58	85.09	79.11	82.90	84.07	71.45	59.88	68.74	71.31	86.65	77.08
存款利息支出/利息支出	70.01	81.35	83.72	76.26	84.95	52.89	85.07	91.66	90.63	85.65	80.22
客户贷款质量和结构											
客户贷款占比	67.27	65.01	58.82	57.00	65.85	51.52	43.88	47.06	51.32	52.94	56.07
公司贷款	78.64	86.44	81.97	89.24	84.67	80.09	76.04	84.57	79.64	86.00	82.73
零售贷款	21.36	13.56	18.03	10.76	15.33	19.91	23.96	15.43	20.36	14.00	17.27

续表

项目	深发展	浦发银行	招商银行	华夏银行	民生银行	兴业银行	中国银行	工商银行	建设银行	交通银行	平均值
不良贷款率	7.98	1.83	2.12	2.73	1.23	1.53	4.04	3.79	3.29	2.01	3.06
减值贷款率			2.12				4.24	3.79		2.53	
客户存款结构											
客户存款占比	91.04	89.63	88.03	85.67	82.65	70.36	84.24	90.25	92.24	87.10	86.12
公司存款	85.55	84.56	59.68	88.47	83.80	90.72	67.75	46.63	53.24	65.30	72.57
零售存款	14.45	15.44	40.32	11.53	16.20	9.28	32.25	53.57	46.76	34.70	27.45
长期存款	6.42	19.57		17.42	19.39						
利率风险重新定价日/到期(较高者)分析											
一年期以下存款	93.97	92.89	96.69	91.69	97.70	96.95	92.43	89.41	92.65	90.44	93.48
一年期以下贷款	88.55	96.45	98.28	65.01	97.07	93.00	97.80	100.00	97.95	67.79	90.19
一年期以下投资	53.80	75,29	74.01	28.14	41.73	40.93	46.37	86.74	47.00	42.30	46.10

注：

（1）公司银行业务是指以法人为对象的业务，主要包括授信（含承兑）、项目融资、贸易融资、租赁和担保以及存款和中间业务；

（2）零售银行业务是指以个人为对象的业务，主要包括个人存款和贷款（如住房按揭和消费信贷）、银行卡和信托等业务；

（3）利率风险重新定价日/到期日较高者是指年度报告中利率风险项下按照期限划分的定价风险敞口。

资料来源：2006年10家上市银行年度报告。

金融工具计量应当反映信用风险。贷款是具有合同现金流量的金融资产。当采用现值技术确定贷款公允价值时，折现率的选择成为关键。在选择折现率时，应当考虑信用风险、利率风险、提前偿付风险、期限和当前市场利率水平等因素。

在采用市场法确定贷款公允价值时，所选择的折现率应当与信用风险、市场风险和提前偿付风险等称的折现率。该折现率是当前市场条件下发放相同信用等级贷款可能适用的利率。此外，在确定贷款公允价值时，还应当考虑不同类型贷款未来现金流量的差异。例如，正常贷款和不良贷款、优质贷款（prime loan）和次级贷款等现金流量均存在差异，这种现金流量差异可能在消费者贷款领域更为明显。❶总之,贷款尤其是商业贷款公允价值确定存在较大主观性且难以科学验证,这也正是在商业银行采用FVA尤其是FFVA面临的重大难题。

从公允价值确定时点来看,贷款公允价值确定可以分为初始和后续计量两个环节。

5.2.1　初始确认时贷款公允价值确定

初始确认时贷款公允价值确定方法可以分为两种:传统法和现代风险定价模型。区分二者的关键特征在于如何更加精确地衡量风险溢价水平。其中,前者侧重于回报,后者则侧重于风险与回报的平衡。

商业银行传统定价模式大致可以分为6种,分别是成本加成定价、基准利率加点定价、成本-收益定价、协商定价、浮动利率定价和综合性定价。从应用范围来看,商业银行较为广泛采用的定价模式是成本加成、基准利率加点和成本收益定价模式。

5.2.1.1　传统贷款定价模式及其分析

5.2.1.1.1　成本加成定价模式

成本加成定价模式认为,贷款定价应当能够弥补为发放贷款所筹集资金的成本和管理费用,以及对可能违约风险的相应补偿。因此,贷款价格应当包括4个部分:①筹集可贷资金的边际成本C_i;②管理费用,主要包括从事放款人员的薪酬和相应的管理费C_m;③违约风险补偿C_r;④向股东提供一定的权益报酬率所必需的预期利润C_p。因此,贷款定价公式可以表示为:

$$P_{\text{loan}} = C_i + C_m + C_r + C_p \tag{5-3}$$

成本加成模式假设银行能够完全地识别和评估为管理贷款所发生的各种直接和间接成本,这需要以较高的管理会计水平为基础,如推行作业成本法(ac-

---

❶ 不同类比的房地产贷款在现金流入方式上存在显著差异。例如,年金方式支付的个人住房抵押贷款显然不同于渐进式(GPM)和"气球式"住房抵押贷款(ballon mortgage)。其中,GPM的还款金额逐渐增加,而"气球式"则前期只付利息,在临近到期时支付大笔款项。根据FRB的功能成本分析(FCA),消费者贷款的成本最高、风险最大,且具有较强的经济周期敏感性。

tivity-based cost，ABC）。但是，随着金融创新水平的加快，特别是结构性金融产品的日益发展，银行难以精确地将各项成本费用分摊到每一笔贷款。其次，成本加成定价在本质上属于成本导向型的管理方式，可能难以有效适应现阶段银行竞争同质化造成资产利润率下降的现状。值得注意的是，许多先进商业银行正在以风险调整收益（RAROC）为基础改良成本加成法，即在坚持成本、风险与收益相匹配原则的基础上，充分考虑资金成本、运营成本、信用风险成本及资本回报要求。

$$P_{\text{loan}} = P_{\text{FTP}} + C_{\text{OC}} + C_{\text{EL}} + R_{\text{ROC}} \qquad (5\text{-}4)$$

式中，P_{FTP} 为内部资本转移价格（fund transfer price）；C_{OC} 为运营成本；C_{EL} 为预期损失；R_{ROC} 为资本回报率。

5.2.1.1.2 基准利率加点模式

基准利率加点定价模式的基本思想是在市场基准利率的基础上，针对不同风险程度的客户和贷款类型以及贷款规模附加以不同的利差水平，表现为一定的点数（points）或乘数（multiple）。市场基准利率通常表现为同业拆借利率（如 LIBOR、HIBOR 和 SHIBOR）或优惠利率（prime rate）。因此，贷款定价公式可以表示为

$$P_{\text{loan}} = R_{\text{b}} + P_{\text{i}} \qquad (5\text{-}5)$$

$$P_{\text{loan}} = R_{\text{b}}(1 + M) \qquad (5\text{-}6)$$

式中，P_{i} 为加点；R_{b} 为基准利率；M 为乘数。

基准利率定价模式是世界各地较为广泛采用的贷款定价模式。例如，新加坡商业银行在确定贷款价格时，主要依据客户信用等级、贷款期限和抵押品等确定相应的利差水平，如针对上市公司美元贷款定价为：SIBOR+0.5%PA−125PA。基准利率定价模式的核心在于依据不同的风险水平确定相应的利差，并借此实现信贷规模的扩张或收缩。例如，银行可以根据贷款质量分别给予关注、次级和可疑贷款 1.5%、2.5% 和 5% 的风险溢价。

与成本加成定价模式相比，基准利率定价模式具有较强的可操作性，且能够快速地适应市场竞争的需要。但是，这种定价方法在一定程度上是一种追随竞争战略，难以保证市场基准利率或优惠利率能够真正弥补银行自身的各种成本，尤

其是资金边际成本。此外，也有赖于金融市场的成熟度，主要是利率市场化程度。

5.2.1.1.3 成本-收益定价模式

成本-收益定价模式的基本思想是从银行与客户整体关系来确定贷款价格，是客户盈利能力分析（customer profitability analysis，CPA）的简化形式。银行从客户整体关系中获取的税前净收益用公式表示为

$$\frac{I - F}{Mn} \tag{5-7}$$

式中，I 为银行从客户处获取的各种收入，主要包括利息、承诺费、现金管理服务费和数据处理费用等；F 为银行为客户提供贷款及其相关服务费用，主要包括员工薪酬、信用调查和评级费、存款利息、账户管理费用、抵押品维护以及筹集可贷资金边际成本；Mn 为超出客户存款的可贷资金净额。

成本-收益定价模式是一种较为科学、全面的贷款定价方法，具有较强的综合性，并充分体现以客户为中心的经营理念。在实际操作中，商业银行可以针对每一个客户来计算净增加值（如 EVA）。当净增加值为正数时，银行可能向客户发放贷款；当净增加值为负数时，银行或者不予放贷，或者提高贷款利率，或者通过提高其他收费来抵补损失以在盈利的基础上维持和发展客户关系。需要注意的是，成本-收益定价模式是以完善的管理会计和信息技术为基础的，银行应当针对每个客户和贷款来分摊管理费用。

5.2.1.1.4 现代风险调整贷款定价模式及其分析

收益应当与风险成正比。风险越高，所要求的收益率越高。现代商业银行风险理论认为，商业银行是经营风险的特殊企业，贷款定价应当充分地反映贷款的内在风险水平，并以此为基础确定适当的风险补偿水平。因此，风险识别和计量成为贷款定价的关键。

信用风险是发放贷款面临的最大风险。商业银行通常在发放贷款、展期以及整个贷款期间不断地评估每笔贷款的信用风险。在授信过程中，商业银行一般还面临与信用风险相关的其他风险，主要包括：①利率风险。贷款期限和重新定价特征等对银行利率风险具有重大影响。②汇率风险。汇率制度及其变动影响借款

者的还款能力。③抵押物风险。抵押物价值下降、无法有效控制抵押物或者其他对抵押物价值造成损害的外部或有事项等均可能使银行面临损失。④操作风险（含法律风险），主要包括不恰当的授权、信贷档案不完备和无法有效实施贷后管理等。⑤集中度风险，主要包括不充分的多样化贷款组合，如行业、地域或者单一客户贷款比例等。

现代风险定价模型可以用公式表示为

$$P_{\text{loan}} = R_{\text{CF}} + R_{\text{AC}} + R_{\text{LOL}} + R_{\text{CLS}} + R_{\text{RP} \times \text{ARI}} - R_{\text{RS}} \tag{5-8}$$

式中：R_{CF} 为加权平均资金成本。R_{AC} 为贷款费用率，包括信用评级、债项评级和抵押品维护等费用，以及回收费用、档案费、法律文书费和贷款人员薪酬等。R_{LOL} 为期限风险溢价。对相同信用评级客户，期限越长，不确定性程度越大，承担的利率风险越大。期限风险溢价与贷款期限成正比。R_{CLS} 为信用风险溢价。针对每个客户的信用评级结果确定相应的信用风险溢价。$R_{\text{RP} \times \text{API}}$ 为贷款内含信用风险溢价。其中，RP 是指风险费用补偿率，通常与贷款类型相关，如农业贷款风险补偿率大于工商企业风险补偿率；ARL 是指统计风险指数，用于衡量各种类型贷款中特定种类贷款的违约风险。贷款内含信用风险溢价与具体借款人无关，与贷款类型、行业、区域、国家宏观经济政策等直接相关，源于银行面临的不可控制风险。R_{RS} 为银行客户关系。银行通常向客户提供包括授信在内的本外币一揽子金融服务，如各种中间业务收入。

现代风险定价模型是以风险和回报为基础的定价理论，能够充分地将贷款的信用风险和其他风险有机地结合在贷款价格中，充分地体现了现代商业银行的本质。但是，现代风险定价理论的实行需要以现代管理会计、信息技术和数理技术为基础。在确定贷款费用率时，银行应当能够清楚地划分变动费用和固定费用，并将费用归属到特定产品和客户；在确定 ARI 时，应当以历史数据为基础采用计量模型计算特定类型贷款的潜在违约风险和违约损失率，这需要银行积极进行数据仓库建设。

在发起贷款并确定贷款价格时，由于市场一般不存在可观测的市场价格，也无法有效地确知每个客户的信用风险水平，并确定与公允价值相一致的风险溢价。因此，初始确认时采用现值技术计算的贷款公允价值，通常是一种基于管理当局私有信息（private information）和风险偏好而形成预期的特定主体价值。❶但是，在无法获知市场风险溢价可靠估计的情况下，或者与估计现金流量可能的计量差错相比金额较小时，初始确认时的贷款估计值可以认为是对公允价值的最佳估计值。

5.2.2　后续计量时贷款公允价值确定

后续计量时贷款公允价值确定主要采用两种方法：①当存在发达的二级市场时，可以参照相同或类似贷款的市场价格做出调整，主要是借款者信用等级、贷款期限和抵押状况等因素❷；②当不存在二级市场时，应当根据现值技术计算贷款的公允价值。

IAS No.39规定，当不存在活跃市场时，主体应当采用估值技术确定金融工具的公允价值，主要包括：①在可获得情况下，使用熟悉情况的交易双方自愿进行的近期独立市场交易，并参照实质上相同的其他金融工具的当前市场价格。②折现现金流量分析。③期权定价模型。在市场计量目标导向下，在计算时应当尽量采用市场参与者普遍采用的市场输入参数和估值技术来计算市场交换价值，而不是特定主体价值（entity-specific value）。为此，IAS No.39-AG79规定应当尽可能地使用市场输入参数。在我国，除发生贷款资产转让行为时可以获取贷款的市场价值外，不存在活跃的二级贷款市场，尤其是住房抵押贷款二级市场及其证

---

❶ 在确定资产或负债公允价值时是否应当反映管理当局预期存在较大争议。一种观点认为,反映管理当局意图的会计计量更加有利于投资者和债权人做出科学决策,其理由主要是:①管理当局能够更加准确和全面地了解业务运行情况;②通过将预期的变化反映在报告收益中能够更加有效地履行报告责任。但是,学术界较为普遍地认为,基于管理当局意图的会计计量不能反映市场参与者的普遍意愿和预期;③不能增强会计信息的可比性,造成相同或者类似资产或负债在不同主体间的不可比。

❷ 美国住房抵押贷款市场分为3类:①优质贷款市场,贷款对象为信用评级在660分以上的个人,所占比例通常为80%以上,月供占收入比例一般不高于40%;②次优级按揭住房贷款,贷款对象为信用评级在620~660之间、信用记录较弱的个人,所占比例为4%~5%,如自雇或无法提供收入提供证明者;③次级按揭贷款,贷款对象为信用评级在620以下的个人,一般首付比例较高、月供占收入比例较高。次级按揭贷款产生于1987年,并在2004年获得迅猛发展,2006年达到6000亿美元,占美国住房按揭市场的比例由2001年的8.5%上升至2006年的11%。从2007年8月起,次级按揭贷款违约率开始上升,引起市场重估值,并导致债券和房地产市场价格下滑。次级贷款证券化及其衍生品创新使得次级债券市场出现危机。

券化。因此，在后续计量贷款公允价值时，主要依据估值模型如现值技术确定贷款的公允价值。

贷款公允价值确定时需要解决的最主要问题是计量可靠性，主要体现在下列两个方面。

①如何根据现行市场利率水平确定使用的折现率；

②如何可靠地确定预期现金流量，包括未来现金流量的金额、发生时间和不确定性（概率），尤其是当贷款处于不良状态时。

无论是确定适用的折现率还是预期现金流量，管理当局意图都将不可避免地影响贷款公允价值的确定过程。因此，管理当局应当在财务报表附注中做出披露，包括计算公允价值的方法及其重要假设。

5.2.2.1　后续计量时采用市场法确定贷款公允价值的考虑

在美国，高度发达的住房按揭证券化市场为确定其公允价值提供可靠的依据。但是，与其他金融资产相比，除住房抵押贷款外的其他贷款（如公司贷款和项目贷款）通常不存在活跃的二级市场，需要更多地借助于具有很强主观性的估值技术来确定其公允价值。现阶段，我国金融机构尤其是银行之间存在一定规模的信贷资产转让市场，交易方式包括回购式和买断式，交易对象主要包括：①政策性银行如国家开发银行；②全国或区域商业银行，如中国民生银行和中信实业银行；③城市商业银行；④合作金融机构；⑤其他金融机构，如信托公司、财务公司和金融租赁公司等。❶

信贷资产转让市场的存在为银行确定贷款公允价值提供了客观依据。在确定贷款公允价值时，银行可以依据当前贷款转让价格来确定适用的实际利率，应当考虑的主要因素包括：①借款者信用评级；②贷款风险类型；③贷款剩余期限；④担保水平。需要注意的是，在确定借款者信用评级时，商业银行应当比较针对同一借款者的信用评级方法和评级结果，确保可比性和适用性。

示例：2007年1月1日，银行对A公司发放年利率为6%的5000万元3年期

---

❶ 信贷资产转让的主要动因包括3个方面：①调整信贷结构，通过提高贷款组合的多样性，有效地降低信贷集中度。②满足流动性需求。商业银行具有借短贷长的经营特点，主要表现在短期存款支持中长期贷款。③避免监管干预，通过将贷款资产转让可以有效地降低加权风险资产总量，从而提高资本充足率。

信用贷款，A公司信用等级为AAA级。2007年12月31日，银行间对AAA级客户2年期贷款优惠利率为7%，或者2年期AAA级公司债券当前利率为7%，则银行可以采用7%确定此贷款的公允价值。

除信贷资产转让提供可观察的市场参照价格外，通过比较相同类型（预期违约率、市场风险和预付风险等）公司债券与贷款的现金流量差异也可用于确定贷款公允价值。国际先进银行一般采用信用违约互换（credit default swaps，CDS）对冲或者内部估值。这主要是因为CDS能够有效地捕捉市场对违约风险的评估。但是，在采用CDS确定贷款公允价值时，仍然需要考虑嵌入期权（如提前偿付风险）和贷款费用等因素的影响，并根据借款人财务状况定期重新定价。当不存在相似公司债券时，可以利用相似借款者所发行债券的市场价格或信用差价，或者根据信用差价期限结构进行调整。

5.2.2.2　后续计量时采用现值技术时对折现率的考虑

对于具有确定合同现金流量的贷款资产，在后续计量过程确定公允价值时，折现率选择是关键因素。

在选择折现率时，银行应当区分借款者信用风险和适用的信用差价（credit spread）是否发生变化区别处理。

（1）当借款者信用状况和适用的信用差价没有发生变化时，银行应当采用反映更好信用质量贷款的基准利率（假设利差不变），并参照贷款发放后该基准利率的变化进行调整。

（2）当借款者信用状况发生变化时，银行应当参照下列主要因素确定适用的市场利率：①货币时间价值；②借款者信用评级；③贷款剩余期限；④贷款币种；⑤市场基准利率或优惠利率；⑥债项评级；⑦提前偿付风险。

针对不良贷款，银行还应当可靠地估计未来现金流量的发生时间、金额及其概率，并在财务报表附注中予以充分披露。

5.2.2.3　后续计量时对变动利率贷款公允价值计量的特殊考虑

随着利率市场化进程的加快，为了抵御利率风险，银行通常在发放中长期贷款时与客户签订变动利率贷款，或在合约中特别约定每年年初按照市场利率重新签订补充合约或者重新协商贷款利率，如可调整利率住房按揭贷款。

对于变动利率贷款，虽然合约利率或者重新定价的利率与同期市场利率相一致，但并不表示贷款的账面价值等于公允价值。这主要因为这种方法的隐含假设是借款者信用状况没有发生变动，即信用差价不变。●因此，当没有发生违约时，变动利率贷款的账面价值近似于公允价值。但是，对于中长期贷款，特别是固定资产贷款，企业和银行面临的经营环境充满不确定性。因此，当确定变动利率贷款公允价值时，应当充分考虑借款者信用状况变化情况，并将此考虑反映在折现率中，或者直接调整未来现金流量。

5.2.3 利率法下减值贷款利息收入确认

5.2.3.1 不良贷款、非应计贷款和减值贷款

不良贷款（non-performing loan）、非应计贷款（non-accrual loan）和减值贷款（impaired loan）分别是从不同角度来看待贷款质量的。

划分贷款是否属于不良的标准是贷款所处的风险状况。当贷款违约或者接近违约而是银行面临信用风险暴露时，可将贷款划分为不良贷款。五级分类框架下，不良贷款包括次级（substandard）、可疑（doubtful）和损失（loss）类贷款。●

划分贷款是否属于应计的标准是按照权责发生制原则贷款利息收入是否能够计入当期损益。当满足一定标准导致贷款应计利息不能计入当期损益时，应当将贷款划分为非应计贷款。●《金融企业会计制度》（2001）规定，贷款逾期（含展

● 信用差价发生变化的情形主要包括：①公司以显著不同的净利率差价发行或清偿相似债务；②担保物的公允价值或担保范围发生重大变化；③外部信用评级发生重大变化；④经营活动、市场价值或经济环境发生重大变化。

❷ 2001年12月，中国人民银行发布《贷款风险分类指导原则》，按照风险程度将贷款进行五级分类。其中，正常是指借款人能够履行合同，没有足够理由怀疑贷款本息不能按时足额偿还；关注是指尽管借款人目前有能力偿还贷款本息，但存在一些可能对偿还产生不利影响的因素；次级是指借款人的还款能力出现明显问题，完全依靠其正常营业收入无法足额偿还贷款本息，即使执行担保，也可能会造成一定损失；可疑是指借款人无法足额偿还贷款本息，即使执行担保，也肯定要造成较大损失；损失是指在采取所有可能的措施或一切必要的法律程序之后，本息仍然无法收回，或只能收回极少部分。

❸ 例如，美国农业信贷管理局（the Farm Credit Administrative, FCA）规定，当出现逾期或当出现下列迹象之一时，表明贷款处于非应计状态：①对贷款合同所有条款考虑后认为未清偿本金和过去及未来应计利息预期难以收回；②除正式重组贷款外，贷款出现注销情况；③贷款逾期90天，且未充分担保和处于回收状态。

期)90天后尚未收回的,应计利息停止计入当期利息收入,纳入表外核算;贷款本金到期后仍未收回的,或在应收利息逾期90天后仍未收回的,冲减原已计入损益的利息收入,转为表外核算。

划分贷款是否属于减值的标准是在资产负债表日出现表明减值的客观证据。SFAS No.114规定,依据当前信息和事项,当债权人按照贷款合约很可能不能收回所有到期金额时,贷款发生减值;IAS No.39和CAS No.22均列举6项证明金融资产发生减值的客观证据❶;CICA3025列举了6项表明可能发生减值的因素。❷

因此,不良贷款主要是从监管角度来看待贷款质量的,而非应计贷款和减值贷款则是从财务会计处理角度来看待贷款质量的,三者之间存在较大的交叉。主要表现在:①非应计贷款存在较为严格的时间期限。逾期90天以上的贷款通常表明存在减值的客观迹象。②五级分类中不良贷款是指存在不同程度信用风险损失的贷款,而这很有可能是由于借款者财务状况恶化所引致的。因此,不良货款是符合IAS No.39所列举的客观减值证据的。此外,在其他减值依据没有数据支持情况下,选择不良贷款作为做贴现现金流测算对象是合理的也是国际商业银行通行的做法。③减值贷款符合条件时可以采用权责发生制计提利息收入。

5.2.3.2 实际利率法下减值贷款利息收入确认及其争论

长期以来,各国金融监管部门、会计准则制定机构和商业银行等金融企业在减值贷款收入确认问题上一直存在较大的争论。

---

❶ IAS No.39规定,表明一项或一组金融资产发生减值的客观证据包括资产持有者注意到的下列损失事项的客观证据:①发行方或债务人发生重大财务困难;②合同违约,如本金或利息违约或拖欠;③出于与借款者财务困难相关的经济或法律原因,借出方同意做出其他情况下不愿意的让步;④借款者很可能破产或者财务重组;⑤由于财务困难,致使该项金融资产的活跃市场消失;⑥可观察数据表明,从初始确认后来自一组金融资产的估计其预计未来现金流量出现可计量的下降减少,即使这种减少不能明确到该组中的单项金融资产。

CAS No.22关于金融资产减值的规定与IAS No.39一致,充分体现了我国会计准则与国际财务报告准则趋同的现实。

❷ CICA3025规定,尽管可以合理确信全部本金能够收回,贷款仍有可能出现减值。借款者或担保者信用状况的恶化可能导致借出者考虑是否发生减值。表明信用状况恶化的因素主要包括:①财务报表表明借款者或担保人当前财务状况下降(特别是流动性)且已为当前年度或近年严重损失所证实,营运资本或现金流量严重不足,或者严重资不抵债;②独立信用报告揭示引起对主体满足持续债务能力的关注;③到期应付利息或本金当前支付出现违约;④未能满足现有债务的合约;⑤信用评级机构确认借款者或担保者信用等级下降;⑥借款者或担保者发行的可交易债务工具市场价值下跌,且与市场利率变化无关。

1993年5月，FASB发布SFAS No.114《债权人贷款减值的会计处理》（*Accounting by Creditors for Impairment of a Loan：an Amendment of FASB Statement No.5 and 15*）。SFAS No.114提出了有关减值贷款收入确认的原则，规定企业应当采用下列两种方法之一确认利息收入：①可归因于时间推移的预期未来现金流量现值的变动，应当在贷款净账面价值的基础上，采用对减值贷款折现估计未来现金流量时的实际利率（the initial effective interest rate）报告为应计利息收入；可归因于预期未来现金流量金额或发生时间的现值变动，应当以贷款减值被首次确认时的同一方式报告为坏账费用，或者报告为采用其他方式可能报告的坏账费用的一个减项。②将预期未来现金流量现值的全部变化以贷款减值被首次确认时的同一方式报告为坏账费用，或者报告为采用其他方式可能报告的坏账费用的一个减项。SFAS No.114的重大创新之处在于区分了导致预期未来现金流量现值变化的两种情形：纯粹由于时间推移导致的折现因子的客观变化和未来现金流量折现估值模型的不精确性导致的主观变化。对于前者引起的变化可以确认为利息收入，而后者引起的变化则确认为费用。虽然现金流量折现模型（DCF）是金融机构管理当局基于当时可获得信息所作出的最佳估计，但是在折现率选择和未来现金流量及其概率估计方面不可避免地存在不确定性，容易为管理当局所操纵。因此，SFAS No.114进一步规定，企业也可以不加区别地全部作为费用来进行简化处理。但是，SFAS No.114的发布遭到了许多财务报表的编制者——金融机构的强烈反对，金融监管部门如美国联邦金融机构检查委员会（FFIEC）农业信用管理局（FCA）等也持消极态度。例如，FFIEC宣布，现行关于非应计贷款的收入确认规定继续有效。❶针对准则实施过程中存在的一系列问题，1994年10月，FASB发布SFAS No.118《债权人贷款减值的会计处理：收入确认和披露》（*Accounting by Creditors for Impairment of a Loan：Income Recognition and Disclosures—an Amendment of FASB Statement No.114*）。SFAS No.118的最主要内容是撤销了SFAS No.114

---

❶ 成立于1979年10月的美国联邦金金融机构检查委员会(FFIEC)，是根据《金融机构管制和利率控制法案》(1980)和《金融机构改革、复兴和加强法案》(FIRREA)(1989)实施检查职能的一个特殊法律目的实体。FFIEC的主要职权在于：①制定有关金融机构检查的原则、准则和报告形式；②协调和统一监管部门的监管标准和检查活动，并对监管人员进行培训；③协调和统一联邦监管机构和各州金融监管部门的监管政策和活动。

第17段规定的收入确认方法，规定金融机构可以根据监管要求或实务惯例选择恰当的收入确认办法，如采用成本回收法或采用现金收付制，但是必须披露其是如何确认减值贷款利息收入的。

资产的价值表现为预期未来现金流量的现值。作为金融资产的重要部分，贷款的价值表现为在贷款期间内一系列合同现金流量的现值。采用SFAS No.114规定的第一种方法确认的利息收入等价于持有贷款的收益，在性质上与持有存款或债券取得的收益是一致的，且在数量上等于期初贷款账面价值与初始有效利率的乘积；同时，每个资产负债表日对剩余合同期间发生的未来现金流量及其概率进行估计，确定折现值，并将原账面价值调整至该折现值。调整的差额表现为前期和当期预期未来现金流量的差额与初始有效利率的乘积，因此，这种差额纯粹是由于管理当局对债务人未来现金流量估计的产物。上述分析表明，采用SFAS No.114确定的利息与经济和金融理论关于利息本质的论述是一致的，而调整后的期末贷款账面价值表现为未来预期现金流量的现值，是符合SFAC No.6关于资产本质定义的。此外，贷款采用公允价值计量存在许多难以解决的技术性问题。例如，如何选定与债务人信用等级相适应的风险补偿率，目前贷款按照摊余成本（amortized cost）计量属性，并定期采用公允价值〔或可实现金额（estimated real-izable amount）〕进行减值测试。因此，以预期未来现金流量折现为基础来进行减值测试并确认相应的利息收入是与资产定义及其财务实质一致的，也是符合决策有用计量观要求的。此外，SFAS No.118的发布，充分说明会计准则的制定是一个各方利益相关者相互博弈的过程。

在银行监管方面，1998年10月，巴塞尔银行监管委员会（BIS）发布咨询稿《贷款会计处理、信用风险披露和相关事项的健全实务》（*Sound Practices for Loan Accounting, Credit Risk Disclosure and Related Matters*）。该咨询稿基本上沿袭了SFAS No.114的收入确认原则，但不同之处在于两个方面：一是不区分预期未来现金流量现值变化的具体原因，二是在确认利息收入的同时等额确认一项减值准备。1999年7月，BIS发布《贷款会计处理和披露的健全实务》（*Sound Practice for Loan Accounting and Disclosure*）。文件原则上规定，一旦贷款发生减值，应当停止按照合同条款确认利息收入。但是，在考虑其他国家实务的情况下，也允许将现值的变化在利润表中确认为对贷款减值准备的调整。值得注意的是，2005年11月，巴塞尔银行监管委员会再次发布咨询稿《健全的信用风险评估和贷款估值》（*Sound Credit Risk Assessment and Valuation Loan*）。该咨询稿将取代上述文件。但是，咨询稿只是提出了10条原则，并未涉及减值贷款的会计处理和收入确认问题。2006年6月，BIS发布了《有效的贷款风险评估和估值》，回避了减值贷款利息收入的确认问题。

5.2.3.3　我国商业银行减值贷款利息收入确认及其主要问题

《金融企业会计制度》（2001）规定，金融企业的会计核算应当以权责发生制为基础。但是，当应计贷款转为非应计贷款（贷款本金或利息逾期90天没有收回的贷款）时，应将已入账的利息收入和应收利息予以冲销；从应计贷款转为非应计贷款后，在收到该笔贷款的还款时，首先应冲减本金；本金全部收回后，再收到的还款则确认为当期利息收入。因此，这种方法从性质上类似于现金收付制基础上的成本回收法，符合商业银行稳健经营的会计处理原则。但是，需要注意的是，《金融企业会计制度》（2001）规定的收入确认方法与国际会计准则和美国公认会计原则（GAAP）之间是存在根本差异的。这种差异集中表现在两个方面：一是计量基础不同。国际会计准则和美国公认会计原则贷款的计量基础是摊余成本，我国则是历史成本。二是采用的利率不同。国际会计准则和美国公认会计原则采用的是贷款发放时的实际利率，而我国金融企业会计制度则采用合同利率。实际利率与合同利率的根本区别在于两个方面：①是否考虑了时间价值因素，②是否考虑了贷款发起过程中收取或支付的费用和溢折价等因素。

从年报披露情况看，我国上市银行在按照国内会计准则和会计制度确认非应计贷款利息收入时均采用收付实现制，如深发展在2005年度报告中披露："利息收入，贷款到期（含展期，下同）或其应收未收利息到期90天以上尚未收回的，其应计利息停止计入当期利息收入，纳入表外核算；已计提的应收未收利息，冲减当期利息收入，转做表外核算。表外核算的应计利息，在实际收到时确认为收款期的利息收入。非应计贷款收到还款时，先冲减贷款本金，本金全部收回后收到的还款确认为收款期的利息收入。"但是，这些上市银行在披露按照国际财务报告准则编制的财务报表时，却存在一定的差异。具体表现在：①利息收入确认原则：深发展和浦发银行均指出"利息收入按照权责发生制的原则并考虑实际收益率确认"，民生银行和华夏银行指出利息收入按照实际利率法确认，而招商银行则指出按照实际利率或浮动利率以权责发生制为基础确认利息收入；②减值贷款利息收入披露（见表5-3）。

表5-3　上市银行减值贷款利息及其占全部贷款利息收入比重

年度	深发展		浦发银行		华夏银行		民生银行		招商银行	
	数额 /百万元	占比 /%	数额 /百万元	占比 /%	数额 /百万元	占比 /%	数额 /百万元	占比 /%	数额 /百万元	占比 /%
2004	409	5.38			213	2.80			108	0.64
2005	429	5.73	229	1.24	238	2.37	123	0.72	260	1.23
2006	560	5.67	239	1.02	266	2.18	138	0.60	222	0.83
2004	`128	1.42	1431	5.06	650	0.59	9876	6.17	644	0.70
2005	150	1.25	740	2.04	809	0.64	8349	4.76	529	0.48
2006	190	1.07	553	1.22	941	0.61	1890	1.01	628	0.49

注：
（1）境内数和境外数分别是指按照国内会计准则和会计制度与国际财务报告准则编制的数据；
（2）深发展和浦发银行只在"分部报表"中披露利息收入构成，没有专门就利息收入构成在附注中披露；
（3）深发展2004年数据为财务报表重编数；
（4）北京银行、南京银行和宁波银行均为2007年度新上市银行，本表未列示。
数据来源：2004、2005和2006年银行年度报告和招股说明书。

　　5家上市银行均只在按照国际财务报告准则编制的境外数据中披露了减值贷款利息收入的确认情况，并同时在附注"净利息收入"项目和"贷款损失准备"（做冲回处理）项目中披露减值贷款利息的计提情况。

　　表5-3的数据进一步表明，除民生银行未披露减值贷款利息收入外，深发展、交通银行和中国工商银行减值利息收入占全部利息收入的比例较大。此外，除招商银行外，披露减值贷款利息收入的其余两家上市银行计入"利息收入"项目和"贷款损失准备"项目的具体数额一致。例如，2005年招商银行计入利息

收入项和贷款损失准备项数额分别为2.60亿元和2.44亿元。

总之，我国上市银行在减值贷款利息收入确认和披露上存在较大的差异。一些上市商业银行的减值贷款利息收入确认与计量会计实务与巴塞尔银行监管委员会以及加拿大特许会计师协会等国家的规定则是一致的，在一定程度上体现了决策有用计量观的要求。但是，这种列报和披露的差异在一定程度上削弱了上市银行财务数据的可比性，也不利于加强监管以促进上市银行的稳健经营。

5.2.3.4 完善我国商业银行减值贷款利息收入确认的意见和建议

贷款是金融机构尤其是商业银行最重要的金融资产。资产的实质特征在于能为金融机构带来表现为现金流量的未来经济利益。Moonitz和Sprouse（1963）指出，资产的利益是预期的，或者具有是未来性的，这表明资产必然包含一定的不确定性。具体到贷款，则表现为利息或本金现金流的金额、发生时间和内在风险大小的不确定性。但是，减值贷款产生的根本原因在于商业银行在贷款发放时难以可靠地把握债务人财务状况和宏观经济总体趋势。因此，减值贷款的存在一定程度上具有客观必然性。

决策有用计量观要求在不影响可靠性的前提下，资产负债表大量地采用市场价值或公允价值计量属性。但是，由于不存在活跃的贷款交易市场，而不同债务人的风险千差万别，贷款的公允价值在一定程度上难以可靠计量。例如，在进行减值测试时，因为难以发现等价（如期限和风险等）的市场风险利率，适用利率为初始计量时的有效利率。

基于上述考虑并结合稳健主义原则的要求，在确认减值贷款利息收入时，商业银行可以进行三个步骤的会计处理：①在有客观证据表明贷款发生减值时，应当将贷款的账面价值减计至预计未来现金流量（不包括尚未发生的信用损失）的现值，并将减计的金额在当期损益中确认为资产减值损失；相应地，前期已确认但未收回的应计利息应当冲回。②当全部合同本金和利息的可收性不存在疑问时，将摊余成本的期间变化划分为两部分：一是在假设预期未来现金流量的发生额和时间不变的情况下产生的变动额确认为当期利息收入；二是预期未来现金流量的发生额或/和时间等发生变化所导致的变动额确认为对减值准备的调整，其中前者可以采用期初摊余成本乘以原贷款实际利率计算得出。在不确认利息收入的情况下，也可以不再区分摊余成本变化的具体原因，一律调整贷款减值准备。③只有当减值贷款合同本金和利息都不存在逾期和未偿付的情况时，且预期能够及时收回剩余本金和利息的情况下，或者得到充足担保（well-secured）且处于回收过程（in the process of collection）时，问题贷款才能恢复为正常贷款，并按照正常程序确认利息收入。在判断全部合同本金和利息的可收回性时，银行应当至少考虑4个方面的因素：①借款人过去的贷款历史；②借款人的近期现金流量；③当前经济环境和行业状况的影响；④其他还款来源，包括动产担保和其他担保物权。

将贷款摊余成本变化中的时间价值部分确认为利息收入主要是基于两个方面的考虑：一是贷款账面价值的后续变化纯粹是由于时间推移而产生的客观变化，符合现代财务理念；二是通过在财务报表中确认利息收入可以反映银行对维持现有信贷政策以及合同本金和利息完全可收回性的信心，并且向客户传达了其对贷款账面价值所拥有的追偿权。但是，基于稳健会计原则的要求，为防止虚增收入以产生盈余操纵问题的发生，也可将摊余成本的全部变化调整减值准备。

为了向财务报告信息使用者提供有助于其决策的信息，按照充分披露的原则，商业银行应当充分揭示与减值贷款收入确认相关的信息，以减少决策错误的可能性。在具体披露形式上，银行应当披露近三年4个方面的减值贷款收入信息：①减值贷款收入确认的会计政策；②减值贷款数额；③确认的减值贷款利息收入总额；④按照成本回收法或其他方法等分别确认的减值贷款利息收入。

5.3 客户存款公允价值的确定

存款是商业银行最重要的资金来源，一般占总负债的85%左右。●从来源上

● 截至2006年12月31日，我国10家上市银行存款占总负债比重为86.12%，其中，中国建设银行为92.24%，兴业银行为70.36%。

看，存款可以分为储蓄存款和企业存款；从期限看，可以分为短期存款和长期存款，其中前者包括活期存款和通知存款等。**❶**

存款一般属于利率敏感性负债。在确定存款公允价值时，一般需要考虑期限、市场利率、名义利率和初始存款额以及信用质量等因素。但是，考虑到显性（设立专门存款保险公司）或隐性（如国家控股或政策扶持等）存款保险制度的存在，在计算存款公允价值时可以忽略银行信用质量的影响。

5.3.1　定期存款公允价值确定

定期存款是指存款期限固定的存款。现阶段，我国银行类存款机构人民币定期存款按照年限划分为：3 个月、6 个月、1 年、2 年、3 年和 5 年等 6 个档次。定期存款按照来源可以分为储蓄定期存款和企业定期存款。与活期存款相比，定期存款的最大特点在于期限和利率固定或者可确定。因此，采用现金流量传统法能够有效地计量定期存款的公允价值。

在市场价值导向法下，定期存款公允价值应当是计量日银行出售（假设银行可以自由地在金融市场转让所吸收的存款），或者清偿该定期存款负债可能收到或支付的金额。因此，初始计量时，市场利率与票面利率通常是一致的；在后续计量时，折现率应当选择与相同剩余期限相同的存款的市场利率，这主要是因为只有剩余期限才是受让银行实际可以利用的期限。

定期存款公允价值可以按照下述公式计量（单利法，下同）：

$$FV_{termdeposit} = \frac{P(1 + n \times i)}{R} \tag{5-9}$$

---

❶ 在美国,存款类金融机构可以至少提供 31 种存款(Ross 和 Hudgins,2007)。这些存款按照性质可以分为两种:①交易(支付)存款,主要包括无息活期存款、有息活期存款(如可转让支付命令 NOW、自动划拨服务 ATS、货币市场基金账户 MMDA 和超级可转让支付命令账户 SNOW;②非交易(储蓄或节约)存款,主要包括储蓄存款(含存折储蓄存款)、定期存款和定期存单(CD)、个人退休账户 IRA 等。其中,定期存款最短期限为 7 天,不满 7 天不得提取存款;期限主要有 30 天、60 天、90 天和 180 天。

美国银行存款按照是否付息还可以分为付息账户和非付息账户。其中,前者只要是 NOW 和 SNOW;后者包括代理存款、工商企业存款、消费者个人存款(不含 NOW 和 MMDA)、公共存款、信托存款和银行本票等。

式中，P 为初始存入金额；n 为剩余年限；i 为票面年利率；R 为计量日剩余相同期限定期存款市场利率。

①初始计量时：$i=R$；

②后续计量时：R 的选择取决于剩余年限 n。

示例：A公司2007年1月1日存入100万元定期存款，期限2年，票面利率为3%，到期一次还本付息。2007年12月31日，2年期定期存款市场利率为4%。假设不考虑提前支取情况，则该定期存款公允价值计算如下。

2007年1月1日，100万元定期存款公允价值为 $FV_{term\ deposit}=100\times（1+2\times3\%）/（1+2\times3\%）=100$（万元）。

2007年12月31日，100万元定期存款公允价值为 $FV_{term\ deposit}=100\times（1+2\times3\%）/（1+1\times4\%）=101.92$（万元）。

在计算定期存款公允价值时，应当注意3个问题：①当采用年利率时，应当将剩余年限折算为相应的年数；当采用日、月或季度数时，年利率相应地折算为实际日数、月数或季度数。②分子为银行因承担该定期存款而实际支付的现金流量。③当计量日距到期日足够近，导致折算的剩余期限市场利率实质上近似于挂牌活期存款利率，或者剩余期限不满3个月时，定期存款公允价值可视同等于到期实际应付金额。

5.3.2 活期存款公允价值确定

活期存款是指可以随时支取的存款。活期存款的主要特点在于存款期限不确定。为了满足存款者随时提取存款的需要，银行类存款机构一般通过持有具有高度流动性的金融资产如库存现金或存放中央银行超额准备金等来维持一定的流动性。

虽然活期存款在性质上可以随时支取，但在频繁发生活期存款存取的过程中，存在相当部分具有相对稳定性的活期存款。这部分实质上具有长期性质的活期存款（持续期不为零），可能源于银行的信誉和规模以及长期客户关系所产生的安全性。这种长期稳定客户关系和信誉等市银行等存款类金融机构维持核心竞争力的关键，具有无形资产性质。尽管在确定金融负债公允价值时应当考虑债务持有者的信用质量，但商誉属于无形资产，不属于金融工具，且难以有效地在活期存款公允价值计量中考虑商誉因素对折现率的影响。因此，在估计活期存款公允价值时，不应当考虑商誉对活期存款公允价值的影响，应当将计量日随时应付的金额作为活期存款的公允价值。❶

但是，鉴于长期客户关系或银行信誉等因素导致银行能以较为低廉的成本吸收这些活期存款，且活期存款所具有的相对稳定性（持续期非零），在计量日活期存款公允价值通常低于账面价值。

5.3.3 核心存款无形资产公允价值确定

5.3.3.1 核心存款构成

为了更好地实现股东财富最大化，银行更愿意持有低成本的活期存款和相对稳定的定期存款，以期作为商业银行利润和发展的源泉。截至2006年12月31日，我国10家上市银行存款企业存款与储蓄存款构成比例基本保持在7：3。其中，企业存款85%以上为活期存款。这些存款中存在相当的核心存款（core deposit）。货币监理署（OCC）认为，核心存款是指具有稳定客户关系的存款。具有稳定的长期客户关系是核心存款的坚实基础。经验研究表明，核心存款的实际期限为5年或者6～8年（Chambers，1993）。这种长期、稳定的客户关系的存在致使存款者愿意将其存款托付银行使用而并不十分关心市场利率变动的影响，其利率敏感程度较弱，而对服务质量和服务便利高度敏感。❷在美国，核心存款账

---

❶ SFAS No.107规定,对于不存在明确到期日的存款负债,所披露的公允价值等于报告日随时应付的付金额(amount payable on demand)。IAS No.39第49段规定,具有随时支取性质的金融负债(如活期存款)的公允价值,不应低于随时应付金额从可以要求偿付的第一天起折现的现值。这一结论与IAS No.32的规定是一致的。IASB(2004)认为,在许多情况下,具有活期特征的金融负债的可观察市场价格是由客户和接受存款者(deposit-taker)初始发生时的价格[请求偿付额(the demand amount)]。以低于请求偿付额的金额确认具有活期特征的金融负债将导致负债发生伊始就产生利得,这从常理上看是不合适的(参见金融工具公允价值计量的特殊考虑)。

❷ 核心存款具有3个基本特征:①核心存款利率低于市场利率,如一年期存款利率或国债利率。②从短期来看,核心存款具有利率黏性——短期内对利率变动不敏感,存在时滞效应。③从长期来看,核心存款利率调整时间上呈现不对称现象:当市场利率上升时,核心存款利率相对稳定;当市场利率下降时,核心存款利率随之下降。许多学者力图解释这种利率调整不对称现象,但现阶段尚不存在令人信服的理论解释。

户通常包括个人活期存款（PDDA）、企业活期存款（CDDA）、储蓄账户、可转让支付命令（NOW）和货币市场存款账户（MMDA）。这些账户通常是为交易而持有的，是交易性存款的重要组成部分。

5.3.3.2　核心存款公允价值确定原则

核心存款主要用于交易支付，具有相对期限长、对利率敏感度低和相对稳定等经济特征。但是，现阶段，国内外存款市场竞争相对不充分和不完全，不存在活跃的二级市场。因此，核心存款公允价值无法直接获取活跃市场报价，或者通过市场法参照相似期限的存款确定（当存在相对活跃的可转让存单市场时，可以参照相同期限的大额存单市场利率确定）。因此，核心存款公允价值的确定主要采用估值技术，尤其是现值技术，这主要是因为作为金融负债的核心存款具有强制性合约性质，其现金流出金额是固定或者可确定的。核心存款公允价值确定的关键问题在于如何评价其有效期限。虽然存款者可以随时提取存款导致核心存款理论期限为零，但其通常具有较长的沉淀期。但是，在遭遇宏观经济波动、资产质量恶化或监管环境变化时，商业银行可能因为核心存款的快速提取而陷入流动性危机。

与定期存款相比，核心存款构成只是具有活期性质的储蓄和企业存款。虽然核心存款整体上期限相对较长，但单项核心存款的期限却是高度不确定的。这进一步决定无法确定核心存款本金和利息流出的确切时间。因此，传统现值技术可能难以有效地估计核心存款的公允价值。通过统计模型估计每一类别核心存款的相对期限，预期未来现金流量折现技术能够较好地获得其现金流出时间及概率。

5.3.3.3　核心存款无形资产公允价值确定

核心存款无形资产（core deposit intangible，CDI）最初源于20世纪80年代S&L A危机所产生的并购活动。国外学者在确定核心存款现值时研究发现，核心存款具有溢价效应。核心存款具有很强的无形资产性质。针对征求意见稿评论者对存款负债估值时长期客户关系价值的关注，SFAS No.107规定，在估计存款负债的公允价值时，不应当考虑与存款者长期关系的价值（即核心存款无形资产）。FASB（1991）认为，核心存款无形资产属于无形资产范围，不属于金融工具。

但是，FASB（1991）并不禁止金融机构单独就任何非金融的有形或无形资产和非金融负债估计进行披露。❶

资产的本质是未来经济利益流入。CDI引起法院、税务机构和商业银行之间巨大争论的主要原因是产生CDI的主要动因是预期交易而非过去交易，且难以控制。但是，这些产生商业银行资产和负债的预期交易本质上源于过去交易行为所产生的长期、稳定的客户关系，且商业银行能够有效地通过控制客户关系而控制这些预期交易所产生的经济价值。存款者可能因长期、稳定客户关系的存款而对利率敏感性降低，导致不提取原有存款、以新存款代替原有存款或者增加存款。在银行并购过程中，并购者预计因获取存款者资金而支付对价以获取CDI，且CDI价值只有在并购银行用于未来经营时才实现。因此，这种与核心存款直接相关的长期、稳定的客户关系是满足资产确认标准的。FASB在SFAS No.72中认可CDI的资产性质，SEC、OCC和FDIC等监管机构均有条件地在资负债表中确认CDI。例如，OCC在第146号银行公告（Banking Circular）和检查公告EC-246（*Examining Circular*）允许国民银行确认CDI并要求在10年内摊销。但是，国内税务署（IRS）和税收法庭不情愿地认可CDI，这主要是因为对CDI的确认及其摊销将不可避免地导致计税基础的降低。从法院判决来看，诉讼失败的主要原因是商业银行未能可靠地分离CDI和商誉，以及可靠地确定CDI的有效期限。

核心存款无形资产与商誉是存在较为显著差别的。主要表现在5个方面：①核心存款无形资产属于可辨认无形资产，商誉为不可辨认无形资产；②核心存款无形资产存在较为确定的预期年限，商誉通常无法可靠地确认预期年限；③核

---

❶ SFAS No.72《银行或储蓄机构特定并购活动会计处理》规定，在以购买法并购银行或储蓄机构时，如果获得的无形资产可以独立地辨认，且其公允价值能够可靠地确定（体现在公允性和可验证性中），则应当将被并购企业的部分成本分配给独立的可辨认无形资产。与存款者或借款者的关系相关的无形资产的公允价值应当以并购日存在的那些关系的预期收益为基础，而不应当考虑可能替代的新存款人或借款者的关系，这些已辨认无形资产应当在这些关系的预期年限内予以摊销处理。SFAS No.72关于存款者与银行长期客户关系价值的规定具有3个主要特点：①客户关系无形资产公允价值确定应当以并购日客户关系的预期收益为基础，表现为一种长期稳定客户关系及其存款构成银行超额盈利的源泉之一；②只应当考虑并购日存在的被并购银行与其原有客户的关系价值，而不考虑并购银行或并购日后新存款者与并购银行的客户关系的价值；③因客户关系形成的无形资产应当在预期存在年限内摊销。

心存款无形资产应当在关系存在的预期年限内摊销，商誉应当在不超过40年的期限内摊销（APB第16号意见书和SFAS No.72），或者进行减值测试（SFAS No.141和No.142）**❶**；④确认核心存款无形资产的主要目的在于抵减并购税收效应，特别是税收法庭认可核心存款无形资产作为可摊销的无形资产**❷**；⑤商誉来源于良好的管理水平、具有竞争优势的产品或服务、劳工关系或者地理位置等，其本质是超额盈利能力。核心存款无形资产来源于与特定存款者之间的良好客户关系，其本质是可识别的良好、稳定的客户关系。

核心存款无形资产所用估值方法主要有3种：①历史成本法（historical development cost approach）；②成本节约法（cost saving approach）；③未来收益法（future income approach）。前者属于成本法范畴，后二者都属于收益法范畴。主要差别在于前者从成本节约角度衡量节约的筹资成本支出，主要是因为通过并购所获的低成本存款能够有机会创造增量收益是大部分银行并购的主要动因；后者直接计量核心存款创造的价值。

在市场价值导向下，核心存款无形资产公允价值确定应当采用收益法，特别是采用未来收益法**❸**。

---

❶ 需要注意的是，美国税收总署（IRS）认为，CDI与商誉并不存在显著的差别。虽然稳定的客户关系具有经济价值，但从历史发展角度看，CDI是商誉的组成部分。IRS对CDI的关注主要是出于纳税目的，旨在防止通过确认CDI及其摊销来产生应纳税抵扣额。为此，IRS一般通过3个方面来抵制并购银行确认CDI：①包含在核心存款中存款类型的不恰当性；②采用成本节约法（cost-savings approaches）时错误的筹资成本；③存在缺陷的统计数据。总之，IRS在认可CDI存在价值的同时，对其确认的可靠性提出严格要求，尤其是并购方应当建立全面和充分纪录的核心存款估值方法和统计基础。

❷ 在Midlantic案例中，税收法庭承认失败银行具有的吸引存款者的权利是一种具有有限期限的可摊销无形资产；在Banc One案例中，税收法庭认为并购方在确认核心存款无形资产时采用的方法上不恰当的，尽管法庭承认其存在的合理性；在Citizen & Southern银行案例中，法庭判决认为，核心存款无形资产与商誉是相互独立的，并且允许在联邦所得税中摊销核心存款无形资产。

❸ 成本法的关键在于确定银行为吸收核心存款而实际支付的成本，包括建立分支机构、虚拟网点（如网上银行和电话银行等）和广告等。但是，成本法的可操作性较差，主要表现在：①难以有效地将吸收存款发生的成本与其他成本区分，以及在不同存款之间分摊；②难以有效地识别特定成本与相关客户的关系。成本节约法假设核心存款的存在致使银行能够以更加低廉的价格获取稳定的资金来源，包括利息成本、账户维护费用（见向客户收取的费用）和存款自身的废值（runoff）。这些与核心存款相关的成本在估值日按照反映备选资金来源的收益率曲线（如存单）的市场利率折现。实际成本与机会成本的差异构成核心存款的价值。现实中，因为零售市场CD收益率曲线一般难以获得，通常以零息票债券的收益率曲线代替CD收益率曲线。

采用未来收益法确定核心存款无形资产的关键问题在于3个方面：

（1）识别核心存款的构成。从美国银行业发展和监管实践来看，核心存款主要有用于交易支付的存款构成，特别是无息DDA和NOW账户。例如，货币监理署（OCC）以活期和储蓄账户为基础来确定核心存款构成。❶

（2）采用统计模型精确地估计核心存款的生命期限。❷与商誉相比，核心存款无形资产依附于特定的核心存款账户。现实中，估计核心存款预计期限的最佳做法是使用银行自身的数据，这要求银行必须建立完整和精确的账户纪录。在计算核心存款的预期寿命时，应当区别核心存款的具体种类处理，如企业存款和储蓄存款。

（3）采用成本节约法或未来收益法确定核心存款无形资产公允价值。当采用未来收益法计算核心存款无形资产公允价值时，应当按照3个步骤计算（见图5-2）。

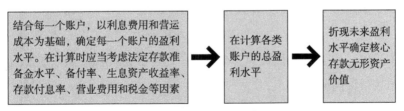

图5-2　核心存款无形资产（CDI）公允价值计量

❶《人民币利率管理规定》规定，中国人民银行有权制定金融机构存贷款利率、优惠利率、罚息利率和利率浮动幅度。与美国银行业相比，现阶段，我国金融机构对所有储蓄存款和企业存款支付利息，尤其是对活期存款支付利息。但是，考虑到核心存款的主要功能在于交易支付，本书仍将活期存款（含储蓄和企业）界定为核心存款的重要组成部分。

❷核心存款预期寿命通常用历史保持率（historical retention）表示。历史保持率也称为生存率（survival rate），是指每一种核心存款期初账户数量与期末账户数量的比例。

5.4 证券投资公允价值的确定

5.4.1 证券公允价值确定一般原则

证券投资是商业银行仅次于贷款的资产构成,一般占总资产的20%。[1]证券投资按照商业银行管理当局的意图可以分为AFS、HTM和贷款及应收款项类证券投资。其中,后二者为固定收益证券。与贷款相比,资本市场为证券公允价值确定提供更加相关和可靠的客观证据。

在市场价值导向下,存在活跃市场的证券投资可以市场报价作为公允价值最可靠的计量依据;不存在活跃市场的证券可以分别采用市场法和收益法。

5.4.1.1 市场法下证券投资公允价值确定

证券投资公允价值确定采用市场法的前提是存在参照市场。

当存在参照市场时,证券投资公允价值可以按照下列公式确定:

$$FV_{securities} = P_i + \delta_i \qquad (5-10)$$

式中,$FV_{securities}$为证券投资的公允价值;P_i为相似证券的市场价格;δ_i为对相似证券市场价格的调整项。

在确定参照市场时,应当选择与发行者具有相同信用评级和相同期限等关键特征的同类证券。

---

[1] 本书所称证券投资包含交易账户中的证券投资。在财务报表列报时,交易性金融资产一般单列,证券投资仅指可供出售金融资产、持有至到期金融资产和贷款及应收款项类证券投资。其中,后二者主要是固定收益债券投资。权益法下股权投资(合营和联营企业)不包括在内。《中华人民共和国证券法》(2005)没有定义证券,《证券法》释义指出,证券是指资本证券。从法律规定来看,包括股票、公司债券、政府债券和证券投资基金等。《1933年证券法》提出的证券定义过于广泛,包括一些个人贷款票据。SFAS No.107模仿《统一商法典》(*The Union Commercial Code*)的定义提出证券的概念:证券是指对一项财产或发行者的股份、参与权或其他权益,或者是发行者的一项义务,具有:①表现为以持有或注册形式发行的工具,或者当不能以工具形式出现时,在发行者用以记录转让的账册中注册;②在交易所或市场进行普遍交易,或者当表现为一项工具时,通常在发行或交易领域内作为投资中介;③是股份、参与权、权益或义务的一种或一序列,或者按照其条款被分为股份、参与权、权益或义务的一类。截至2006年12月31日,10家上市银行证券投资平均占总资产比例为21.80%。其中,上海浦东发展银行为5.23%,中国工商银行最高,为38.37%。中国工商银行、中国银行和中国建设银行以及交通银行等4家上市银行(A+H股)平均比例为32.25%。

5.4.1.2　收益法下证券投资公允价值确定

当不存在活跃市场时，证券投资公允价值确定应当采用现值技术，如特别国债和定向债券等。当采用现值技术时，应当区分证券是否存在合约现金流量。对于固定收益证券，通常存在具有法定约束力的合约现金流量；对于权益性证券投资，股利支付的概率具有较高的不确定性。

当存在合约现金流量时，采用现值技术传统法确定，计算公式为

$$FV_{securities} = \sum_{t=1}^{n} \frac{CF_t}{(1+i)^t} \qquad (5-11)$$

式中，CF_t 为第 t 期合约现金流量；i 为折现率；n 为现金流量的总期数。

如果合约现金流量为年金形式，计算公式可以简化为

$$FV_{securities} = CF \times PVA_{i,n} \qquad (5-12)$$

式中，$PVA_{i,n}$ 为年金现值系数。$PVA_{i,n} = \frac{1}{i}\left[1 - \frac{1}{(1+i)^n}\right]$

当不存在合约现金流量时，采用收益法（折现技术）确定，计算公式为

$$FV_{securities} = \sum_{t=1}^{n} \frac{CF_t \times P_t}{(1+i)^t} \qquad (5-13)$$

式中，CF_t 为第 i 期合约现金流量；P_t 为第 i 期合约现金流量发生的相应概率；i 为货币时间价值；n 为合约现金流量的总期数。

5.4.2　市场报价证券公允价值确定

5.4.2.1　存在活跃市场时证券投资公允价值确定

当证券投资存在活跃市场（主市场或最有利市场）时，市场报价（未调整）是其公允价值确定的最相关和最可靠的证据。证券投资公允价值计算公式为

$$FV_i = P_i \times Q_i \qquad (5-14)$$

式中，P_i 为证券的市场报价；Q_i 为证券的交易数量。

持有的资产或将发行的负债，恰当的市场报价是当前市场出价；对于即将获得的资产或持有的负债，恰当的公允价值是当前市场要价。当资产和负债具有可抵消的市场资产或负债时，可以使用中间市场价格作为可抵消风险头寸的基础，

并在恰当时对未平仓净头寸采用出价或要价。如果依法取得现行出价或现行要价，只要交易日后经济情况没有发生重大变动，最近时日的交易价格可以作为确定当前公允价值的依据；如果发生重大变动（如无风险利率曲线平移），应当在恰当情况下参照相似证券投资的现行价格或利率，公允价值反映经济情况的变化。当存在客观证据表明最后的交易价格不是公允价值时，需要进行调整。

5.4.2.2 存在非活跃市场时证券投资公允价值确定

非活跃市场主要包括两种情形：①市场交易清淡；②相似证券投资存在活跃市场。

（1）市场交易清淡情况下证券投资公允价值确定。对于虽然存在市场但交易较为清淡的证券，在可获得市场交易价格的情况下，确定公允价值时应当使用交易情况的当事人自愿进行的近期公平市场交易价格，并考虑交易发生后经济情况是否发生重大变化。

（2）相似证券存在活跃市场时证券投资公允价值确定。当所持证券投资不存在市场但类似证券存在活跃市场时，应当充分考虑所估值证券与相似证券的实质可比性，主要包括发行主体及其信用评级、剩余期限、币种和现金流量模式等。如果存在实质可比性，应当在对相似证券市场价格调整的基础上确定。

示例5：银行持有信用评级为AAA的A公司发行的5年期分期付息债券，票面利率为5%，每半年支付利息。A公司发行的债券为进行公开市场交易。计量日，证券交易所挂牌交易剩余年限为5年的分期付息B公司债券实际收益率为6%，B公司信用评级为AAA。在确定A公司债券公允价值时，可以选择6%来计算。

5.4.3 非市场交易证券投资公允价值确定

当既不存在活跃市场又不存在相似证券活跃市场时，应当采用折现技术确定证券投资的公允价值。在确定公允价值时，应当区别固定收益证券和权益证券进行估值。

（1）固定收益证券公允价值确定。

固定收益证券具有合约现金流量。非市场交易固定收益证券主要有定向债券、特别国债和中央银行专项票据等。在确定非市场交易固定收益证券公允价值时，应当采用传统法来确定。在选择折现率时，应当考虑以下4个关键因素：①货币时间价值（无风险和无通货膨胀利率），如国债利率或中央银行基准利率；②信用风险，主要是发行者的信用等级；③通货膨胀补偿率；④提前偿付风险。当固定收益证券以外币表示时，还应当考虑汇率变化及其影响。

（2）权益证券公允价值确定。

权益证券通常不存在合约现金流量，应当采用预期未来现金流量法确定其公允价值。当确定预期未来现金流量时，应当在考虑股利增长方式的基础上区别情况采用不同的方法。

当股利增长率为零时，股票价格为

$$\text{FV}_{\text{stock}} = \frac{D}{i} \tag{5-15}$$

式中，D 为股利；i 为折现率。

当股利增长率为常数时，股票价格为

$$\text{FV}_{\text{stock}} = \frac{D_1}{i - g} \tag{5-16}$$

式中，D_1 为第1期股利；i 为折现率；g 为股利年增长率。

5.5　复杂金融工具公允价值的确定

5.5.1　复杂金融工具的主要特征

复杂金融工具的不确定性较高，主要具有下列主要特征：

（1）流动性较低，不存在公开和活跃的市场。

（2）场外交易为主，大多是在交易所外柜台市场交易。

（3）非标准化产品。与应收（付）账款、债券和股票以及标准化衍生工具（如期货）等相比，复杂衍生工具基本为非标准化产品，且多为特定客户开发。

（4）收益法为主要估值手段，如采用高度专业化且由企业自主开发的模型，或难以取得可观察假设或者输入数据（Inputs）。

（5）一些重要参数难以观察到，如高度专业化和客户化特征（customized）的复杂衍生产品的隐含波动性。

复杂金融工具的这些特征决定在确定其公允价值时，难以采用市场法，而只能采用主观程度较高的收益法。例如，在对汇率风险套期时，企业可以要求投资银行开发特定复合衍生工具（如杠杆式远期外汇合约）。这些客户化特征的复合衍生工具不但缺乏流动性，而且其价值随多种因素变动而变动，如基础资产价格（如汇率、利率或者权益价格）、行权价和杠杆率等。在估值时，需要采用专门计量模型确定。

5.5.2 复杂金融工具确定时应当考虑的主要因素

（1）对估值模型的特殊考虑。

在应用估值模型确定复杂金融工具的公允价值时，无论是满足风险管理需要还是财务报告需要，解决两个主要问题：①模型计算结果与现实的偏差度；②关键假设和参数的存在导致模型的用途如何。

在应用模型确定复杂金融工具的公允价值时，需要严格限制估值模型的应用，并尽可能使用相关、可靠地输入参数，包括测试每一个市场假设，评估模型风险，做好压力测试。

估值模型的使用还应当保持一贯性，确保各会计期间确定的复杂金融工具公允价值的可比性。但是，模型并不是一成不变的。当新的模型更加有效地确定复杂金融工具的公允价值时，需要使用新模型（包括关键假设和参数，如折现率或者波动率），并考虑新模型与外部环境的适应性，如金融市场波动（尤其是缺乏流动性时），或者监管规则变动，或者是会计准则的变动。

企业也可以利用第三方定价机构（如投资银行或者服务机构，如路透）来协助确定复杂金融工具的公允价值，但需要做好相应的公司治理和内部控制措施。

（2）完善与公允价值确定相关的公司治理和内部控制。

复杂金融工具的应用和估值需要建立有效的公司治理和内部控制，主要包括：①治理当局和管理当局使用复杂金融工具的动机，以及需要的授权审批程序和文件；②复杂金融工具的使用与公司发展战略的内在关系；③治理当局和管理当局如何识别企业面临的主要风险，以及为应对风险而使用的复杂金融工具及其估值模型（包括关键假设和重要参数）；④治理当局和管理当局如何使用模型，包括根据现实结果和监管要求不断调整估值模型；⑤与估值模型使用相关的内部控制，包括对模型开发和修正的复核、批准、使用、维护和定期验证等流程，以及必要的职责分离（如交易和估值分离）；⑥当利用外部专家（如金融专家）时，专家的权威性和胜任能力。

（3）做好复杂金融工具公允价值的信息披露。

从输入参数看，采用估值技术确定的复杂金融工具的公允价值属于第三层级。这就需要按照会计准则和监管要求进行充分信息披露，特别是估值模型的披露，主要包括参考熟悉情况并自愿交易的各方最近进行的市场交易中使用的价格、参照实质上相同的其他金融工具的当前公允价值、现金流量折现法和期权定价模型等。

5.5.3 复杂金融工具公允价值的确定

（1）估值技术。

在确定复杂金融工具特别是客户定制化的复合衍生工具的公允价值时，一般采用估值模型，主要包括：①一般信用利差模型（generic credit spreads）。在确定特定非公开发行公司债券时，可以参照同信用等级已发行且未到期公司债券使用现值技术来确定。一般信用利差模型主要适用于债务融资工具。②市场法。参照主要市场（primary market）同类型金融工具的交易价格来确定。但是，当主要市场处于非流动性（如"冰冻"或者"干涸"）时，会导致企业面临较大风险敞口。③B-S模型。在确定期权类衍生金融工具的公允价值时，需要采用B-S模型确定公允价值。需要注意的是，模型的使用并不是单一的。

虽然目前存在许多特定估值模型，但现值模型仍然是基本估值技术，并广泛应用于具有确定性现金流量的金融工具。

在采用估值模型确定复杂金融工具的公允价值时，应当尽可能涵盖所有重大因素及其变动。例如，在确定多级分层资产证券化产品［如抵押债务证券（collateralised debt obligations，CDO）］的公允价值时，除考虑基础资产（如按揭贷款借款人）的信用风险外，还应当考虑流动性风险和交易对手的信用风险，以及不同风险因素间的相互关系。

在采用估值模型确定复杂金融工具的公允价值时，还应当根据其风险特征对估值做出必要调整，无论是出于风险管理还是财务报告披露。例如，BIS（2008）指出，先进商业银行在对估值进行调整时会检查其敏感性和不确定性因素，主要包括：①使用一系列输入参数和假设；②压力模型；③从不同模型角度进行比较；④使用相关金融工具的估值、第三方报价和相关抵押品估值进行比较。

（2）利用第三方定价服务机构。

当没有能力或者难以可靠确定复杂金融工具的公允价值时，企业可以利用第三方定价服务机构来协助确定，或者作为参考。这些第三方定价服务机构一般包括大型投资银行或专门的服务定价机构，如汤森路透（Thomson Reuters）。

当使用第三方定价服务机构时，企业应当建立完善的公司治理结构，并严格内部控制制度和流程。

5.6 小结

本章主要探讨如何确定金融工具的公允价值计量。在结合 SFAS No.107、No.157 和 IAS No.39 等准则以及监管机构规章制度基础上，首先，分析金融工具公允价值确定的一般原理和方法，特别是现值技术。存款、贷款和证券投资分别构成商业银行负债和资产的绝大部分，本章分别贷款发起和后期持有期间计量贷款公允价值。其中，结合 BCBS、SFAS No.114 和 CICA3250 等特别考虑了减值贷款及其利息收入确认问题，并结合我国上市银行现状提出意见和建议。其次，针对定期存款和核心存款提出不同的计量方法，并重点阐述了如何确定核心存款无形资产的公允价值计量。

　　商业银行绝大部分金融工具具有合约现金流量性质，未来现金流量的发生时间和金额固定或者可确定。因此，采用传统法是适用的。对于特定金融工具如减值贷款和衍生工具可采用预期现金流量法和期权定价模型（如 BS 模型或二叉树）。在采用传统法计算金融工具公允价值时，应当将重点放在如何选择与风险相称的折现率方面。具体来说，主要包括三个方面：①在计算贷款公允价值时，可以在初始计量和后续计量环节分别固定利率贷款和浮动利率贷款，并考虑信用差价的变化情况确定确定相应的风险溢价水平。②与定期存款相比，活期存款的公允价值更加难以确定，这主要是因为活期存款因为良好客户关系的存在导致事实上存在持续期限，其折现值小于账面价值，差额表现为核心存款无形资产（CDI）。在综合分析法院判例的基础上，本书提出确定核心存款无形资产的具体方法。③证券投资尤其是固定收益证券具有固定或可确定的现金流量，并存在活跃或参照市场。因此，证券投资通常采用市场法确定公允价值。④针对复杂金融工具，需要采用估值技术来确定公允价值，并在公司治理和内部控制方面严格控制。

第6章 公允价值与金融监管

6.1 金融监管与公允价值会计准则的演变

金融是市场经济的核心。在现代市场经济中，金融中介通过跨期分配显著地降低了交易成本和信息不对称。为了促进金融稳定、保护消费者利益、确保金融机构审慎经营和提高金融系统的竞争力，各国均将金融作为重点监管领域。

商业银行在金融体系中占据主导地位，表现为信贷形式的间接融资在美国等西方发达国家工商企业融资结构中占70%左右（Mishkin, Eakins, 2001），且占金融增加值的比例不断增加。在我国，从2000~2004年，境内股票融资额（含A、B股）与银行新增贷款的比重年均6.57%；2004年，股票流通市值占国内生产总值的比重为8.56%。作为货币政策的主要传导媒介和支付结算体系的主体，长期以来世界各国都将商业银行作为金融管制和金融监管的重中之重。为了克服金融脆弱性、实现金融功能稳定，在大危机之后，金融管制先后经历金融市场管制、金融企业管制到金融产品管制等阶段（周子衡，2005）。

金融管制的演变与会计准则的发展是息息相关的。[●]美国商业银行管制的历

[●] 金融管制(financial regulation)和金融监管(financial supervision)是存在差别的。从起源和管制发展来看，金融管制是立法金融管制，是规范金融活动法律法规的总和；金融监管是行政监管机构以法律法规为基础而实施的监督、检查和管理行为，包括金融行政监管机构、监管程序和监管措施等。金融管制决定金融监管的性质、规模和方向。Kaufman(1995)认为，有效地遵守规则要靠监督(monitor)和检查(check)来保证，这一过程被称为监管(supervision)。

管制经济学一般将管制分为3种：①经济性管制：针对自然垄断领域（如公用事业）和信息不对称（如金融保险业）；②社会性管制：为实现社会目标而实施跨行业和全方位的管制，如环境保护和卫生等；③反托拉斯管制：针对特定垄断行为，以实现社会公平和促进竞争（王俊豪，2001）。

对银行业管制，经济管制主要是经济性管制，包括准入和退出市场、投资范围和比例、信贷质量。

史演变深刻说明会计准则在促进金融管制方面发挥积极作用。

6.1.1　1929～1933年大危机之前的金融管制与会计准则制定

19世纪末20世纪初，商业银行是美国公司融资的最主要来源。为了评价借款者的真实偿债能力，商业银行需要公司提供经审核的资产负债表。1895年，纽约州银行协会理事会建议成员银行要求借款者按照统一报表委员会规定的格式提交资产负债表；1907年，美国银行协会信贷信息委员会（Committee on Credit Information）建议，银行应当向经注册会计师审计资产负债表的借款者提供较为优惠的贷款条件。

货币体系的不统一和"野猫式"（wild cat）银行体系造成美国金融体系的不稳定，并引发一系列货币危机。1913年，美国国会通过《联邦储备法》（*Federal Reserve Act of 1913*），旨在"建立联邦储备银行，供应有弹性的货币，提供再贴现商业票据的方法，在美国建立一个更加有效的银行监管体系"；1914年，联邦储备委员会（Federal Reserve Board，FRB）正式成立，确定了垄断单一货币发行的货币体制。1914年，美国国会通过《克莱顿反托拉斯法案》，并成立联邦贸易委员会（FTC）。为了强化经济管制和金融管制，FRB和FTC开始寻求在会计或财务数据方面实行管制。FTC建议FRB对会计人员认可的可接受会计惯例保留否决权，引起会计执业界的震动。

1915年，FTC副主席Edward N.Hurley呼吁建立一套标准的簿记和成本会计系统。为了响应FTC和FRB的要求，美国公共会计师协会（American Association of Public Accountants，AAPA）成立专门委员会，于1917年向FRB提交《资产负债表审计备忘录》（*Memorandum on Balance Sheet Audits*）（Carey，1969），并经FRB审核后在联邦储备公报上以《统一会计》（*Uniform Accounting*）发布；1918年，FRB在对部分内容做出修改后将《统一会计》更名为《资产负债表编制的认可方法》（*Approved Methods for the Presentation of Balance Sheet Statements*）；为回应对《统一会计》的批评，1929年，FRB再次修订为《财务报表验证》（*Verification of Financial Statements*），确立了资产负债表审计程序，并成为1933年以后纽约证券交易所上市公司财务报表审计的正式标准。此外，20世纪早期的税法改革也有力推动工商企业接受权责发生制会计处理。

总之，在大危机之前，虽然没有统一、权威的公认会计准则，但监管机构已经开始关注借助会计准则来强化金融管制，并积极参与到会计准则制定过程中。

6.1.2 大危机至20世纪80年代金融危机之间的金融管制与历史成本会计

以经济危机为契机来加强经济管制和扩大政府对宏观经济干预成为世界各国经济发展的必然现象。❶Berle 和 Means（1932）在《现代股份公司和私人财产》中指出，行业权利和财富正向少数人集中，这种权利的集中至少部分归因于缺乏统一会计惯例。

1929～1933年美国大危机极大地推动会计准则的发展。在罗斯福新政（New Deal）前100天期间发布的《证券真实法案》（*Truth in Securities Act*），首次明确规定公司证券上市前必须经过独立会计师的审计。1933年，美国国会通过《证券法》（*Securities Act of 1933*），明确规定公司在注册登记时应当提供经独立公共会计师审计的资产负债表和损益表，并赋予FTC确定会计规则的权力和权威。❷1934年，美国国会通过《证券交易法》（*Securities Exchange Act of 1934*），SEC取代FTC成为证券法律的实施监督者，并拥有上市公司会计准则制定权。在会计执业界的共同努力下，1938年，SEC发布第4号会计系列文告（Accounting Series Release，ASR No.4）。ASR No.4将会计准则的制定权转授予会计执业界，并指出，SEC只接受具有实质性支持（substantial support）的会计原则，或者根据委

---

❶ 管制经济学主要存在两种理论：主张政府干预的"公共利益学说"和反对政府干预的"私人经济利益学说"。"公共利益学说"认为，政府干预将减少或消除市场失灵（自然垄断、外部性和信息不对称）和保护公共利益；"私人经济利益学说"认为，政府干预将造成公共利益的损害。例如，Stigler(1971)认为，管制和管制者的活动使生产者而非消费者获利，而且政治体制的运转将使管制得以发生。"公共利益学说"的最大缺陷在于：根据市场失灵而需要实施管制的观点，所有行业都需要进行管制。但是，现有的对已经实施管制的行业如公用事业的实证分析表明，管制是无效的。

❷ 《1933年证券法》规定，委员会有权威确定：必须报告信息的格式，资产负债表和盈余表（earnings statement）应当列示的项目和内容，编制报表、评估（appraisal）或估值（valuation）资产和负债、确定折旧和损耗、区分经常收益（recurring income）和非常收益（non-recurring income）、区分经营收益和投资收益（如委员会认为有必要）编报……合并资产负债表或合并收益表等所遵循的方法（Carey，1969）。

员会或首席会计师的规则、规范或其他官方文告编制的财务报表。1973年，SEC发布ASR No.150，声称"财务会计准则委员会（FASB）通过公告和解释性文件颁布的原则、准则和实务将由委员会作为重要的实质性支持加以考虑，而那些与FASB公告相对立的意见将被视为不具有这方面的支持"。

1934年，美国会计师协会与证券交易所合作特别委员会（AIA特别委员会）与纽约证券交易所上市委员会联合发布《公司报表审计》（*Audits of Corporate Accounts*），并于1936年修订后发布《独立公共会计师对财务报表的检查》（*Examination of Financial Statement by Independent Public Accountants*）。《独立公共会计师对财务报表的检查》的最大特点在于实现财务报表审计重点的转移：从以保护银行为代表的债权人利益的资产负债表转向以保护投资者利益为目的的收益表。1933年证券法和1934年证券交易法的基础在于确立充分披露原则，上市公司（包括商业银行）通过发布年度报告〔10-K表❶、年度报告和代理公告（proxy statement）〕、季度报告（10-Q）和8-K表等定期或不定期地向证券市场提供信息披露。充分披露原则的主要作用在于通过市场来强化对商业银行经营管理行为的约束，其核心是盈余信息。1940年，Paton和Littelton发表《公司会计准则导论》，从会计理论层面确立了历史成本计量的主导地位，配比原则和权责发生制取代估值原则成为收益确定的根本原则。在HCA下，收益表成为财务报表的核心，而资产负债表成为摊余报表。

大危机对金融管制的影响是深远的。《格拉斯-斯蒂格尔法案》❷（*Glass-Steagall Act*）（1933）、《银行法》（1935）、《银行控股公司法案》（*Banking Holding Company Act*）及其修正案（1956、1966和1970）和《银行兼并法案》（*Banking Merger Act*）及其修正案（1969和1966）以及联邦存款保险体系的创立等强有力地塑造了美国现代银行监管体系，为金融市场稳定奠定了制度保证。严格的金融

---

❶ 10-K表的主要内容包括：①经审计的过去两年的资产负债表；②经审计的过三年的利润表；③经审计规的过去三年的现金流量表；④财务报表附注；⑤审计报告；⑥管理当局讨论与分析；⑦营运资金和资本支出；⑧正在进行的诉讼等。

❷《格拉斯-斯蒂格尔法案》的主要内容包括三项：①实行利率管制，禁止向活期存款支付利息和定期存款利率上限；②商业银行业务和投资银行业务相互分离，主要是第16、20、21和32条款；③实行存款保险制度。

监管和对其他行业如公用事业、电力、电信和运输业等管制导致美国成为管制经济的典型国家。但是,历史证明,20世纪30年代罗斯福新政所确立的金融监管体制本质上具有一定的武断性,并且与市场所要求的流动性相矛盾(加特,1999)。这为20世纪80年代放松管制和金融自由化埋下伏笔。

对垄断企业实行按费率管制和上市公司实行信息披露制度都是以HCA为基础的。在金融监管方面,联邦金融监管机构如FRB和OCC要求商业银行提交的监管报告(call report)以GAAP为编报基础。SEC在20世纪80年代以前坚持的一贯政策是在计算净利润是反对偏离历史成本法。总之,从大危机到20世纪80年代金融危机之间,在HCA占据主导地位的情况下,金融监管机构实施的现场和非现场监管活动尤其是监管报告的编制都是以HCA为基础的,且监管机构并不要求提供有关资产负债市场价值方面的信息。

6.1.3 20世纪80年代放松管制与公允价值会计

经济环境的变化激励金融企业寻求有利可图的创新。金融创新在重塑金融市场的同时,也强化了金融管制,并为放松管制打下坚实基础。20世纪七八十年代金融机构掀起的金融创新风潮和80年代S&L A危机以及储蓄银行失败引发的金融危机,在一定程度上昭示着以金融市场管制为特征的金融管制的失败。金融市场管制的放松和金融企业管制制度的确立,构成美国近30年来金融管制变革的主要内容。20世纪八九十年代,以放松管制为特征的金融自由化不断发展(主要表现为产品/服务提供和定价以及经营地域),美国国会先后发布许多放松金融市场管制的法律,特别是取消利率管制和鼓励地域竞争(见表6-1)。

表6-1 20世纪八九十年代美国金融管制立法放松

序号	名称	主要内容
1	《存款机构放松监管和货币控制法案》(*Depository Institutions De-regulation and Monetary Control Act of 1980*)	(1)从1981~1986年,逐步取消存款利率上限规定,并于1986年彻底废止Q条例;(2)从1981年,所有受联邦监管的机构可以提供有息支票账户(NOW);(3)将存款保险限额从4万美元提高至10万美元;(4)允许S&L A提供商业贷款和消费者贷款

序号	名称	主要内容
2	《加恩-圣吉曼存款机构法案》(Garn-St. Germain Deporitory Institutions Act of 1982)	(1)授权存款机构放松监管委员会批准所有受联邦监督的存款机构出售与货币市场基金直接等同并可与之竞争的存款账户——货币市场存款账户(MMDA)和超级NOW账户(SNOW);(2)解除国民银行对单一借款人贷款的限制;(3)银行需要充实资本以防止倒闭时,可以向FDIC发放净值凭证以获取资本金;(4)FDIC可以跨州安排并兼濒临倒闭的大银行;(5)放松对S&L A资产组合的限制;(6)允许银行从事有限的证券承销和保险业务
3	《银行平等竞争法案》(Competitive Equality in Banking Act of 1987)	(1)允许紧急跨州收购倒闭的银行和储蓄贷款协会;(2)同意FDIC接管和经营濒临倒闭的银行;(3)严格限制非银行的银行
4	《金融机构改革、复兴和加强法案》(Financial Institutions Reform, Recovery and Enforcement Act of 1989)	(1)允许银行持股公司收购健康的储蓄银行和S&L A;(2)授权FDIC征收交叉担保评估费用;(3)重组FDIC,将保险资金分别划入银行保险基金(BIF)和储蓄协会保险基金(SAIF),后者用于储蓄贷款协会的保险;(4)达到银行监管标准的S&L A可以转为商业银行;(5)组建清算信托公司处理不良资产,并接受破产申请;(6)建立统一的资本资产标准,其中S&L A核心资产至少占55%;(7)禁止S&L A购买垃圾债券
5	《联邦存款保险公司改进法案》(Federal Deposit Insurance Corporation Improvement Act of 1991)	(1)FDIC有权对存款准备金和资本资产比例过低的银行采取迅速纠正行动;(2)从1993年建立以风险为基础的存款保险费制度;(3)限制使用"太大以致不能倒闭"原则;(4)限制FDIC对没有保险的金额超过10万美元存款进行补偿的能力;(5)有关银行的监管标准适用于外国银行
6	《洲际银行法案》(Interstate Bank Act of 1994)	(1)只要满足美联储规定的资本充足率和社区再投资法的规定,允许银行持股公司收购任何一个州的银行;(2)从1997年6月1日起,只要该州法律许可,银行持股公司可以自由跨州经营

20世纪80年代放松管制对会计准则制定具有十分重要的影响,主要表现在:

(1)以衍生产品为主要内容的表外活动对商业银行财务状况和经营成果产生越来越重要的影响,引起对衍生业务和套期活动会计处理和披露的关注。许多学者均主张银行披露金融资产市场价格。在监管机构和学术界等有力推动下,SFAS No.105(FASB,1990)《具有表外风险的金融工具和信用风险集中的金融工具的信息披露》、SFAS No.107(FASB,1991)《金融工具公允价值披露》和

SFAS No.119（FASB，1994）《衍生金融工具和金融工具公允价值的披露》均规定所有企业应当披露表外工具尤其是衍生金融工具的公允价值，而 SFAS No.133（FASB，1998）《衍生工具和套期活动会计处理》则明确指出公允价值是金融工具最相关的计量属性，是衍生工具唯一相关的计量属性。FASB（1991）指出，披露金融工具公允价值信息有利于实现财务报告目标，使得投资者、债权人和其他使用者更好地评价企业的财务业绩。

（2）现代风险管理技术开始对金融机构财务会计处理产生重要影响。货币政策的根本性改变和放松管制等导致利率、汇率和权益指数等宏观经济变量的波动性日益扩大。在信息技术的支持下，金融机构普遍地采用衍生工具管理当前或预期的与经营和财务状况有关的风险，或者通过未平仓或投机性头寸从预期市场变化中获利。其中，前者主要出于风险管理目的，后者主要出于投资或者投机目的，主动利用风险的预期变化来获取利益。❶但是，风险管理和投机是难以有效区分的。从会计处理来看，企业从事衍生活动的主要目的不同，相应会计处理也存在相当大的差异。为了规范衍生活动的会计处理，SFAS No.133（FASB，1998）《衍生工具和套期活动会计处理》将套期活动分为公允价值套期、现金流量套期和对外经营投资套期，并加强相关披露。

（3）20世纪80年代储蓄贷款协会危机和商业银行破产导致的巨额损失，导致监管机构开始不断关注如何引入市场价值来真实反映资本状况，修订 HCA 以更好地识别和计量金融资产损失。❷在对美国联邦存款保险体制研究后，Benston 和 Kaufmann（1988）指出，金融监管机构的结构化早期干预和清算（SEIR）要求采用 MVA。联邦金融监管机构如 FRB 和 OCC 等开始要求银行指定不欲持有至到期的证券计入交易账户，并采用盯市会计处理。1991年2月，美国财政部发表研究报告《建设现代化金融体制》（*Modernizing the Financial System*），探讨 MVA 对金融

---

❶ 根据企业从事衍生活动的主要目的，可以将从事衍生活动的金融机构分为3类：①套期者(hedger)。套期者的根本目标在于通过管理当前或预期的、与经营和财务状况相关的风险来降低损失风险和未来结果的波动性。②投机者(speculator)。投机者主动利用资产、负债或未来交易等公允价值或现金流量的变动，并通过建立衍生金融工具多头或空头在预期市场变化中追逐利润。然而，现实中，投机者和套期者有时可能是难以区分的。③套利者(arbitrager)。套利者通过同时签订买卖实质上相同的金融工具合约来试图锁定无风险利润。套利者和投机者的根本差别在于前者获取的是无风险收益。

❷ Benston 在1989年的调查发现，大多数财务报表使用者能够很好地理解市场价值。

监管的内在价值。为了更加真实地反映包括储蓄贷款协会在内的金融机构净资产状况，防止商业银行过度从事风险活动，增加联邦金融监管机构干预的及时性，保护联邦存款保险体系的安全性，1991年，美国国会通过《联邦存款保险公司改进法案》（FDICIA），明确规定商业银行所有资产和负债都定期（如3个月）按照市场价值重新计算，以确定其是否满足最低资本充足监管要求。以MVA来计量商业银行的净资产，能够充分地将利率、汇率或违约概率的变化对金融资产和金融负债的影响反映在商业银行净资产变动中。总之，采用公允价值计量商业银行净资产，不但能够更加精确地描述商业银行的财务状况，而且能够增加监管机构的透明度和受托责任。

6.1.4 20世纪90年代金融自由化与公允价值会计

20世纪90年代金融自由化是80年代放松金融管制的延续。80年代S&L A崩溃和银行业破产倒闭引发美国银行制度的创新，联邦政府通过金融立法成功地实现金融监管由金融市场监管向金融企业监管的转变，促使金融企业微观审慎运营成为管制立法的新原则，资本充足率、内部控制和贷款发放原则以及市场披露等成为监管重点。

金融管制需求的根本经济原因在于金融产品自身特性导致的金融脆弱性。金融工具占金融企业资产负债表构成的90%以上。从资产负债表构成来看，商业银行可以通过积极的负债管理来主动地实现资产扩张目的。但是，金融资产的价格则是由市场力量决定的。在完全竞争市场条件下，商业银行只是金融资产价格的被动接受者。因此，金融资产的质量成为决定商业银行乃至整个金融体系稳定的关键。

与实物资产相比，金融资产不是可消费的商品，不具有物理属性，其实质是代表权利义务关系的合约，唯一效用在于通过不断交易获取利益。此外，金融资产是一种信用工具。金融资产的特性决定金融市场是一个为交易而交易的市场，金融资产是作为交易或投资工具而生的。因为不存在交易数量、技术和时空等限制，金融资产的内在特性决定着金融市场的脆弱性。

在经济全球化进程不断加快的影响下，《1933年银行法案》确定的分业经营体制从20世纪80年代中后期开始不断受到冲击。1987年，美国银行控股公司协会提出金融服务控股公司的概念。1991年，财政部向国会提交关于修改《1933年银行法》建议，核心内容是提出设立多元控股公司（diversified holding company）的设想；1998年，在FRB的批准下，花旗公司和旅行者集团合并组成花旗集团。1999年11月，美国国会通过《金融服务现代化法案》（Gramm-Leach-Bliley Act of 1999），核心内容是废止《1933年银行法》第20条和第32条关于金融业分业经营的规定，允许经营管理良好、资本雄厚和满足社区再投资法评级的银行、保险公司和证券公司进行联合经营。在金融监管方面，《金融服务现代化法案》针对综合经营的新趋势提出功能监管（functional supervision）的理念——按照金融机构业务活动的性质来确定监管对象和监管主体。功能监管事实上将金融监管的重心确定为金融产品。这主要是因为不同的金融产品体现不同性质的金融活动，而无论该项产品是否由商业银行提供，或者是由证券公司或保险公司提供。在功能监管原则指导下，美国组建以FRB为主导的伞形监管体制。

金融自由化、放松管制和金融监管重心的转变对会计准则的影响是深远的。主要表现在金融工具会计准则制定上平均占整个20世纪90年代新发布会计准则（含对以前年度准则的修订）60%。其中，1994年和1996年比例高达100%（见表6-2）。

表6-2 20世纪90年代FASB发布的金融工具会计准则

序号	公告编号	发布日期	名称	比例	备注
1	SFAS No.105	1990年3月	具有表外风险的金融工具和具有信用风险集中的金融工具的信息披露	50%	被SFAS No.107、No.119和No.123修订，被SFAS No.133取代
2	SFAS No.107	1991年12月	金融工具公允价值披露	50%	被SFAS No.126修订
3	SFAS No.113	1992年12月	短期和长期再保险合同的会计处理和报告	20%	被SFAS No.120修订
4	SFAS No.114	1993年5月	债权人减值贷款会计处理	67%	被SFAS No.118修订
5	SFAS No.115	1993年5月	债务和权益证券投资的会计处理		

续表

序号	公告编号	发布日期	名称	比例	备注
6	SFAS No.118	1994年10月	债权人减值贷款会计处理——收入确认和披露	100%	
7	SFAS No.119	1994年10月	衍生金融工具和金融工具公允价值披露		被SFAS No.133取代
8	SFAS No.120	1995年1月	互助人寿保险企业和保险企业特定长期参与保险合同的会计处理和报告	40%	
9	SFAS No.122	1995年5月	抵押服务权会计处理		被SFAS No.125取代
10	SFAS No.125	1996年6月	金融资产转移和提供服务以及债务清偿的会计处理		被SFAS No.127和133修订
11	SFAS No.126	1996年12月	某些非公众实体金融工具特定披露要求的豁免	100%	
12	SFAS No.127	1996年12月	推迟SFAS No.125某些条款生效日期		
13	SFAS No.133	1998年6月	衍生工具和套期活动会计处理		被SFAS No.137和138修订
14	SFAS No.134	1998年10月	抵押银行公司将为销售而持有的抵押贷款证券化后对保留的抵押担保证券的会计处理	67%	
15	SFAS No.137	1999年6月	衍生工具和套期活动会计处理——推迟SFAS No.133生效日期	33%	
16	SFAS No.138	2000年6月	某些衍生工具和套期活动的会计处理	67%	
17	SFAS No.140	2000年9月	金融资产转移和提供服务以及债务清偿的会计处理		取代SFSFNo.125

注：比例是指占当年新发布准则（含对以前年度准则的修订）的比重。

资料来源：根据FASB1991～2000年发布的准则整理。

监管机构乃至联邦政府（包括国会）对金融工具会计准则和FVA的应用所产生的影响深表关注。例如，1992年，GAO受国会委托就FVA发布研究报告。但是，监管机构对FVA的态度相差甚远。以维护投资者利益为宗旨的SEC力推FVA，而银行监管机构如FRB和OCC等则仍旧坚持HCA。这种态度也反映在监管机构所发布的各种规章制度方面。例如，美联储理事会1993年发布的《银行控股公司资本充足性指南：基于风险的计算方法》［条例H（修订）附录A］和

《州成员银行资本充足性指南：基于风险的计算方法》[条例Y（修订）附录A] 都是以HCA为基础。此外，商业银行每季度编制的监管报告（call report）都是基于HCA编制的。FRB重视HCA的主要原因可能来自两个方面：①FRB的监管责任是维护金融体系尤其是商业银行体系的稳定；②FVA存在一些尚未解决的重大问题，主要对非活跃市场金融工具（如贷款）定价的可靠性和金融负债的定价悖论等。

6.2 公允价值与资本充足率

6.2.1 资本和资本充足率

6.2.1.1 资本对商业银行的重要性

资本的本质是吸收商业银行在经营管理过程中发生的各种风险。与工商企业相比，商业银行资本管理不是生产经营的附属，而是构成经营过程的重要部分。商业银行最重要的经营特点在于其高财务杠杆性，充足、合乎监管要求的资本对于商业银行稳健经营和发展以及维护金融体系的稳定具有十分重要的意义。[1]因此，各国金融监管机构从资本充足率监管入手来强化对商业银行经营行为的约束，促使其审慎经营。

金融监管机构对资本充足监管主要包括两方面的内容：

（1）设立时发起人筹集的资本必须满足最低要求，而且资本水平必须足以支持预期的业务量和计划的业务种类。例如，在美国，设立全国性商业银行的初始资本为100万美元以上，且不包括筹建开支；在我国，《中华人民共和国商业银行法》规定，设立全国性商业银行的注册资本最低限额为10亿元人民币；设立城市商业银行的注册资本最低限额为1亿元人民币；设立农村商业银行的注册资本最低限额为5000万元人民币。

（2）在持续经营期间对资本充足率的最低监管要求。鉴于资本的稀缺性，为了促使商业银行审慎经营和维护金融体系的稳定，金融监管机构一般通过资本充

---

[1] 一般认为,资本主要具有4个方面的作用:①用于资本性支出,如开办分行和科技投入等;②满足监管要求;③吸收偶然或意外事件所产生的损失;④维持公众信心。

足率来控制商业银行的扩张冲动。1988年巴塞尔资本协议确定商业银行资本充足率不得低于8%，核心资本充足率不得低于4%，且核心资本占资本的比重不得少于50%。2004年新巴塞尔资本协议在沿袭1988年资本协议的基础上，通过推行内部评级法（IRB）进一步促使风险资本计量的精细化。

6.2.1.2 注册资本、财务资本、监管资本和经济资本

资本管理从四个维度可以划分为4种资本管理观：①注册资本（registered capital）；②财务资本（financial capital）；③监管资本（regulatory capital）；④经济资本（economic capital）。

注册资本是法律术语。现阶段我国设立公司时实行注册资本制度。《中华人民共和国公司法》（2005）（以下简称《公司法》）规定，有限责任公司和股份有限公司的设立均应当达到法定资本最低限额。《商业银行法》（2003）分别全国性、城市和农村商业银行界定不同的实缴资本要求。例如，设立全国性商业银行的注册资本最低限额为10亿元人民币。

财务资本是从商业银行财务管理角度提出的资本观念，侧重于资本的筹集和运用。资本管理不仅包括对注册资本的管理，也包括对混合工具（如可转换公司债券）和次级债券的管理。财务资本的外延大于注册资本和净资产/所有者权益，等于净资产与满足条件的混合工具和债务工具之和。

监管资本是从金融监管角度提出的资本观念。只有符合条件的资本项目（合格资本）才能成为监管资本。按照吸收风险的能力，1988年巴塞尔协议和新资本协议均将监管资本分为2个层次，分别是核心资本（一级）和补充资本。[1]其中，补充资本又可以分为两个级次。核心资本（一级）包括权益资本和公开储备。权益资本定义为已发行且全额缴付的普通股和非累积永久性优先股。[2]公开储备是指从税后利润中计提的储备。《金融企业会计制度》（2001）规定，金融企业应当按照一定比例从净利润中计提一般风险准备金。补充资本主要包括二级和三级资本，其中二级资本包括未公开储备、重估储备、普通贷款损失准备金和混

---

[1] 这些风险主要来自3个方面：①源于特定资产；②源于特定发行者的过度集中（如单一客户所占贷款比重）；③源于某些存在高度相关性的行业（如房地产和建筑业等与宏观经济密切相关的行业）。

[2] 按照股利是否可以累积，优先股包括非累积优先股和累积优先股。我国《公司法》（2005）未规定公司发行优先股。

合性债务工具（累积优先股、可转换公司债券和次级债券）。三级资本是针对市场风险提出的，主要是指满足下列两个条件：①最初的到期期限不少于两年；②具有"锁定"条款，一旦本金或利息支付导致总资本比率下降至最低要求以下时，可以不支付本金或利息。

经济资本是从风险管理角度提出的资本观念，并且以银行整个资产组合的非预期损失为基础。与其他资本观念相比，经济资本是一种虚拟资本观念。风险管理通常采用复杂的数学模型来计算可能发生损失的风险，并将模型结果用于资本配置。按照资产组合理论，市场风险不存在预期损失（expected loss，EL）。信用风险和操作风险均不同程度地存在预期损失。因此，经济资本是在给定的时间（如一年）置信区间（如99%）内用于弥补非预期损失（unexpected loss）的金额，相当于一种风险资本。并在数量上等于市场风险、信用风险和操作风险 UL之和与三者重叠部分的差额。经济资本在资源配置、绩效评估（如风险调整回报率 RAROC）、风险管理、业务定价方面发挥重要作用。巴塞尔新资本协议的重要特征在于引入经济资本概念。在内部评级法（IRB）下，经济资本用于吸收 UL，而资产减值损失准备金则用于吸收 EL（见图6-1）。总之，经济资本管理是银行风险管理的精细化。原有的资产资本比率管理和1988年资本协议均未体现资本要求对全面风险的敏感性。商业银行通过开发更为科学的风险管理模型（如CreditMetrics 和 CreditRisk+），能进一步优化资本配置，降低资本占用。

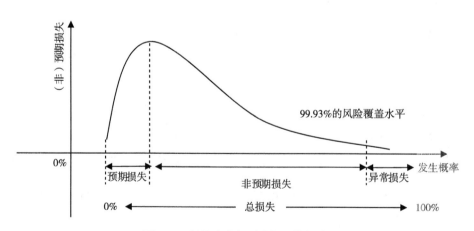

图6-1　经济资本与（非）预期损失

尽管注册资本、财务资本、监管资本和经济资本是从不同维度提出的资本管理观念，但是也存在一定的交叉甚至包含关系。主要表现在下列3个方面：①注册资本从属于财务资本和监管资本。②监管资本和财务资本在较大程度上存在交叉关系，差异主要是普通贷款准备金和短期次级债。③经济资本是一个基于统计模型的概念，主要用于绩效考核和资源配置。监管资本和注册资本更加倾向于监管用途[1]。④监管资本和经济资本都是用于覆盖UL的。

6.2.2 公允价值、信用风险与资本充足率

资本充足率管理是银行监管的基石。1988年巴塞尔资本协议是针对信用风险提出资本充足率要求的。2004年6月发布的新资本协议进一步将信用风险的计量扩展为标准法和内部评级法。其中，内部评级法按照计量模型的复杂性分为初级法和高级法。初级法与高级法的主要差别在于风险参数的确定主体。在初级法下，除PD外，其余风险参数由监管机构确定；在高级法下，LGD、EAD和M均由银行自行确定。

资本充足率管理是银行监管的重要内容和核心监管指标。1999年《金融服务现代化法案》将资本充足作为认定金融控股公司的重要标准。我国《商业银行法》(2003修订)规定，商业银行资本充足率不得低于8%。此外，资本充足率指标是监管机构统一监管标准和实施分类监管的重要依据。从20世纪80年代后期开始，资本充足率监管的重要内容是提高资本的风险敏感度。

巴塞尔资本协议是以会计数据为基础的。无论是1988年协议还是2004年协议，资本充足率的计算均是在以历史成本为主导计量属性的基础上确定的风险资产账面价值为基础的。因此，在标准法框架下，FVA尤其是FFVA对资本充足率的计算将产生双重影响，并可能导致资本充足率出现人为波动。Ryan (1995) 研究认为，相对于市场价值，账面价值难以具有及时性，且易于平滑 (smoothing)，是一种较为失败的风险预警制度。然而，基于HCA的难以充分、及时地反映不同金融资产和负债所面临的各种风险，且难以有效处理证券化活动的影响，在银行风险管理活动中，2002年BCBS进行的一项调查显示，85%的国际活跃银行采用盯市方法管理其资产组合。在FVA框架下，金融资产和金融负债及时反映信

---

[1] KPMG在2003年的调查显示，70%以上被调查的国际活跃银行采用经济资本管理。总体上看，59%的银行经济资本小于监管资本。

用风险和市场风险。但是,当金融资产和金融负债的利率敏感度存在差异和不配比时,将对银行财务状况和净资产产生双重影响。

6.2.2.1 公允价值计量对监管资本的影响

在混合计量模式下,公允价值计量将在4个主要方面影响监管资本的计算:①留存收益。随着利率和汇率等金融变量的波动,以公允价值计量且其变动计入当期损益的金融资产/负债所产生的利得或损失相应地记入当期损益,进而影响净资产项目中盈余公积、未分配利润项目和预期股利分配的数量;②资本公积。可供出售金融资产和自有物业(如房地产)公允价值变动利得或损失计入其他资本公积;③混合型债务工具和次级债券分类为以公允价值计量且其变动计入当期损益的金融负债,或者按照公允价值计量,则其变动对当期损益或者资本公积均产生一定影响;④分类为可供出售金融资产或以公允价值计量且其变动计入当期损益的金融资产(FV&PL)的客户贷款(含垫款,下同)的公允价值变动将对资本公积项目或当期损益产生影响。例如,中国建设银行2006年核心资本为33095.33亿元。其中,其他储备项下含可供出售金融资产重估-12.26亿元。附属资本中一般准备287.36亿元(按照贷款合约金额的1%计提),次级债券400亿元。随着我国利率市场化进程的加快以及汇率改革,分类为可供出售金融资产公允价值变动将影响核心监管资本的计算。欧洲中央银行鼓励监管机构将指定为AFS的贷款公允价值变动利得或损失排除在资本范畴之外。从美国资本监管演变来看,AFS公允价值变动利得或损失纳入监管资本引起较大争论。例如,RRB主席Greedspan表示,将SFAS No.115框架下的AFS证券利得或损失纳入监管资本将导致银行财务报表恶化和难以有效组合管理。此外,BCBS反对将银行自有信用风险变动形成的金融负债利得或损失纳入监管资本。

在FFVA模式下,所有金融工具按照公允价值计量且其变动计入当期损益,则不可避免会造成当期损益随着宏观经济变量的波动而波动,进而影响监管资本项目中留存收益的变动,并通过资本紧缩(capital crunch)引致信贷紧缩。

客户贷款是我国商业银行最重要的资产构成。贷款公允价值计量是FVA尤其是FFVA的难点之一。1988年资本协议的重大缺陷在于不加区分地赋予企业贷款100%风险权重。这种做法虽然简化资本计算方式,但显然不符合银行的现行信用风险管理实践。例如，国际活跃银行如花旗、汇丰和荷兰银行等均开发出按照违约率对贷款进行分类的内部评级法。2004年6月发布的新资本协议在充分吸收国际先进银行信用风险管理实务的基础上，最终确定国际活跃银行在计算信用风险时应当采用初级或高级内部评级法。对客户贷款进行公允价值计量能够充分地反映贷款内在质量，使得贷款的会计处理与先进监管要求相一致。

6.2.2.2 公允价值计量对表内加权风险资产的影响

新资本协议的重大改进在于采用内部评级法（IRB）来计量银行账户信用风险。IRB法在划分信用风险EL和UL的基础上，按照交易对手的性质将银行账户分为具有潜在不同风险特征的5种资产类别：①公司；②主权；③银行；④零售；⑤股权。[1]

无论是混合模式还是FVA（含FFVA）模式，资产计量属性的变化无疑将对加权风险资产的计算产生影响。主要表现在下列4个方面：①FV&PL资产公允价值变动在直接影响当期损益的同时，也影响加权风险资产总额；②可供出售金融资产公允价值变动在影响附属资本总量的同时，也影响加权风险资产总额；③持有至到期金融资产在发生减值时价值变动通过贷款减值损失间接影响当期和持有期间的损益，并影响加权风险资产总额；④贷款和应收款项在发生减值时价值变动通过贷款减值损失间接影响当期和持有期间的损益，并影响加权风险资产总额。在FFVA模式下，当全部金融工具以公允价值计量且其变动计入当期损益时，按照公允价值计量能够更加准确地反映风险加权资产总额和负债价值，并准确地计量和反映商业银行的真实价值。

在现行混合计量模式下，持有至到期金融资产和贷款及应收款项是以历史成本计量的。只有存在发生减值的客观迹象时才可以计提减值损失准备。在确定减值损失准备金额时，可收回价值的确定采用初始实际利率，债务人信用风险的变动是通过未来预期现金流量的变动来体现的，并不确认市场利率变动所引起的利率风险敞口的变化。因此，历史成本计量模式下的准备金制度仅反映信用风险的预期损失。按照资产定价理论，在初始确定贷款价值时，利差（spread）应当在吸收预期损失的同时还应当为吸收非预期损失而分配的资本提供合理回报。在初

---

[1] 在处理操作风险时，新资本协议将银行产品划分为8个产品线(business lines)：①公司金融；②交易与销售；③零售银行业务；④商业银行业务；⑤支付与结算；⑥代理服务；⑦资产管理；⑧零售经纪。

始确认和计量时，商业银行在考虑各种风险基础上确定的价格通常包含预期损失。因此，入账价值与公允价值是一致的。在贷款持有期间，当债务人财务状况出现恶化而不能及时偿付本金或者利息时，潜在预期损失将超过初始确认时确定的预期损失，贷款价值下降。但是，在历史成本计量模式下，债务人财务状况恶化并不能及时反映在财务报表中，并在真正出现偿付危机前计入损益。信用周期和经济周期是相伴的。虽然从整个经济周期来看可以通过动态准备金制度（provisioning system）来反映信用损失的周期性，但在经济周期内部可能造成年度间盈利的波动，尽管这种波动从长远看是暂时的。此外，采用公允价值计量贷款及应收款项造成年度间盈利和净资产波动的程度也取决于风险管理方式。当大部分利差用来抵御预期损失时，盈利的波动性将在一定程度上降低。

新资本协议规定，所有采用IRB法的银行都应当估计公司、主权和银行风险暴露中的各档次借款人评级或零售风险暴露中各类暴露池的违约概率，并根据监管当局确定的或内部模型确定的违约损失率、违约风险暴露和有效期限计算预期损失（预期损失率与违约风险暴露之积）。在发放贷款时，通过计算客户信用评级和债项评级确定是否授信，并分配相应的资本。在持有期间，银行应当每年至少评级一次。对于风险较高的贷款或问题贷款，应当不断重新评级，甚至推翻原有评级结果。新资本协议确定的IRB法从根本上改变了原有不考虑根据预期损失和非预期损失来分配资本和绩效考核的局面。在历史成本计量模式下，发放贷款时不需要考虑预期损失。只有在客观证据表明出现违约而导致减值发生时，银行才计提专项准备金制度。虽然一般准备用于吸收没有确指的贷款损失，但现有的一般准备只是针对实际已经发生的减值损失，并没有覆盖潜在损失。因此，一般准备不能及时反映预期损失的吸收情况。在采用公允价值模式下，公允价值能够充分地反映源于不同债务人财务状况和金融市场变动的影响，使得准备金制度更加具有前瞻性和灵活性，从而与新资本协议区分借款人信用等级的内在原理是一致的。总之，资产减值损失准备金是对金融资产账面价值的抵减项，采用公允价值所导致的准备金变动将不可避免地影响加权风险资产总额。

6.2.2.3 公允价值计量对表外加权风险资产的影响

从20世纪80年代开始，在信息技术的推动下，为了规避监管、扩大收入来源和管理风险，以衍生金融工具为代表的表外业务在范围和深度上不断加大，并对银行风险管理活动产生重大影响（见表6-3）。

表 6-3　表外衍生交易活动　　　　　　　　　　　　单位：10 亿美元

风险种类/工具	未清偿名义金额			市场价值总额		
	2005年12月31日	2006年12月31日	2007年6月30日	2005年12月31日	2006年12月31日	2007年6月30日
总合约	297670	414290	516407	9749	9682	11140
外汇合约	31364	40239	48620	997	1264	1343
利率合约	211970	29115	346937	5397	4820	6057
权益挂钩合约	5793	7488	9202	582	853	1116
商品合约	5434	7115	7567	871	667	670
信用违约互换	13908	28650	42580	243	470	721
未分配项目	29199	39082	61501	1659	1608	1233
总信用暴露				1900	2034	2669

资料来源：巴塞尔银行监管银行（www.bis.org）。

　　为了规范银行衍生活动和防止逃避资本监管，1986 年 3 月，巴塞尔银行监管委员会发布《银行表外风险管理》，认为与大多数表外业务相关的各类风险与表内业务的风险基本上没有差别，应当将表外业务是为银行总体风险的重要组成部分。2001 年 11 月，中国人民银行发布《商业银行表外业务风险管理指引》，对规范表外业务提出明确要求❶；《萨班斯−奥克斯利法案》（2002）明确规定，所有证券发行者的年度和季度财务报表应当披露全部资产负债表表外交易。

　　在计算资本充足率时，1988 年资本协议和 2004 新资本协议以及《商业银行资本充足率管理办法》（2004，2006）均采用二次转换法，通过信用换算系数（credit conversion factors）和交易对手风险权重确定加权风险资产总额。

　　SFAC No.5《企业财务报表确认和计量》（1984）认为，确认财务报表项目应

---

　　❶《银行表外风险管理》（1986）重点从 3 个角度阐述表外风险：市场/头寸风险、信用风险和营运控制风险，并在分析信用风险时将表外业务分为 4 类：①担保和类似的或有负债；②承诺；③与外汇、利率和股票指数相关的交易；④咨询、管理和承销服务。这 4 类表外业务按照性质可以再分为两类：或有类和衍生类。或有类表外业务通过《或有事项》或者类似会计准则通过预计负债或表外披露的方式予以处理。衍生类表外业务则经历了表外披露到表内确认的发展过程。《商业银行表外业务风险管理指引》（2001）关于表外业务的分类基本上沿袭了巴塞尔银行监管委员会的标准，但更加明确地将与市场相关的交易定义为金融衍生交易类。

当满足4项基本标准：①可定义性；②可计量性；③相关性；④可靠性；SFAC No.6《企业财务报表要素》（1985）则把可定义性视为重要的第一道屏障（a significant first screen）。衍生工具在20世纪50～80年代长期作为表外处理的主要原因在于合约体现为未来的权利或义务，尤其是不满足过去交易或事项所产生的未来经济利益流入的本质特征。1998年6月，FASB发布SFAS No.133《衍生工具和套期活动会计处理》，创造性地将衍生工具在表内予以确认，并在附注中披露。FASB认为，衍生工具代表符合资产和负债定义的权利和义务，应当在财务报表中进行报告。但是，只有确认为资产或负债的项目才应当在财务报表中作为资产或负债予以报告。❶针对衍生工具计量属性，FASB认为，公允价值是衍生工具唯一相关的计量属性，且能够提供更加相关和可理解的信息。

新资本协议在采用标准法确定未清偿衍生工具应分配资本时采用交易日会计而非结算日会计。按照权责发生制原则规定，衍生业务交易日就形成交易双方的权利和义务，并因此承担信用风险暴露。在计算表外加权风险资产总额时，1988年资本协议允许银行在现期风险暴露法和原始风险暴露法中进行选择。G10中央银行和监管机构认为，评估衍生合约信用风险的最佳方法是计算合约的市场价值，并在此基础上乘以追加系数，以反映衍生合约的潜在风险。因此，衍生合约所形成的表外风险资产总额计算步骤如下：

①确定所有正利率、汇率衍生合约的重置成本；

②按照名义本金额分别剩余期限和交易品种计算潜在信用风险额❷；

③加总正重置成本和潜在信用风险额；

④按照交易对手的性质加权。

---

❶ FASB认为，虽然衍生工具应当在资产负债表中予以确认，但相关利得或损失并不是独立的资产或负债；同时，将一项衍生工具指定为套期工具的行为并不能将利得或损失转化为一项资产或负债。这主要是因为利得不存在未来牺牲资产的义务，而损失不存在任何未来经济利益，且不能用于交换能产生价值和结算债务的现金、金融资产或非金融资产。

❷ 需要注意的是，1988年资本协议要求在确定追加系数时，如果交易特性导致夸大合约的名义金额时，银行应当采用有效名义金额而非表面名义金额。此外，协议还采用债权净抵扣十分谨慎态度。因此，协议规定，在计算资本充足率时，如果银行可以对需要更新的交易进行轧差或按照法律规定可以进行双边轧差，则银行可以进行净抵扣处理。其中，更新是指银行与交易对手之间在某一既定交易日交割某种特定货币的义务，与同一货币和计息日的其他义务自动合并。从法律意义上，更新的实质是以单独的金额替换原有的所有债务。

与现期风险暴露法相比，原始风险暴露法的计算技术显得较为简单和粗糙，难以准确衡量计量日衍生合约的重置成本，不利于银行在定期评估衍生合约市场价值的基础上更好地控制风险。此外，原始期限暴露法在适用范围上仅包括利率和外汇合约（包括黄金），无法处理与股权或商品相关的衍生合约。因此，1988年资本协议明确规定，在市场风险资本要求实施后被监管银行不再采用原始风险暴露法计算衍生合约所产生的表外加权风险资产。现阶段，我国上市银行基本上均能按照《商业银行资本充足率管理办法》（2004，2006）的规定在附注中按照衍生合约性质和剩余期限披露重置成本并在资产负债表中列报（见表6-4）。

表6-4 我国H股上市银行衍生交易活动 单位：百万元

风险/工具	中国建设银行			中国银行			中国工商银行			交通银行		
	总合约	资产	负债	总合约	资产	负债	总合约	资产	负债	总合约	资产	负债
利率衍生工具	115271	1107	1040	654946	6400	7934	149484	1271	1921	28888	147	249
利率互换	100680	882	793	369093	4236	4832	103372	1089	1735	24791	108	220
交叉互换	14591	225	247	34793	1532	2932	6328	123	127	3532	36	26
场外利率期权							6800	3	3	565	3	3
买入利率期权				187446	592							
卖出利率期权				48939		161						
远期利率协议							32984	56	56			
利率期货				14675	40	9						
货币衍生工具	472459	13407	1675	1218726	17595	5393	280621	9266	691	34784	152	52
即期外汇	13344	8	4									
远期外汇	153465	1074	1381	993008	11860	4974	176041	549	671	11215	51	43
外汇互换	126998	251	276							23234	99	8
买入货币期权	176070	12074		187446	5735							
卖出货币期权	2582		14	38272		419						
场外货币期权							104580	8717	20	335	2	1
权益性衍生工具				10572	453	390						

风险/工具	中国建设银行			中国银行			中国工商银行			交通银行		
	总合约	资产	负债	总合约	资产	负债	总合约	资产	负债	总合约	资产	负债
贵金属衍生工具				10520	389	606						
其他							79	2	1			
合计	587730	14514	2715	1894764	24837	14323	430184	10539	2613	63672	299	301

资料来源：中国证券监督管理委员会和香港联合证券交易所2006年数据。

SFAS No.133、IAS No.39和CAS No.22重要的改变在于将衍生合约从表外披露转换为表内确认。在公允价值计量属性下，当所有衍生合约均按照公允价值在资产表中确认，且不符合有效套期工具的衍生金融工具公允价值变动计入当期损益时，衍生合约相应的信用风险和市场风险已经反映在资产负债表中。但是，现有的表内加权风险资产并未包括衍生金融资产，仍旧将其作为表外业务。

6.2.3　公允价值、市场风险和资本充足率

利率、汇率和权益价格等宏观金融变量对银行的财务状况和经营成果影响很大。考虑到1988年资本协议过度专注于信用风险而忽视市场风险，1996年，巴塞尔银行监管委员会借鉴FRB的经验，发布《资本协议关于市场风险的修订案》，对1988年资本协议进行重大修订，引入市场风险的资本充足要求。《资本协议关于市场风险的修订案》涵盖了交易账户中与利率相关的各种金融工具涉及的风险，以及所有外汇风险和商品风险。在计算资本充足率时，银行应当采用标准法或内部模型法。[1]新资本协议在沿袭《资本协议关于市场风险的修订案》（1996）的基础上，重新界定交易账户的内涵[2]及其评估标准以及评估方法，以防止银行

---

[1] 市场风险标准法具有简单、易行等特点，但依赖于固定的风险系数。但是，标准法不但忽视不同市场的波动性差异，而且忽略不同风险系数的相关性，且有可能诱使银行从事更大风险的交易。在内部模型法下，银行可以根据在险价值(value at risk, VaR)技术计算利率、汇率、股权和商品等各种市场风险资本要求。需要注意的是，VaR仅适用于交易账户，且一旦采用内部模型法就不得再转回采用标准法。VaR技术的重要特点在于提高了交易头寸市场价值对市场金融变量的敏感性。

[2] 交易账户是指为交易目的或者规避交易账户其他项目的风险而持有的金融工具和商品的头寸。这些金融工具在交易方面不受任何条款的限制，或者能够完全规避自身的风险。此外，银行对金融工具和商品的头寸能够准确估值，并积极进行管理该投资组合。

混淆交易账户和银行账户来实行利得交易（gains trading）。❶

交易账户按照目的可以划分为：①为交易目的而持有的头寸；②为套期保值目的而持有的头寸。资本协议关于交易账户内涵的确定显著地影响会计准则制定机构和证券监管机构。1990年，SEC要求银行和储蓄机构对采用市场价值报告投资证券予以重点关注。1993年5月，FASB在SFAS No.115中明确提出划分交易性证券要求，并规定采用公允价值计量且其变动计入当期损益。FASB认为，对于非持有至到期的债务性证券和容易确定公允价值的权益性证券，公允价值能够提供更加相关的信息。IAS No.39认为，为交易目的而持有的金融资产/负债应当满足下列条件之一：①主要是为近期出售或者回购目的而获得或发生；②是统一管理的可辨认金融工具组合的一部分，且有证据表明近期实际存在短期获利回吐；③是一项衍生工具（不包括指定为有效套期的衍生工具）。

新资本协议规定，银行应当尽可能地采用市场价格计算交易账户头寸的价值，并且按照市场价格估值应当至少逐日进行；在采用市场价格估值存在困难时，银行可以按照数学模型进行估值。此外，银行还应当独立验证市场价格和模型参数的精确性。

新资本协议关于交易账户市场风险市场价值的确定方法与会计准则的规定是一致的。SFAS No.157按照公允价值的可靠性将估值技术所用参数划分为3个等级：①level-1，计量日主体准入的活跃市场相同资产或负债的市场报价（quoted price）；②leve-2，是指level-1之外的直接或间接可观测参数；③level-3不可观测参数。IAS No.39则以活跃市场为标志分别采用市场报价（mark-to-market）和估值技术（mark-to-model）来确定金融工具的公允价值，并提出确定金融工具公允价值的8项参数。❷国际审计准则第545号《公允价值计量和披露的审计》（*International Standard on Auditing 545-Auditing Fair Value Measurements and Disclosures*）规定，注册会计师应当重点关注管理当局在确定公允价值作出的重大假设及其变

---

❶ 信用衍生工具在银行账户和交易账户的会计处理方式不同。管理当局通常有意识地模糊二者的界限。

❷ 这8项参数分别是：①货币时间价值(基础利率或无风险利率)；②信用风险；③汇率；④商品价格；⑤权益价格；⑥流动性(金融工具价格或其他项目的未来变动程度)；⑦预付风险和履约风险；⑧金融资产或金融负债的服务成本。

化,以及估值技术中数据使用的一贯性、及时性和可靠性。

但是,衍生合约采用公允价值计量和披露是以假定衍生金融资产或负债的公允价值能够可靠计量为前提的。在许多情况下,衍生合约尤其是混合衍生工具或"客户化"衍生工具不但不存在活跃市场报价,而且常规合理估计衍生合约公允价值的方法也不适用或者不能有效实施,这需要更多地借助披露方法予以解决。

1988年资本协议和2004年新资本协议在处理市场风险时均只是对交易账户提出资本要求,而未对银行账户市场风险提出资本要求。从资产负债表构成看,交易账户资产占总资产的比重通常在20%以下。❶

强调针对交易账户而非银行账户分配资本的监管做法可能主要产生下列三个后果:①银行监管资本可能面临不充分状况,无法应对市场变量的剧烈变动。②导致监管套利行为。❷银行可以通过信用衍生合约(credit derivatives)将持有的头寸从银行账户转移至交易账户,或者将债务证券从交易账户移至银行账户而不计算市场风险。③不符合银行现阶段风险管理的现状。现阶段,利率衍生合约和信用衍生合约大量用于应对银行账户的利率风险和信用风险,银行账户和交易账户难以进行有效区分。❸

总之,公允价值计量不仅要求针对信用风险分配监管资本,而且还对市场风险分配监管资本产生重要影响。当客户贷款采用公允价值计量时,公允价值数额不仅反映市场风险而且还反映市场风险。

---

❶ 交易账户资产通常包括:①短期国债;②存款证券;③债务证券;④权益股份;⑤证券投资基金;⑥交易性证券;⑦衍生金融资产(衍生合约正重置价值);⑧其他交易性资产。

❷ 监管套利,是指银行在无需或只需很少降低整体风险水平的情况下通过技术调整人为地降低监管资本要求的行为。常用的监管套利方法主要是证券化、重构金融合约和调整资产负债表结构。

❸ 在混合模式下,对冲银行账户工具的交易账户头寸只能用账面价值反映。如果用市场价值反映这些交易账户头寸,可能会造成亏损或盈利的错觉,这是因为用于套期保值目的的交易账户头寸只是用于抵销被套期资产或负债的盈利或亏损。如果银行对金融工具逐笔进行对冲,单个匹配头寸很容易确认。但是,银行往往对多种风险同时进行对冲,难以做到一一对应。在这种情况下,银行很可能会事后选择对其有利的做法。特别当市值计价的工具出现损失时,银行有可能会通过将工具事后指定为用于对冲银行账户风险而掩盖损失。

6.3 公允价值与市场约束

6.3.1 充分披露、市场约束及其重要意义

有效市场理论认为，证券价格能够"正确地反映"投资者的集体知识和信息处理能力。当证券市场有效时，市场上任何时候的证券交易价格将正确地反映所有为公众所知的与该证券相关的信息。证券市场有效性的重要前提条件是证券价格能够对公开可获得信息迅速做出反应。此外，科学、合理的公司治理是以信息充分披露为重要前提的。英美市场导向型公司治理模式强调通过市场力量来建立科学、合理的公司治理，这必然要求具备完善的信息披露制度和发达的资本市场。

市场约束❶是指通过外部市场参与者来强化银行稳健运行和银行体系的持续稳定。市场约束是以充分披露为理论基础的，旨在通过证券市场参与者的积极或消极的买卖行为来影响证券市场价格变动，进而约束银行管理当局的经营管理行为（如自利行为）。各国银行监管经验表明，在追求透明度的目标指引下，基于市场的充分信息披露能够有效地实行金融稳定。因此，银行应当充分、及时、准确地向金融监管机构和市场利益主体发布有关财务状况、经营成果和现金流量变动信息，以使其做出科学、合理的决策。学术界的广泛研究表明，充分披露有助于银行监管和推动银行审慎经营。研究发现，市场约束是银行有效监管的重要补充；会计信息透明度有利于增强金融稳定；增加披露有助于银行防范风险；在东亚金融危机期间，会计披露质量高的公司证券价格存在显著的表现。虽然在有效市场条件下会计信息的披露形式（表内确认/表外披露）无关紧要，但在不完全市场条件下，尤其是当会计实务未能充分地揭示交易或事项的实质时，或者无法可靠地计量时，披露可能比确认更加重要。因此，通过充分披露可以推动外部力

---

❶ 外部市场参与者通常包括所有者、存款者、存款保险机构、信用评级机构、会计公司、金融分析师和新闻媒体等现实和潜在的利益相关者。存款者可以通过提取存款行使市场约束，所有者可以通过会计公司、信用评级机构和金融分析师等发出的信号积极参与公司治理或"用脚投票"来形式权利。

量来迫使银行合法合规经营。欧洲中央银行认为，加强公开披露可以使市场参与者更有能力推动银行以安全、稳健的方式开展业务；审慎监管和市场约束的相互作用对于提高银行和银行体系的长期稳定具有十分重要的意义，监管机构应当致力于以较为合理的成本进行高质量的公开披露。从1998年开始，BCBS开始与IASB通力合作，提高银行财务报告披露的透明度，以充分发挥市场约束的积极作用。

6.3.2　公允价值披露的历史演变与比较

6.3.2.1　《金融工具公允价值披露》（SFAS No.107）

20世纪80年代中后期的美国S&L A危机引起监管机构和学术界对公允价值的高度重视。1987年FASB发布征求意见稿《金融工具的披露》（*Disclosures about Financial Instruments*），要求披露金融工具的市场价值；1990年12月，在经过5次委员会会议和2次工作组公开会议讨论后，FASB再次发布征求意见稿《金融工具市场价值披露》（*Disclosures about Market Value Financial Instruments*）。经过公开听证和修订后，1991年12月，FASB正式发布SFAS No.107《金融工具公允价值的披露》（*Disclosures About fair Value Financial Instruments*）。❶

在系统阐述公允价值的相关性基础上，SFAS No.107要求所有主体按照可行性（practicable）原则，披露可以估计的金融工具公允价值，以及用于估计公允价值的方法和相关的重要假设。如果无法估计，则应当披露：①与估计该种或者该类金融工具公允价值相关的信息，如账面价值、实际利率和期限；②估计公允价值不可行的原因。此外，SFAS No.107还规定用于确定特殊项目金融工具公允价值的原则，主要包括存款负债、应收或应付账款等。在披露形式上，按照成本效益原则，SFAS No.107区别金融机构、非金融机构和小型非金融机构相应地以示例形式规定公允价值披露的具体形式。对于金融机构和非金融机构，应当以文字和图表的方式在附注中披露金融工具公允价值。例如，金融机构应当披露现金

---

❶ 在1990年征求意见稿中，FASB指出，市场价值适用于市场上的项目，无论是否存在活跃市场、一级或二级市场。但在慎重考虑后，FASB决定采用公允价值，以避免进一步的混淆，也与同时期其他国家或国际会计准则制定机构发布的类似披露建议中的术语相一致。

和短期投资、证券投资和交易账户资产、应收贷款以及存款负债等7种主要金融资产和金融负债公允价值确定的方法和假设,并且披露两个会计年度确认和未确认金融工具公允价值的可比数据。值得注意的是,FASB要求披露未确认金融工具公允价值事实上为将衍生活动和或有负债等表外活动纳入表内确认奠定坚实的基础。❶

2000年,FASB发布SFAS No.140,明确对衍生活动和证券化提出披露要求,规定企业应当披露假设的数量信息,如违约率、提前偿付率和保留在权益中的利率变动影响;2007年,FABB发布SFAS No.159《金融资产和金融负债公允价值选择》(*The Fair Value Option for Financial Assets and Financial Liabilities*)。SFAS No.159以附录形式将SFAS No.107和SFAS No.157等相关准则中关于公允价值披露的规定进行整合(见表6-5)。IAS No.32、No.39和IFRS No.7以及CAS No.37也均对金融工具信息披露提出要求,包括金融工具公允价值和定量风险信息,但均未明确提出披露形式要求。

表6-5 公允价值披露——公允价值计量及纳入当期损益的公允价值变化 单位:百万元

项目	资产负债表总账面价值 12/31/08	SFAS No.107公允价值估计 12/31/08	以公允价值计量的资产/负债 12/31/08	公允价值计量 12/31/08		
				相同资产的活跃市场报价(Level 1)	重大可观测输入参数(Level 2)	重大不可观测输入参数(Level 3)
交易性证券						
可供出售证券						
贷款(净额)						
衍生工具						
私募权益投资						
长期债务						

资料来源:节选自SFAS No.159的附录2表1。

---

❶ 这些或有负债或者衍生产品等表外活动主要包括:①利率互换协议;②展期信用承诺;③备用信用证;④签出财务担保合同。

6.3.2.2　IAS No.32和IRFS No.7公允价值披露比较

在FASB金融工具项目的推动和影响下，经过与CICA的共同努力，1991年9月，IASC发布征求意见稿《金融工具》，建议披露所有金融工具的公允价值，并于1995年6月正式发布IAS No.32《金融工具：列报与披露》，规范金融工具披露问题；1998年12月，IASC发布IAS No.39《金融工具：确认与计量》，并陆续发布应用指南，以解决金融工具确认和计量过程中存在的重大难题。

IAS No.32基本沿袭SFAS No.107关于金融工具公允价值披露的规定，但也存在一些细微的变化，主要表现在：①明确规定以比较的方式同时披露金融资产和金融负债的账面价值和公允价值。②在可行性原则的指导下，重点强调对以成本计量的未公开交易权益工具及其与之挂钩的衍生工具投资和具有相机抉择参与特征的保险合约，不要求披露公允价值信息，但应披露该事实、对金融工具的描述、账面金额和公允价值不能可靠计量的解释以及（如果可能）公允价值很可能存在的估计范围等信息。③将SFAS No.107关于公允价值确定的原则和存款负债公允价值的规定在IAS No.39中明确。④在适用范围上略小于SFAS No.107，主要是未明确合并子公司少数股东权益和权益投资以及无条件购买债务等公允价值披露。

2005年8月，IASB发布IFRS No.7《金融工具：披露》，取代IAS No.30《商业银行和类似金融机构财务报表披露》（*Disclosures in the Financial Statements of Banks and Similar Financial Institutes*）和IAS No.32关于披露部分的要求，并从2007年1月1日起生效。IFRS No.7进一步从形式和内容上完善了IAS No.32关于金融工具公允价值披露的规定，并在下列4个主要方面做出重大修正：

（1）取消IAS No.32关于金融资产和金融负债重要性的标准，规定披露确定每类别金融资产和负债公允价值的方法，以及采用估值技术时的重大假设。

（2）当基于假设采用估值技术确定公允价值时，区分确认或披露的不同情形，强调这些假设不能通过观测相同金融工具（未进行修正或重新打包）当前市场交易或者可观测的市场数据佐证，而不仅仅是可观测市场价格或比率。

（3）增加当假设改变而显著影响公允价值变动的重要性标准。除损益或总资产或总负债外，还应当包括总权益（在公允价值变化计入权益时）。

（4）强调不存在活跃市场条件下应当采用估值技术确定公允价值。如果初始确认公允价值（交易价格）与交易日采用估值技术确定的公允价值存在差异，应当按照金融工具类别披露处理此差异的会计政策及其变化。❶

6.3.2.3 我国金融工具公允价值披露存在的主要问题

6.3.2.3.1 CAS No.37 与 IFRS No.7 比较

2001 年我国会计准则制定机构开始在《债务重组》和《非货币性交换》等企业会计准则中引入公允价值计量属性，但对金融工具公允价值披露基本上没有作出规定。2006 年 2 月，财政部发布 38 项具体会计准则。其中，CAS No.37《金融工具列报》明确规定企业应当披露金融工具公允价值，主要内容包括：

①按照金融资产和金融负债类别披露公允价值信息，包括确定公允价值的方法和采用估值技术时对假设的应用；

②不存在活跃市场金融资产或金融负债公允价值差异；

③不需要披露公允价值的情形；

④按照成本计量的权益工具投资及其相关衍生工具公允价值无法可靠计量时的信息披露。

从总体上看，CAS No.37 关于公允价值披露的规定在内容上与 IFRS No.7 是一致的，但也存在一些细微差异，主要表现在下列三个方面。

（1）IFRS No.7 第 25 条规定，企业应当分别每一类别金融资产和金融负债披露其公允价值，且披露方式便于与账面价值相比较；第 26 条进一步规定应当将金融资产和金融负债划分为不同类别，并只有在允许互抵的情况下才可以净额列示。CAS No.37 第 29 条则规定除净额列示外应当以总额为基础披露，从形式上容易导致企业仅披露金融资产或金融负债的总额或者主要类别的公允价值总额，而非资产负债表金融资产或金融负债项目。

（2）IFRS No.7 第 28 条规定，当金融工具不存在活跃市场时，应当采用估值技术确定公允价值。但是，除不满足 IAS No.39 应用指南第 76 段（76AG）估值技

---

❶ 主要内容包括：①在损益中确认差异的会计政策，以反映市场参与者在确定金融工具价格时可能考虑的因素(包括时间)；②期初和期末尚未在损益中确认的总差异，以及对差异变化的调节。

术的应用条件，初始确认时公允价值的最佳证据是交易价格。❶初始确认时公允
价值与当时按照估值技术确认的金额之间可能存在差异。当存在这种差异时，应
当按照金融工具类别披露下列信息：①在损益中确认差异的会计政策，以反映市
场参与者在确定金融工具价格时可能考虑的因素，包括时间；②期初和期末尚未
在损益中确认的总差异，以及对差异变化的调节。从内容上看，CAS No.37 第 30
条的规定不但语义不明（差异是如何形成的），而且没有明确差异调节情况。

（3）IFRS No.7 第 29 条规定 3 种不需要披露公允价值的情形，包括：①账面
价值与公允价值合理近似时，如短期应收账款和应付账款；②对于不存在活跃市
场的权益工具投资或者与之挂钩的衍生工具；③包含相机抉择参与特征的合约
（IFRS No.4 规范的保险合约）。因此，当账面价值与公允价值差异较小或者不能
可靠计量时，可以不披露公允价值信息。CAS No.37 第 30 条规定 2 种不披露公允
价值的情形。从形式上看，没有规定对具有相机抉择参与特征的保险合约公允价
值披露。从内容上看，仅规定短期金融资产或金融负债账面价值与公允价值相差
很小时不披露公允价值。这样规定存在两个问题：一是重要性标准没有界定；二
是只关注短期金融资产或金融难关负债，而忽视了长期可变利率金融资产或金融
负债情况。

6.3.2.3.2　现行上市银行金融工具公允价值披露

按照《公开发行证券公司信息披露编报规则第 15 号——财务报告的一般规
定》、《公开发行证券公司信息披露编报规则第 18 号》和《公开发行证券公司信
息披露规范问答第 4 号——金融类公司境内外审计差异及利润分配基准》以及
《公开发行证券公司信息披露规范问答第 5 号——分别按国内外会计准则编制的
财务报告差异及其披露》等规定，我国上市银行在年度报告中分别披露经审计

---

❶ IFRS No.39AG76 明确规定在不存在活跃市场情况下采用估值技术时应当关注的因素。当采用估值
技术确定金融工具公允价值时，估值技术应当：①包含市场参与者在确定金融工具价格时考虑的所有因素；
②与在定价时认可的经济方法论一致。主体应当对估值技术进行定期校正，并使用相同金融工具的来自
当前可观测市场交易的价格来测试其有效性，或者以可获得且可观测市场数据为基础。主体应当一贯地从
发起或购买金融工具的相同市场获取市场数据。在初始确认时，金融工具公允价值的最佳证据是交易价格
（即收取或支付的对价的公允价值），除非通过与相同金融工具（未被修正或重新打包）的其他可观察当前市
场交易相比较，或者仅以可观测市场数据为变量的估值技术，来证明该金融工具的公允价值。

的、按照国内会计制度和具体会计准则和国际财务报告准则编制的财务报告。❶

从2006年年度报告披露情况来看，我国上市银行在公允价值披露方面是不全面的，而且并不完全按照IAS No.32的规定进行披露，造成上市银行财务报表可比性较差。主要表现在：

（1）境内外公允价值披露存在显著差异。虽然这10家上市银行均从2006年1月1日起执行《金融工具确认和计量暂行规定》（财会〔2005〕14号）。该规范性文件在内容上从属于IAS No.39且等同于CAS No.22，也没有规定如何披露金融工具公允价值。因此，在按照境内会计准则和相关会计制度编制的财务报表中，10家上市银行均未披露金融工具公允价值信息。然而，在按照国际财务报告准则编制的财务报表中，均不同程度地披露相关公允价值信息。

（2）披露形式上存在差异。IAS No.32规定风险管理与公允价值信息位置上等同披露。在按照国际财务报告准则编制的财务报表中，10家上市银行中兴业银行、华夏银行和中国工商银行等3家银行单独披露金融工具公允价值信息，其余7家均在（金融）风险管理（或者金融工具头寸）等列示金融资产和金融负债公允价值信息。

（3）披露内容上差异较大（见表6-6）。虽然10家上市银行均在财务报表附注中按照IAS No.32披露公允价值信息，包括确定方法和假设，但也存在较大差别，主要表现在：①披露金融工具公允价值的内容不同。A股上市银行大多在主/重要会计政策和会计估计以及（或者）变更中披露确定金融工具公允价值的主要方法，但H股上市银行基本上未在主/重要会计政策和会计估计中披露，而是在重要/重大会计估计和判断中披露。②披露详略程度差异较大。除深发展外，其余9家上市银行均采用文字和表格的形式披露重要金融资产或金融负债项目的账面价值和公允价值。但是，9家上市银行在披露项目上存在较大差别，华夏银行和浦发银行等只披露可转换债券和次级债券的公允价值，并认为其余项目公允价值与账面价值差异不大，这可能与上市银行的资产负债结构（包括利率结构和期限结构）直接相关。

---

❶ 截至2007年12月31日，我国共有14家上市银行，其中5家同时发行A股和H股的上市银行，分别是：①中国工商银行（A+H，601398、1398）；②中国银行（A+H，601988，1988）；③中国建设银行（A+H，601939，939）；④交通银行（A+H，601328，3328）；⑤深圳发展银行（000001）；⑥招商银行（A+H，600036，3968）；⑦中国民生银行（A，600016）；⑧华夏银行（A，600015）；⑨上海浦东发展银行（A，600000）；⑩兴业银行（A，601166）；⑪中信实业银行（A，601998）；⑫宁波银行（A，002142）；⑬南京银行（A，601009）；⑭北京银行（A，601169）。

表6-6 上市银行金融资产和金融负债账面价值与公允价值

单位：百万元

项目	中国建设银行			中国银行			交通银行			中国工商银行		
	AC	FV	△	AC	FV	△	AC	FV	△	AC	FV	△
金融资产												
持有至到期投资	1038275	1044763	6488	287398	287082	-316				1236211	1240391	4180
贷款和应收款项债券	546357	545538	-819	458606	458581	-25	48050	48071	21	1106163	1106246	83
客户贷款	2767232	2767232	0	1971865	1971846	-19	910307	910307	0	3454432	3454432	0
金融负债												
应付央行和同业款项	245229	245229	0	355230	355289	59	168666	168666	0	447692	447692	0
客户存款	4698800	4698800	0	3358565	3358960	395	1420331	1420726	395	6251403	6251403	0
发行债券	39917	41100	1183	60173	60931	758	12292	12292	0	35000	34263	-737
所有者权益项下投资重估储备		-1248			2009			867			2142	

注：

(1) 应收中央银行和银行同业款项主要包括：①存放中央银行款项；②存放同业；③拆放同业；④拆放金融性公司；⑤买入返售款项等。

(2) 应收中央银行和银行同业款项大多一年内到期目按照市场利率计算，因此，4家H股上市银行均认为摊余成本和公允价值差异不重要。

(3) 客户贷款在实行浮动利率定价的情况下，中国建设银行、交通银行和中国工商银行等认为摊余成本和公允价值相近似。

(4) 为便于比较分析，除特别声明外，表中数据均不包括集团整体数据。

(5) 应付中央银行和银行同业款项主要包括：①向中央银行借款；②同业存放；③同业拆入；④卖出回购款项等。

(6) 为统一数据口径，客户存款包括一般性企业存款、个人存款，存款证、应解汇出汇款等，不包含本票。

资料来源：上市银行2006年年度报告（www.crsc.org.cn和www.hk.org.cn）。

6.3.3 完善公允价值披露，提高市场约束效果

为了更好地发挥市场约束作用，提高财务报表的可比性，向财务报表使用者提供有利于科学决策的信息，在借鉴国际先进银行披露实践的基础上，提出下列完善我国上市银行公允价值披露的意见和建议。

（1）完善金融工具公允价值披露形式，主要包括在编制基础和重大会计政策和会计估计及其变更单独列示公允价值计量原则。

（2）在金融风险管理中以图文相结合的方式披露主要金融资产和金融负债项目公允价值与账面价值的差异。对于不存在重要差异的项目，应当揭示事实。具体来说，应当采用下列形式和顺序列示公允价值信息：

①确定公允价值的方法和假设；

②不存在重要差异的金融资产和金融负债项目；

③按照集团整体和本行分别列示存在重要差异的金融资产和金融负债项目比较数据（见表6-7）。

表6-7 金融资产和金融负债账面价值与公允价值 单位：百万元

项目	集团			本行		
	账面价值	公允价值	差异	账面价值	公允价值	差异
金融资产						
银行和其他金融机构存放款项						
持有至到期金融资产						
客户贷款和垫款						
……						
合计						
金融负债						
存放银行和其他金融机构款项						
客户存款						
可转换债券						
次级债券						
……						
合计						

总之，市场约束旨在通过外部市场压力来迫使银行在合法合规经营的前提下最大限度地实现股东价值最大化。完善金融工具公允价值披露是提高市场约束的重要举措。因此，我国监管机构应当不断根据市场需要，改革和完善包括公允价值在内的银行信息披露制度。

6.4 公允价值与金融稳定

6.4.1 信贷危机与金融稳定

金融体系稳定地实现功能而又不损害其效率是金融管制关心的主要问题（世界银行，1999）。金融监管的基本目标在于通过金融机构的稳健运行实现金融体系的稳定。因此，监管机构对以银行为主体的金融机构的微观金融活动进行管制构成金融监管的实质。

客户贷款是银行最重要的资产构成，利息收入则是最主要的收入来源。银行管理的目标在于通过资产负债的合理组合，在控制风险的前提下实现市场价值最大化。20世纪90年代信用质量是银行业面临的主要问题；银行管理当局应当在不牺牲贷款质量的条件下确保贷款增长；在开展贷款业务时，质量应当优于数量，应当加强贷款控制。❶

贷款活动本质上是亲周期的（。世界各国金融危机演变历史表明，信贷危机是银行危机的重要根源。为了更好地应对来自共同基金等金融机构和市场竞争压力，以花旗银行为代表的国际活跃银行大力开展负债产品创新，如可转让存单（CD）、超级可支付命令（SNOW）和货币市场共同基金（MMMF）等。

---

❶ 米什金认为,造成金融危机的主要因素包括:①利率提高;②股票市场下跌;③未预期的价格总水平下降;④不确定性增加;⑤银行恐慌。上述5种因素中,利率提高、股票市场下跌和不确定性增加是产生逆向选择和道德风险的源泉,并不断降低经济活动总水平。许多经济学家都从微观角度分析金融危机和经济危机的内在关系,如"债务-紧缩机制"和债务-通货紧缩"的论述。他提出如下危机链:意外事件(如战争)/宏观经济政策突然改变对宏观经济体系造成外部冲击—银行信贷极度不稳定(或曾经不稳定)刺激需求和投机—经济处于上升阶段,价格上涨,并形成过度交易—非理性预期导致投机狂潮或投机泡沫,金融欺诈横行—不确定增加导致市场信心下降,价格下跌,出现金融困难(financial distress)—市场参与者因普遍信息不足导致大量抛售—银行停止发放以商品和证券委抵押的贷款。

这些创新型金融工具的积极应用增强了银行负债管理的能力，并有力地提高了银行的竞争实力。从资产方面来看，竞争压力迫使银行延长贷款期限或者压低贷款利率，或者从事高风险的信贷或投资活动（如垃圾债券）。在存款利率稳定或者不断攀升的情况下，贷款利率的下降或从事高风险业务容易导致银行丧失清偿能力。

与积极、主动的负债管理相比，银行资产业务一般处于消极管理状态。这主要是因为在激烈的金融竞争环境中银行通常是资产价格的被动接受者，资产价格更加容易受到利率和汇率等外部金融变量的影响；其次，与存款相比，贷款的利率调整速度较慢。当资产和负债错配导致损失时，必然降低净利润和减少监管资本。在新股发行困难的情况下，银行将不得不削减资产规模或者调整资产结构。因此，造成银行不稳定的重要根源在于金融资产及其结构。

在利率和汇率等金融变量不断波动的情况下，资产价格相应地波动。但是，资产价格的波动具有不断自我强化的特征。在经济景气时，资产价格不断上升，盈利能力增强，核心资本增加，导致银行融资能力增强，促进银行扩大负债规模，进一步购买价格上涨的金融资产。当经济处于紧缩或萧条时，随着企业偿债能力的下降，导致金融资产价格下降，盈利能力下降，核心资本逐渐减少，融资能力下降，并引发信用评级的下降，进而增加融资成本，降低盈利水平，恶化流动性，甚至引发银行危机和经济危机。●此外，金融资产的最大特点在于为交易而交易的信用产品，并通过在空间和时间上不受限制地频繁交易来获取利润。对利益的不断追逐导致过度交易和过度投机，并在杠杆交易和信贷的共同作用下不断地推高金融资产价格。资产价格泡沫随之产生。当市场参与者普遍预期存在过度繁荣以及金融监管机构的强力监管下，资产价格开始下跌，引发市场信心危机，并推动资产价格以更快的速度下降，导致流动性缺乏。当存款者和其他债权

● 新巴塞尔资本协议规定,高风险债权应当赋予150%或者更高的风险权重:①对评级在B-以下的主权、公共部门主体、银行和证券公司的债权;②对评级在BB-以下的企业债权;③逾期贷款;④评级在BB-至BB+之间的证券化头寸风险权重为350%。此外,各国监管机构还可以决定对其他一些资产如风险投资和对非上市公司股权投资赋予150%或者更高的风险权重。在采用内部评级法时,专门针对专项贷款(spe-cialised lending)进行规定,特别是产生收入的房地产(income-producing real estate)和高波动性商用房地产(high-volatility commercial real estate)。

人认为银行可能丧失清偿能力时，感染效应进一步放大，并导致整个金融体系危机。从20世纪80年代世界各国发生的金融危机来看，信贷危机是引发银行危机乃至金融危机的根源所在。例如，1997年东南亚金融危机和1998年墨西哥金融危机均与这些国家银行体系过度放贷甚至从事高风险业务（如房地产信贷）密切相关。

为了更好地促进金融体系稳定和金融机构稳健经营，各国金融监管机构一直将金融资产尤其是信贷资产质量包括信贷集中度作为监管重点。在计算资本充足率时，1988年资本协议和2004年新资本协议均十分注重表内外信贷资产对监管资本和加权风险资产总额的影响。在标准法下，新资本协议对BBB+至BB-公司债权赋予100%风险权重，而对BB-以下公司债权赋予150%风险权重；对某些特殊高风险债权（如BB+～BB-之间的证券化头寸）赋予350%风险权重。

6.4.2 公允价值与贷款准备金制度

稳健主义原则在20世纪30年代之前是最重要的会计原则之一。在历史成本会计模式占据主导地位的情况下，稳健主义成为一项重要的修订性会计惯例。世界银行（2003）的调查显示，发达国家和新兴市场国家不同程度地建立贷款分类和损失准备制度。AAA（2000）认为，贷款损失准备能向财务报表使用者提供有用的信息，并在贷款组合违约率不变的情况下增加其向市场传递的信息。

SFAS No.114（FASB，1993）规定，当存在债权人不能按照贷款合同规定收回全部应到期金额的可能性时，贷款发生减值，所计提的减值贷款的可观察市场金额、担保物公允价值或按照实际利率折现的未来预期现金流量的现值与账面价值之差。但是，当贷款市场价格不能可靠获取时，管理当局在决定计提、冲毁和转销等方面拥有较大的自由裁量权，这为其操纵或平滑收益创造条件。IAS No.39规定，主体应当在每个资产负债表日评估是否存在证明一项或一组金融资产发生了减值的客观证据。当且仅当存在客观证据表明在一项或一组金融资产初始确认后发生一个或多个事项（损失事项）导致发生减值，且该损失事项（或多个损失事项）影响该金融资产或组合的可以可靠估计的预期未来现金流量时，该金融资产或组合发生了减值。减值损失等于账面价值与以初始确认时实际利率折现的预期现金流量（不包括尚未发生的未来信用损失）现值之差。减值损失直接减少或通过备抵账户减少该金融资产的账面价值，并计入当期损益。[1]从所列发生减值损失客观证据来看，这些证据都是客观存在或已经发生的。因此，计提的贷款损失准备在性质上具有回顾式而不是前瞻式。此外，在计提贷款减值损失时，无论是按照单项计提还是组合计提，都只是针对单项金融资产或其组合在特定时点来计提减值损失准备，没有考虑到整个宏观经济周期的影响，是一种静态而非动态的准备金制度。

尽管 SFAS No.114 和 IAS No.39 均没有明确规定所计提的贷款损失准备在性质上是属于一般准备还是专项准备，但这种划分对于计算资本充足率具有十分重要的影响。[2]1999 年 7 月，BIS 发布《贷款会计处理和披露的健全实务》（*Sound*

---

[1] IAS No.39 第 59 段列示六项表明一项/一组金融资产发生减值的客观证据,包括资产持有者注意到的下列损失事项的可观察数据:①发行方或债务人发生重大财务困难。②违反合同,如在本金或利息支付上出现违约或者拖欠。③出于与借款人财务困难有关的经济或法律原因,借出方给予借款人平时不愿做出的让步。④借款人很可能破产或进行其他财务重组。⑤由于财务困难,致使该项金融资产的活跃市场消失。⑥可观察的数据表明,在初始确认后,一组金融资产预期预计未来现金流量产生可计量的减少。尽管这种减少不能明确归到该组金融资产中的单项资产上,包括:该组金融资产的借款人支付状况出现不利变化,如延期支付的数量增加,或者达到信用上限但只支付每月最低数额的信用卡借款人的数量增加;与该组中资产的违约情况有关的全国或当地的经济条件,如借款人所在地区的失业率增加;发生抵押借款的相关地区的不动产价格下降;对向石油生产者提供的贷款资产,但石油价格下降;或影响该组金融资产的借款人的行业条件发生不利变化等。

[2] 1991 年 2 月,BIS 发布《将一般储备金或一般贷款损失准备金纳入资本的建议》(以下简称《建议》)。《建议》明确指出,纳入资本的一般储备金必须是随时可以不受限制地用于弥补当前尚未发现的未来损失的储备金。这表明在计算资本充足率时,不能包括那些针对已查明的国家风险、不动产贷款和其他有问题部门的资产贬值而计提的准备金。此外,纳入二级资本的一般储备金/一般贷款损失准备金不得超过加权风险资产总额的1.25%。美国《州成员银行资本充足性指南:基于风险的计算方法》[条例H(12CFR208)附录 A,1993 修订]和《银行控股公司资本充足性指南:基于风险的计算方法》[条例Y(12CFR225)附录 A,1993 修订]均规定,计入附属资本的贷款和租赁准备金不包括已分配的转移风险准备金和为已经确定的损失建立的准备金,且在过渡期末,列入二级资本的金融不得超过加权风险资产的1.25%。因此,在计算加权风险资产总额时,应当扣除超过计入二级资本部分的一般贷款损害准备金,并扣除专项准备金。

Practice for Loan Accounting and Disclosure）❶，规定银行应当计提贷款减值准备金。其中，专项准备金（specific allowance）是指针对已识别的单项贷款损失而计提的准备金；一般准备金（general allowance）是指针对已确知存在潜在损失但尚不能归因于单项贷款而计提的准备金。❷专项准备和一般准备应当足以抵补贷款组合中估计的贷款损失。新资本协议规定，按照 IRB 框架的规定，银行可以使用准备冲减风险加权资产的预期损失。

IAS No.39 规定，在计算可收回金额时应当采用初始确认时实际利率（effective rate）；BIS 认为，对于单项贷款，可接受的计算贷款估计可收回金额的方法主要包括：①以初始实际利率对预期未来现金流量折现，预期未来现金流量应当是银行在合理且可支持的假设和推定基础上做出的最佳估计。②抵押品的公允价值，针对抵押依赖（collateral-dependent loan）贷款。抵押依赖贷款是指还款来源

---

❶ 2005 年 11 月，巴塞尔银行监管委员会再次发布咨询稿《健全的信用风险评估和贷款估值》（*Sound Credit Risk Assessment and Valuation Loan*）。该咨询稿将取代上述文件。但是，咨询稿只是提出了 10 条原则，并未涉及减值贷款的会计处理和收入确认问题。

❷ 需要注意的是，Allowance 和 Provision 都具有准备金的意思。为了明确划分二者的关系，在翻译时我们通常将列入资产负债表的准备称之为准备金（allowance），而将列入损益表的准备称之为准备（provision）。提取呆账准备的资产指金融企业承担风险和损失的资产。

从我国情况来看，贷款损失准备金制度是较为混乱的。《金融企业会计制度》（2001）规定金融企业应当计提专项准备和特种准备两种。其中，专项准备按照贷款五级分类结果及时、足额计提；具体比例由金融企业根据贷款资产的风险程度和回收的可能性合理确定；特种准备是指金融企业对特定国家发放贷款计提的准备，具体比例由金融企业根据贷款资产的风险程度和回收的可能性合理确定。此外，从事贷款业务的金融企业还应当计提一般准备。一般准备是指从事存贷款业务的金融企业按一定比例从净利润中提取的一般风险准备。但是，《银行贷款损失计提指引》（2002）规定，银行应当按照谨慎会计原则，合理估计贷款可能发生的损失，及时计提贷款损失准备。贷款损失准备包括一般准备、专项准备和特种准备。其中，一般准备是根据全部贷款余额的一定比例计提的、用于弥补尚未识别的可能性损失的准备；专项准备是指根据《贷款风险分类指导原则》，对贷款进行风险分类后，按每笔贷款损失的程度计提的用于弥补专项损失的准备。特种准备指针对某一国家、地区、行业或某一类贷款风险计提的准备。此外，2001 年，《金融企业呆账准备提取及呆账核销管理办法》（财金〔2001〕127 号）要求金融企业建立统一的呆账准备金制度。从内容上看，贷款呆账准备金的计提范围包括所有承担风险和损失的资产；2005 年，财政部再次发布《金融企业呆账准备提取管理办法》，规定金融企业一般准备和相关资产减值准备。其中，一般准备，是指金融企业按照一定比例从净利润中提取的、用于弥补尚未识别的可能性损失的准备；资产减值准备，是指金融企业对债权和股权资产预计可收回金额低于账面价值的部分提取的，用于弥补特定损失的准备，包括贷款损失准备、坏账准备和长期投资减值准备。其中，贷款损失准备是指金融企业对各项贷款预计可能产生的贷款损失计提的准备，坏账准备是指金融企业对各项应收款项预计可能产生的坏账损失计提的准备。

只能依靠优先受偿的抵押品。③可观察的市场价格,如果能可靠地表明贷款的可收回金额。无论是IAS No.39还是BIS均采用贷款初始发放时的实际利率,并没有考虑在贷款持有期间市场利率的变动情况。初始实际利率是反映在贷款初始发放日借款人信用风险状况的利率水平,而借款人的信用风险和市场利率都可能在贷款持续期间发生变化。但是,当仅采用初始实际利率折现预期未来现金流量时,借款人信用风险的变化反映在预期未来现金流量及其概率上,市场利率风险并没有体现在可收回金额上。因此,依照初始实际利率计算的可收回金额并不是贷款的公允价值。

当采用计量日市场利率和相应的信用风险状况折现贷款的预期未来现金流量时,贷款的预期未来现金流量现值(公允价值)就同时反映计量日借款人的信用风险和市场利率风险(外汇贷款时还反映汇率风险)。因此,随着贷款日益广泛且深入地采用公允价值计量属性(尤其是在可以采用公允价值选择权将贷款指定为以公允价值计量且其变动计入当期损益的金融资产时),源于市场利率风险和借款人信用风险的贷款公允价值变动将直接影响银行当期损益,并在一定程度上可能造成盈利的波动。然而,只要这种公允价值波动能够真实、公允地反映经济实质和宏观经济波动,并在财务报表附注中加以充分披露,就不会引起利益相关者的过度反应,况且从整个经济周期来看,这种波动具有暂时性。

6.4.3 公允价值对金融稳定的影响

凯恩斯指出,"长期是对目前事情的一种误导。从长远来看,我们都是死的"。虽然公允价值利得或损失在整个经济周期内区域相互抵消,但在短期内这种影响将不可忽视。因为利率和汇率等经济变量无时无刻地在发生变动,金融资产和金融负债产品的价值也随之发生不断调整和变动;加之从长远来看,经济事项的发生充满不确定性。因此,公允价值对信贷资产价格乃至银行体系的影响也应当从短期进行衡量。

金融危机,是指以资产价格的急剧下降和许多金融机构以及非金融机构倒闭为特征的金融市场剧烈动荡。当金融市场不能有效运转时,实体经济受到严重影响并引发经济危机。公允价值自身不能引发金融危机。但是，FFVA能够加速信贷资产价格的快速上涨或下跌，加剧金融体系的内在不稳定，导致金融危机。金融危机是市场经济国家较为普遍存在的一种现象。例如，在19世纪末和20世纪初，美国大约每隔20年出现一次银行和金融危机。虽然存款保险制度有效地防止了银行体系的不稳定，但20世纪80年代中后期的S&L A和银行危机几乎导致FDIC濒于破产。此外，80年代瑞典、挪威和芬兰以及90年代的日本和俄罗斯及东欧国家也都不同程度发生银行危机。其中，日本银行危机是信贷扩张风潮尤其是房地产信贷的直接产物。新兴市场国家在20世纪90年代也先后发生多次金融危机，如1994～1995年的墨西哥金融危机、1997～1998年的东南亚金融危机。与发达市场经济国家出现的金融危机相比，新兴市场国家金融危机的重要原因是过度放贷导致的贷款损失增加以及由此诱发的银行财务状况恶化。

为了引导社会总需求的不断增长和诱发社会总供给的增加，政府通常采用低利率货币政策和较为宽松的财政政策刺激经济发展，使经济从萧条走向复苏和增长阶段。在心理预期和财富效应等因素的作用下，资产（包括担保物）价格不断上涨。在不改变负债总额的前提下，不断上涨的金融资产显著地改善单一银行乃至银行业整体的财务状况。在FFVA框架下，金融资产价格的增加直接表现为当期损益和可分配利润的增加。随着银行盈利状况的改善，一级资本的不断充实，进一步扩张银行扩大资产总规模及其结构的动力和能力，突出变为银行信贷规模的增加和资产价格的快速上涨，主要是资本市场证券价格和房地产价格飞速上涨。总需求增加，总供给增加弹性相对较小，主要表现为在短期内经济总量难以有效增加，进而导致生产要素价格相对上涨。随着投资者预期投资回报的增长，在财富效应的带动下，投资者更加愿意持有股票和债券等具有更高流动性的金融资产。这进一步导致金融资产价格居高不下，主要表现为资本市场总市值占GDP的比重不断上升。❶在金融资产不断上涨的过程中，公允价值计量属性显然发挥

---

❶ 资产需求理论(theory of asset demand)认为，在其他因素不变情况下，资产需求量与可支配财富、相对于其他资产预期收益率和流动性正相关，与相对风险程度负相关。例如，在其他因素不变情况下，如果投资者预期某项金融资产预期收益率增加，他将会更加愿意持有和买入该项金融资产；当预期某项金融资产风险相对增加时，风险厌恶型投资者将卖出所持有或远离该项金融资产。与实体经济领域资产相比，虚拟经济中金融资产具有更高的流动性。

着积极的推动作用，主要表现为银行财务状况和经营成果的不断改善，这也与收益计量的资产负债观密不可分。随着经济步入高涨甚至过热状态，政府可能通过提高短期利率或者减少货币供应量甚至提高存款准备率等货币政策来避免经济出现剧烈震荡。在逆向选择和道德风险的作用下，基准利率的提高导致信用风险低的借款者不愿意借款。而信用风险高的借款者仍然愿意借款，并进一步增加银行的坏账损失率或者贷款损失准备的增加，以及盈利水平的下降。在经济发展不确定性的增强和心理预期等因素作用下，经济过热开始转为经济紧缩，主要表现为包括股票和债券等金融资产在内的社会商品价格下跌。在经济步入紧缩甚至萧条阶段时，资产市场出现较深幅度的下跌，上市企业市场价值相应减少，银行不愿意发放抵押贷款或者信用贷款。这引起社会总投资和总产出的下降，工商企业较为普遍地出现破产倒闭现象。在其他条件不变的情况下，全面公允价值会计导致金融资产的价格下跌直接反映为当期利润和留存收益的减少，并进一步引发杠杆比率（leverage rate）的下降和一级资本充足程度的降低。[1]为了满足监管要求，在增发股票难以有效实行的条件下，银行不得不进一步缩减贷款等风险资产的规模，以提高盈利水平。随着银行财务状况的恶化，信贷水平和投资水平等进一步收缩，出现流动性危机甚至挤兑。在感染效应的影响下，以存款人为主体的债权人开始提取存款或主张债权，恐慌开始在整个银行业蔓延，大量银行破产，甚至导致经营良好的银行也受到波及，出现银行危机乃至金融危机。[2]因此，FFVA能够显著地加速外部经济变量对财务状况的影响，具有增强银行危机的特征。通过

---

[1] 杠杆比率=资本/资产×100%。在20世纪80年代，美国金融监管机构大多采用最低杠杆比率来控制银行的信贷扩张。资本化程度较大的银行杠杆比率必须高于5%，而低于3%将受到严厉的监管干预。但是，杠杆比率存在显著的缺陷，主要表现在：①没有有效区分不同资产的风险水平，这一点与1988年资本协议是相同的；②没有进行资本的分层，也没有考虑一般贷款损失准备和次级债等附属资本在抵御风险方面的积极作用；③只考虑信用风险，没有度量市场风险对杠杆比率的影响。

[2] Mishkin（2005）认为，美国大多数金融危机都开始于银行资产负债表的恶化、利率急剧攀升（通常是来自国外利率的上升）和资本市场的积累下跌以及主要由金融机构破产倒闭引起的不确定性增加，如1930年大危机期间出现的银行机构普遍破产倒闭现象。1928至1929年，美国股票市场总价值增长一倍左右。为了抑制股市过热，美联储采用紧缩的货币政策来提高利率。从1930年年中开始，在经济萧条和社会心理恐慌等因素共同作用下，股票市场持续下跌，到1932年股市下跌到1929年峰值的10%。从1930年10月至1933年3月间，有近1/3的银行破产，这进一步导致信贷水平的急剧下降和社会总投资的大幅减少，并引发债务危机和经济危机。

复杂的数理模型推导，Shin（2006）认为，FFVA能显著地加快向资产负债表传递杠杆水平和资产价格变化的影响，放大金融体系的潜在不稳定性。但是，FFVA也有利于监管机构及时准确地判断银行的清偿能力，推动更快地进行银行并购重组，并显著地降低社会成本和纳税人的损失。

总之，采用FFVA的条件下，在经济复苏和上升阶段，公允价值能够通过推动金融资产价格的上涨以显著改善银行的财务状况和经营结果，并刺激信贷水平扩张，进一步推动经济发展；在经济处于紧缩和萧条阶段，公允价值能够通过加速金融资产价格的下跌以强化银行的财务状况和经营结果恶化这一现实，并刺激信贷水平不断紧缩，诱发经济走向紧缩，甚至出现银行危机和金融危机。总之，FFVA对金融资产价格的上涨和下跌具有增强效应。

6.5 小结

本章较为全面地分析金融监管、金融自由化和公允价值的内在关系，并在此基础上，以巴塞尔新资本协议为框架，系统地分析公允价值对资本充足率计算和市场约束的影响，以及FVA与金融稳定的逻辑联系。

银行存在的目的就是承担风险。商业银行在经营管理中面临各种风险，其中最为典型的是信用风险、市场风险和操作风险。鉴于贷款资产构成资产负债表的85%以上，信用风险是商业银行面临的主要风险。在巴塞尔新资本协议框架下，FVA对监管资本和加权风险资产总额（含表内和表外）均产生重大影响；在市场风险方面，FVA也对源自交易账户利率风险、外汇风险和商品风险的加权风险资产具有重大影响。

充分披露是证券市场健康发展的基石。无论是会计准则制定机构（如FASB和IASB）还是银行监管机构，都认识到金融工具公允价值披露对于强化市场约束具有积极作用。巴塞尔新资本协议将市场约束作为第二支柱是符合公允价值市场价值导向本质的。在比较SFAS No.107、IAS No.32和IFRS No.7以及CAS No.37的基础上，本章还进一步剖析我国上市银行公允价值披露准则和实务存在的主要问题，认为现有披露是不全面的，难以有效地发挥市场约束作用。

　　公允价值对金融稳定的影响日益为世界各国监管机构所重视。金融危机在很大程度上源自信贷危机。但是，信贷活动本身是亲周期的（ECB，2000）。FVA（尤其是FFVA）通过资本充足率能够强化这种亲周期性，并在一定程度上成为诱发银行体系不稳定的内在根源之一。此外，本章还探讨了贷款损失准备制度与公允价值的相互关系。

第7章 公允价值与盈利波动

7.1 历史成本会计框架下的金融企业会计制度演进

7.1.1 突出账务处理的1993年《金融企业会计制度》

为了适应由计划经济向市场经济的转变，满足国家宏观经济管理的需要，1993年，财政部发布两项基本准则和13项行业会计制度。其中，金融企业（包括商业银行）主要适用《金融企业会计制度》（财政部、中国人民银行〔1993〕财会字第11号）和《金融保险企业财务制度》（财政部〔1993〕财商字第11号）。

在"财政决定财务、财务决定会计"原则指导下的《金融企业会计制度》（1993）具有较为显著的计划经济特征，旨在规范金融保险企业会计科目设置、账务处理和会计报表编制。

会计活动包括交易和事项的确认、计量、记录和报告等四个过程。其中，"会计计量是会计系统的核心职能"（Yuri Irji，1979）。《金融企业会计制度》（1993）的最重要缺陷在于只规范记录环节而忽视确认和计量环节，本质上属于簿记。这导致财务报表不能真实反映金融企业的财务状况和经营成果。主要表现在：

（1）财务报表项目不满足资产和负债定义。会计确认应当满足四项条件：可定义性；可计量性；相关性；可靠性。《企业会计准则》（1992）将资产定义为拥有或者控制的能以货币计量的经济资源，没有突出资产的本质特征——预期能产生经济利益。《金融企业会计制度》（1993）在会计科目设置上包含一些不能产生未来经济利益的项目，如待处理财产损益和固定资产清理等。

（2）历史成本成为唯一的计量属性。《企业会计准则》（1992）规定，会计核算应当以实际发生的经济业务为依据，并按照实际发生额入账。这直接导致账务处理完全采用历史成本计量属性。

（3）收益确认不真实。贷款利息收入按照权责发生制原则核算。其中，逾期3年以上的贷款不再计算应收未收利息。❶这不但造成银行虚盈实亏，而且导致纳税负担的增加，也不符合国际惯例。

（4）缺乏披露规定。《金融企业会计制度》（1993）只规定会计报表的格式和编制方法，没有规定附注披露的形式和内容。

7.1.2 体现谨慎特征的2001年《金融企业会计制度》

为了更好地推动市场化改革，在《会计法》（1999）和《企业财务会计报告条例》（2001）的指导下，财政部于2001年12月发布《金融企业会计制度》。《金融企业会计制度》（2001）充分地借鉴企业会计准则，初步实现了由单一历史成本计量属性向混合计量属性的转变。主要表现在：①遵循谨慎性原则的要求，修订历史成本。《金融企业会计制度》（1993）只规定商业银行计提贷款呆账准备、坏账准备和投资风险准备等三项准备。《金融企业会计制度》除将投资风险准备分割为短期投资跌价准备和长期投资减值准备外，还对固定资产、在建工程和无形资产等非流动资产计提减值准备。在收益确认方面，将应收利息停息期限大幅缩小为90天，且在贷款到期90天后仍未收回的，或在应收利息逾期90天后仍未收到的，冲减原已计入损益的利息收入，转作表外核算。②短期投资按照成本与市价孰低计量，标志着历史成本主导地位开始受到一定的冲击。③初步规范会计要素的确认、计量和报告，实现与国际会计准则的初步接轨。

但是，《金融企业会计制度》（2001）仍旧是在历史成本占主导地位的前提下

---

❶《公开发行证券的商业银行有关业务会计处理补充规定》(财会字〔2000〕20号)将其期限缩短为90天。但是,《财政部关于调整金融企业应收未收利息核算办法的通知》(财金字〔2001〕25号)规定,贷款利息自结息日起逾期180天(含)以内的应收未收利息继续计入当期损益。

进行的，全面体现谨慎性原则的准备金制度只是对历史成本计量属性的进一步修正，而且依然没有解决会计要素的确认、计量和披露问题。因此，《金融企业会计制度》（2001）仅仅是对1993年制度的修订和补充，仍然具有较为浓厚的行业会计制度特征。此外，商业银行会计制度政出多门和部门分割现象更为严重。其中，国有独资商业银行遵守《金融企业会计制度》（1993）和《金融保险企业财务制度》；上市银行遵守《企业会计制度》（2000）和证监会发布的各种规范性文件；非上市股份制银行则主要遵守《金融企业会计制度》（1993）和《股份有限公司会计制度》（1998）；城市商业银行遵守《城市合作银行会计制度》。❶

总之，无论是1993年还是2001年《金融企业会计制度》，都没有解决会计要素的确认和计量问题，基本上仍然采用历史成本计量属性。这一方面造成商业银行财务报表不能真实反映财务状况和经营成果，另一方面也难以适应我国市场经济进一步发展和金融业改革开放深化的需要。

7.2 公允价值对商业银行盈利波动的影响

盈利人为波动或者过度波动以及由此造成的资本和股票价格过度波动，是FVA尤其是FFVA最为监管机构、学术界和包括商业银行在内的金融机构职责所在，特别是当金融资产和金融负债在不对等地应用公允价值计量时。

为了更好地地理解公允价值会计的经济后果，本书采用情景分析法探讨FFVA框架下商业银行的盈利波动。

7.2.1 关键假设、估值模型和模拟资产负债表

为了真实、完整的理解FFVA对商业银行盈利波动的影响，本书以2006年12

❶ 证监会发布的主要规范性文件包括：《公开发行证券公司信息披露编报规则第1号——商业银行照顾说明书内容与格式特别规定》、《公开发行证券公司信息披露编报规则第2号——商业银行财务报表附注特别规定》、《公开发行证券公司信息披露编报规则第7号——商业银行年度报告内容与格式特别规定》和《公开发行证券的公司信息披露编报规则第18号——商业银行信息披露特别规定》等。中国人民银行于2002年5月发布《商业银行信息披露暂行办法》，也对商业银行信息披露的内容提出明确要求。

月31日10家上市银行资产负债表平均构成为标准，分别在HCA和FFVA框架下探讨FVA对商业银行盈利和监管资本的影响。HCA框架以《金融企业会计制度》（2001年）为基础，FVA则以FASB（2000）《初步意见》和JWG（2001）《金融工具和类似项目：结论基础》为基础。《初步意见》（FASB，2000）和《金融工具和类似项目：结论基础》（JWG，2001）均规定，所有金融工具以公允价值计量且其变动计入当期损益。❶此外，我国上市银行从2001年按照证监会要求披露按照国际会计准则编制的财务报表，并经境外会计公司审计。

采用情景分析法将不可避免地存在偏见和缺陷。例如，假设上市银行现行资产负债结构是给定或者是合理的，商业银行管理当局不因会计政策的变更而改变经营管理行为。但是，情景分析法仍然能够为理解FFVA的影响提供一定的客观依据。

7.2.1.1 关键假设

为了更好地贴近上市银行资产负债表构成的现实情况，考虑到年度报告披露数据的可获得性，在研究FFVA与盈利波动的关系时，本书主要做出下列11项重大假设：

（1）在现阶段利率市场化和缺乏活跃衍生市场等情况下，上市银行主要是与客户签订变动或固定利率合约。但是，上市银行在年度报告中没有披露按照利率变动划分的贷款结构。本书假设变动利率和固定利率贷款各占50%。

（2）在上市银行普遍没有披露贷款期限结构的情况下，本书根据巴塞尔新资本协议将贷款划分为公司贷款和住房抵押贷款（住房抵押贷款一般占上市银行个人信贷总量的85%以上），其中，公司贷款按照长中短期在细分为1年、3年和5年，还款方式为按年结息、到期还本❷；住房抵押贷款期限为10年，还款方式采

---

❶ 本书采用《金融企业会计制度》(2001)而非《金融保险企业会计制度》(1993)作为历史成本会计框架的基础,尽管后者几乎对资产全部采用历史成本计量属性。这主要是出于3种考虑:①现行上市银行均采用《金融企业会计制度》(2001)进行会计处理和编制财务报表;②《金融企业会计制度》(2001)在很大程度上沿袭以历史成本计量资产的传统;③《金融企业会计制度》(2001)较好地吸收了具体企业准则的内容,特别是资产减值和收入确认等。

❷《贷款通则》按照期限将银行贷款分为短期、中期和长期。短期贷款是指贷款期限在1年以内(含1年)的贷款;中期贷款是指贷款期限在1年以上(不含1年)5年以下(含5年)的贷款;长期贷款是指贷款期限在5年(不含5年)以上的贷款。

用普通年金方式（按年归还）。

（3）我国现阶段缺乏活跃的金融衍生交易市场。上市银行一般采取表外披露方式披露衍生活动情况。从年度报告披露情况来看（按照国际会计准则编报），衍生资产或衍生负债占总资产或总负债的比重在5%以下。因此，本书假设不存在衍生市场以对冲利率风险和信用风险。

（4）虽然一些上市银行正在尝试综合经营，但《商业银行法》（2003）不允许商业银行从事股权投资和非自用房地产投资。本书假设上市银行资产负债表构成中不存在投资性房地产、权益法下股权投资和控股子公司。

（5）假设收益率曲线是扁平的。当收益率曲线发生变动时，上市银行所面临的未预期损失在理论上将影响其净资产。

（6）违约概率（PD）和违约损失率（LGD）采用BCBS为评价新资本协议影响而进行的第3次数量调查结果。其中，公司贷款PD和LGD分别为1%和45%；住房抵押贷款PD和LGD分别为0.5%和10%。

（7）证券投资包括交易性证券和投资组合，并假设均存在活跃市场。交易性债券票面利率为5%。投资组合包括HTM和AFS。本书假设投资组合为HTM，品种为5年期公司债券，票面利率7%，按年付息，不考虑交易费用和溢折价因素。

（8）存、贷款利率采用中国人民银行公布的基准利率，不考虑浮动因素。

（9）假设不存在所得税。

（10）不考虑银行自有信用状况的影响。

（11）假设拟分析上市银行为新设银行，不考虑以前年度会计政策和宏观经济条件变化的影响，以更好地模拟不同会计框架的净影响。

7.2.1.2　估值模型

本书采用现金流量折现技术计算存款、贷款和证券投资等金融工具公允价值，计算公式为

$$FV = \sum_{t=1}^{n} \frac{CF_t}{(1+R_t)^t} \tag{7-1}$$

式中，CF_t 为第 t 期现金流量；R_t 为第 t 期折现率；$R_t = R_f + R_r$，R_f 为货币时间价

值，R_r为风险溢价。

或者采用资本资产定价模型（capital asset pricing model，CAPM）计算回报率。[1]

$$R_i = R_f + \beta_i(R_m - R_f) \tag{7-2}$$

式中，R_f为无风险利率；R_m为市场平均回报率；β_i为第i种证券的β系数。

$$E(C) = \sum_{i=1}^{n} CF_i \times P_i \tag{7-3}$$

式中，CF_i和P_i分别为第t期状态i时的现金流量及其概率。

7.2.1.3 模拟初始资产负债表

本书以截至2006年12月31日10家上市银行资产负债表构成为基础（见附录1），构造出简化的上市银行初始资产负债表构成（见表7-1）。

表7-1 上市银行初始模拟资产负债表构成

资产	比例/%	期初数额/万元	负债和股东权益	比例/%	期初数额/万元
现金及超额准备金	10	1000	负债		
证券投资	20	2000	客户存款	90	9000
交易账户	2	200	短期	45	4500
银行账户	18	1800	中长期	45	4500
公司贷款	50	5000	发行债券	3	300
短期贷款	30	3000	其他负债	2	200
中期贷款	10	1000	负债合计	95	9500
可变利率	5	500			
固定利率	5	500			
长期贷款	10	1000	股东权益		
可变利率	5	500	股东权益	5	500

[1] CAPM模型假设资产价格中的风险是资产回报与所有风险资产的市场组合回报的协方差的函数。但是，CAPM模型也存在几个问题：①假设条件过于严格。②模型有效性问题。Fama和French（1992）研究发现，在控制公司规模和市净率后，回报与β系数不相关。③难以检验不存在市场的单项资产。

续表

资产	比例/%	期初数额/万元	负债和股东权益	比例/%	期初数额/万元
固定利率	5	500			
个人住房抵押贷款	10	1000			
商业房地产贷款	10	1000	股东权益合计		
资产总计	100	10000	负债和股东权益总计	100	10000

注:

(1)本表没有考虑贷款组合多样化的具体情况,而简单地按照期限分为短期、中期和长期及可变和固定利率贷款,以体现利率的期限敏感性。

(2)本表按照巴塞尔新资本协议信用风险标准法(standardised approach)的要求,将房地产抵押贷款单列,并不再考虑公司贷款和零售贷款的区分。

(3)其他资产主要包括固定资产和无形资产等非金融资产。

(4)客户存款按照期限以一年为标准分为短期和中长期存款,以体现利率敏感性。

(5)发行债券主要包括可转换债券和次级债等,本表不做进一步区分。

(6)股东权益分为投入资本和留存收益。其中,前者包括股本和股本溢价,本表不做进一步区分。

模拟上市银行初始资产负债表具有下列5个主要特点:①资金来源中存款占90%,发行债券占3%,股东权益占5%。②资产构成中货币资金(含库存现金和存放中央银行款项等)、证券投资和客户贷款分别占10%、20%和50%。其中,证券投资构成中交易性证券和投资组合分别占2%和18%。③客户贷款短、中和长期分别占30%、10%和10%。❶④客户存款构成中活期和定期存款各占50%。⑤住房抵押贷款中个人和商用部分各占10%。

7.2.2 证券投资公允价值变动与盈利波动

证券投资是商业银行资产负债表的重要构成部分。经验研究大多赞同证券投资公允价值具有价值相关性(如Barth,1994;Nelson,1996;Eccher,1996)。证券投资公允价值变动具有多方面的原因,主要包括:①违约风险。发行者信用

---

❶ 10家上市银行在公布贷款期限结构方面差别较大。例如,只有上海浦东发展银行、中国民生银行和深发展A等少数银行在财务报表附注中披露;中国工商银行、中国银行和中国建设银行等则在管理当局讨论与分析中提及。从已披露数据来看,各家银行中长期贷款一般占30%~60%。其中,深发展A为30.89%,中国民生银行为54.25%,中国工商银行为60.38%。

状况恶化，致使不能按期偿还本金和利息。违约风险越高，风险溢价越大。❶
②流动性。资产流动性越强，利率越低。③所得税。④期限。期限越长，利率敏感性越高。❷

在《金融险企业会计制度》（2001）（以下简称HCA）框架下，证券投资按照持有期限分为短期投资和长期投资，并分别采用不同的成本法和成本与市价孰低法；在FFVA框架下，所有金融工具以公允价值计量且其变动计入当期损益。

短期投资和交易性证券存在较大程度的重叠。当短期投资为获取短期差价而积极且频繁地进行交易时，短期投资或交易性证券在范围上基本相同，差别主要在于3个方面：①交易费用处理。HCA将交易费用作为初始成本的组成部分；FFVA则将其计入当期损益。②当市场价格大于初始成本时如何确认市场价格变动的影响。HCA只确认减值（历史成本大于市场价格）；FFVA不但确认减值而且还确认升值变动的影响，并计入交易性证券投资损益。③如何处理利息或现金股利。HCA在实际收到利息或现金股利时直接冲减初始成本；FFVA则在资产负债表日计提应计利息。

当银行管理当局意欲长期持有时，HCA和FFVA框架对盈利的影响存在较大差异，主要表现在两个方面：①收益确认。HCA框架下，长期投资按照历史成本计量，并按照票面价值与票面利率按期计算确认利息收入，溢折价按照直线法或实际利率法摊销。FFVA框架下，长期投资按照持有意图和能力划分为HTM和AFS，按照公允价值计量，且采用实际利率法（effective rate approach）计算利息收入。②减值准备处理。HCA框架下长期投资减值准备主要处理与信用风险相关的减值损失，几乎不涉及市场风险；FFVA框架下，投资组合减值测试同时涉

❶ 风险溢价(risk premium)，是指具有违约风险的债券与无风险债券(如国债)利率之间的差额。违约风险导致风险溢价总为正值。

❷ 收益率曲线描绘利率的期限结构特征。Mishkin(2005)认为：①不同期限债券的利率随时间变动而变动。②如果短期利率较低，收益率曲线更有可能向上倾斜；如果短期利率较高，收益率曲线更有可能向下倾斜。③收益率曲线几乎总是向上倾斜的。

及信用风险和市场风险。❶

当市场利率上升或者发行者信用状况恶化导致信用评级下降时，债券市场价格下降，HCA 和 FFVA 框架下净盈利存在显著差别（见表7-2）。

表7-2　市场价格下跌时 HCA 和 FFVA 框架下证券投资的不同影响　　单位：万元

项目	HCA	FFVA
净利息收入	126	136
利得或损失	−10	−100
合计	116	36

注：

（1）假设市场报价由期初的100元跌至95元。

（2）在不考虑交易费用和溢折价等因素下，2007年12月31日，HCA 和 FFVA 框架下收益确认均为票面价值与票面利率的乘积。

在 FFVA 框架下，减值损失准备能够以更加及时的方式确认因信用状况恶化所导致的市场价值变化；HCA 框架下只有市场连续2年低于账面价值或其他导致不能收回投资迹象存在时才确认。

当市场利率下降或者发行者信用状况好转导致信用评级增加时，债券市场价格上升，HCA 和 FFVA 框架下盈利也存在较为显著的差别（见表7-3）。

---

❶《金融企业会计制度》(2001)第49～51条规定如何处理是否存在市价的长期投资减值问题。对于存在市价的长期投资，当存在下列迹象时，判断是否计提减值准备：①市价持续两年低于账面价值；②该项投资暂停交易1年或1年以上；③被投资单位当年发生严重亏损；④被投资单位持续2年发生亏损；⑤被投资单位进行清理整顿、清算或出现其他不能持续经营的迹象。对于不存在市价的长期投资，当存在下列迹象时，判断是否计提减值准备：①影响被投资单位经营的政治或法律环境的变化，如税收、贸易等法规的颁布或修订，可能导致被投资单位出现巨额亏损；②被投资单位所供应的商品或提供的劳务因产品过时或消费者偏好改变而使市场的需求发生变化，从而导致被投资单位财务状况发生严重恶化；③被投资单位所在行业的生产技术等发生重大变化，被投资单位已失去竞争能力，从而导致财务状况发生严重恶化，如进行清理整顿、清算等；④有证据表明该项投资实质上已经不能再给金融企业带来经济利益的其他情形。制度规定，如果由于市价持续下跌、被投资单位经营状况恶化，导致其可收回金额低于其账面价值的，应当计提长期投资减值准备。可收回金额，是指资产的销售净价与预期从该资产的持续使用和使用寿命结束时的处置中形成的预计未来现金流量的现值两者之中的较高者。其中，销售净价是指资产的销售价格减去所发生的资产处置费用后的余额。从规定内容来看，可收回金额与特定资产的使用和处置相关，具有明显的使用价值特征。

表7-3 市场价格上升时HCA和FFVA框架下证券投资的不同影响

单位：万元

项目	HCA	FFVA
净利息收入	126	136
利得或损失	0	100
合计	126	236

注：

（1）假设市场报价由期初的100元升至105元。

（2）在不考虑交易费用和溢折价等因素下，2007年12月31日，HCA和FFVA框架下收益确认均为票面价值与票面利率的乘积。

考虑到年度内市场价格的波动性，HCA和FFVA框架下商业银行盈利将出现较大差异。由于净收益构成核心资本的重要内容，季度或者年度间债券的市场价格变动将不可避免地导致资本充足率也不断波动，并可能引发监管干预。但是，在一定程度上，债券市场价格的波动可能源自市场风险。

7.2.3 信贷资产质量恶化与盈利波动

7.2.3.1 信用质量一次性恶化时盈利波动

当发行者或借款者信用状况源于财务困难等原因发生一次性恶化时，则不同性质贷款PD和LGD都将发生不同程度的相应变化。

（1）客户贷款。假设公司贷款均为信用贷款，且PD和LGD分别为1%和45%。❶当借款者信用状况一次性恶化导致PD由1%升至2%时，虽然HCA和FFVA框架下应计利息差异不显著，但由于贷款减值损失确认时间上的差异导致期间损益具有较大差异。HCA框架下贷款减值损失的最大特点在于后视性（backward-looking）。HCA框架强调只有当存在客观迹象时才计提减值损失准备。❷IAS No.39规定，预期损失作为未来事项的结果，不管发生的可能性有多

---

❶ 对于无担保公司贷款,8%资本充足率要求近似等于1%的违约概率。巴塞尔新资本协议影响调查显示,无担保公司贷款违约损失率大致为45%。

❷《金融企业会计制度》(2001)规定,贷款损失准备应根据借款人的还款能力、贷款本息的偿还情况、抵押品的市价、担保人的支持力度和金融企业内部信贷管理等因素,分析其风险程度和回收的可能性,合理计提。CAS No.22列举的9种客观证据是具有较强的后验特征,且焦点放在信用风险。

大，都不应当确认。但是，新资本协议规定，银行必须用PD×LGD×EAD来计算违约的公司暴露预期损失。因此，银行应当计提贷款损失准备以弥补预期损失。

（2）住房抵押贷款。假设住房抵押贷款PD和LGD分别为0.5%和10%。信用质量一次性恶化导致PD由0.5%上升至1%。银行应当计提贷款减值损失准备金1（百万）（1000×1%×10%）以弥补预期损失（见表7-4）。

表7-4　信用状况一次性恶化时HCA和FFVA框架下客户贷款的不同影响　单位：万元

项目	HCA	FFVA
净利息收入	534	534
利得或损失	0	47
合计	534	487

注：

（1）在不考虑交易费用和溢折价等因素下，公司贷款合约利率与有效利率相同。

（2）截至2007年12月31日，1、3、5年期贷款基准利率分别为7.47%、7.56%和7.74%。

（3）不考虑市场利率变化因素的影响。

（4）假设只有长期贷款客户信用状况发生一次性恶化。

虽然HCA和FFVA框架下的最终影响在整个周期内相同，但二者在确认减值损失时间上存在重大差别。HCA只有在减值损失存在客观证据或实际发生损失时才确认减值损失。在这种情况下，减值损失事实上已经发生，计提减值损失准备金具有较强的追溯调整性质。FFVA能够更加及时地确认减值损失。只要当PD上升修正时，即使减值或违约行为实质上并未发生，银行就应当采用单项计提减值损失准备，具有较强的前瞻性（foreward-looking），贷款公允立即向下修正。

总之，当发行者或借款者信用状况一次性恶化时，HCA和FFVA框架下减值损失准备计提时点存在显著差异，主要表现在FFVA框架能够更加及时、直接地影响当期损益，能够更完整地反映金融变量变动。这在一定程度上能够促使监管机构和利益相关者更早、更好地采取争取的行为。需要注意的是，银行在使用内部评级系统时通常采用点估计方式，且最多考虑一年期。虽然这有助于银行及时采取灵活的风险管理措施，但是也在一定程度上造成盈利的人为波动，且具有亲周期效应。主要表现在：当信用质量向上修正时，PD和LGD相应地及时向上修正，预期损失相应减少；当信用质量向下修正时，PD和LGD相应地及时向下修正，预期损失相应增加。

7.2.3.2 信用质量累积恶化时盈利波动

当发行者或借款者信用状况源于财务困难等原因在整个借款期间内不断恶化时，则不同性质贷款PD和LGD将发生较为剧烈的变动。例如，标准普尔5年期公司贷款（BB级）累积违约率高达15.66%，个人房地产贷款则升至7.48%。

在巴塞尔新资本协议框架下，银行根据内部评级法确定整个贷款期限内的PD和LGD。信用质量累积恶化与信用质量一次性恶化结果相似，但后果更加严重。在FFVA框架下，对信用状况累积恶化的及时确认可能在较短时间内侵蚀银行的全部资本，这有助于监管机构及时采用干预措施，降低清算损失。在HCA框架下，银行在资产负债表日评价借款者信用质量的影响，且具有短期性。因此，HCA将导致银行在整个贷款合同期内逐渐确认信用质量变化的影响。

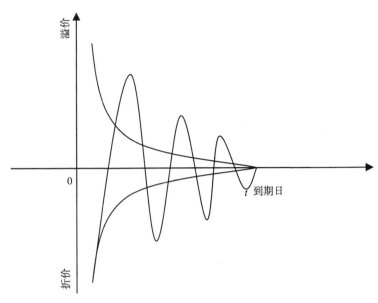

图7-1 整个合约期内市场价值变动的累积影响

无论是债券还是贷款,二者在到期日的市场价值与账面价值是相同的(见图7-1)。因此,在整合合约期间,利得或损失的确认具有暂时性。但是,这种由于信用质量的暂时性波动可能导致银行盈利和资本充足率在合同期内也不断发生变动,影响社会公众信心,并引发监管机构的不断干预。尽管如此,这种波动还是具有经济意义的,主要表现在其蕴含的信号意义。

7.2.4　利率变动与盈利波动

7.2.4.1　收益率曲线平行移动时的盈利波动

利率风险是商业银行面临的最重要风险。金融工具期限越长,对利率变化的敏感性越高。在期限不变情况下,利率上升幅度越大,监管资本受到侵蚀的可能性越大。

假设基准利率向上和向下平行移动100基点,银行盈利变动显著取决于资产期限结构特征,包括资产和负债期限结构、贷款结构中可变和固定利率贷款比例以及证券投资中交易和投资组合的相对比例。例如,长期生息资产的利率敏感性显著大于短期资产。

当利率向上移动100基点时,在HVA框架下,短期投资采用成本与市价孰低法,其差异幅度相对较小。但是,对于长期债券投资,FFVA框架下能够及时通过市场价格反映利率债券价值的下降,而固定利率贷款在HCA和FFVA框架下表现出不同的盈利状况(见表7-5)。

表7-5　收益率曲线向上平行移动时HCA和FFVA框架下盈利状况　　单位:万元

项目	HCA	FFVA
净利息收入	534	544
利得或损失	0	-94
合计	534	450

注:
(1)在不考虑交易费用和溢折价等因素下,合约利率与有效利率相同。
(2)假设商业住房贷款为固定利率贷款;个人住房贷款为浮动利率贷款。

但是，当收益率曲线向下平移100基点时，HCA和FFVA框架下盈利出现显著差别（见表7-6）。在HCA框架下，银行不确认债券和贷款升值对当期损益的影响；在FFVA框架下，银行除按照有效利率确认利息收入外，还在当期损益中确认债券和贷款公允价值变动持有利得。这导致FFVA框架下盈利近2倍于HCA框架。因此，FFVA框架显著地放大收益率曲线向下平移对盈利的影响。

表7-6　收益率曲线向下平行移动时HCA和FFVA框架下盈利状况　　单位：万元

项目	HCA	FFVA
净利息收入	534	544
利得或损失	0	405
合计	534	1065

注：
（1）在不考虑交易费用和溢折价等因素下，合约利率与有效利率相同。
（2）债券由100元升值为105元。

7.2.4.2　利率持续变化时的盈利波动

当债券和贷款整个持有期内考虑利率持续变化影响时，在不考虑到期前出售和到期后重新投资的条件下，因为二者都最终趋向于本金（或账面价值），HCA和FFVA框架对盈利的累积影响是一致。市场价值与账面价值趋于一致的特征，意味着在持有期内因利率变化所产生的利得或损失最终将会抵消。

当利率向下调整时，债券和贷款市场价值上升，FFVA框架下相应地在损益中确认公允价值变动利得。随着到期日临近，在不进行出售条件下，公允价值变动利得将在后续期间逐渐减少，并于到期日等于零。当利率向上调整时，债券和贷款市场价值下降，虽然二者按照有效利率确认利息收入，但在确认减值损失方面存在较大差别。FFVA框架确认市场利率下降产生的公允价值变动损失，并在整个持有期间逐渐转回；HCA框架不确认利率变动产生的公允价值变动损失。

7.2.5 房地产价格泡沫与盈利波动

银行危机通常与资产价格尤其是房地产泡沫密切相关，如1997～1998年亚洲金融危机和2007年4月始发的美国次按危机。房地产行业属于周期性行业，容易受到宏观经济波动的影响，借款人的偿还能力和抵押品价值的下降等因素均能导致房地产泡沫破裂，进而冲击银行。

截至2006年12月31日，10家上市银行商业房地产贷款占全部公司贷款的平均比例为11%。房地产业具有很强的经济周期特征，并表现为高波动性。●巴塞尔银行监管委员会新资本协议影响调查显示，商业房地产抵押物价值下降将导致PD和LGD分别升至3%和50%。

假设经济萧条导致借款者信用状况恶化，PD和LGD分别升至3%和50%，且利率增加200基点。FFVA框架下，银行立即在损益中确认房地产抵押物价值下降和利率上升导致的贷款贬值影响（见表7-7）。但是，HCA框架下只有减值已经发生时银行才予以确认减值损失，且不考虑由于利率上升所产生的贷款贬值。因此，FFVA框架能够加速银行收缩房地产贷款，这有可能进一步恶化房地产业的财务状况。

表7-7　房地产危机时HCA和FFVA框架下盈利状况　　　　单位：万元

项目	HCA	FFVA
净利息收入	157	157
利得或损失	0	−185
合计	157	−28

需要注意的是，信用状况和利率变动等引发的金融工具公允价值变动只是针对资产负债表的资产方，并没有涉及负债方。这种不对等采用FVA的方法可能导致盈利和资本充足率波动效应的放大。这主要是因为在不考虑银行自身信用状

● 新资本协议规定,过去几十年中,商业房地产贷款是造成银行业不良资产问题的重要原因。因此,商业房地产贷款风险权重只适合给予100%。

况变动的情况下，市场利率的变动对金融资产和金融负债的影响是存在抵消效应的。当市场利率上升时，固定利率金融资产公允价值下降（损失），定期存款公允价值上升（利得）；当市场利率下降时，固定利率金融资产公允价值上升（利得），定期存款公允价值下降（损失）。这可能缓解盈利和资本充足率的波动水平。

7.2.6　主要结论

情景分析表明，FFVA和HCA框架下盈利状况具有显著差别，主要表现在：

（1）FFVA框架使银行能够更加及时地确认发行者/借款者信用状况下降对资产质量的影响。

（2）与FFVA框架确认利率向上和向下变动影响相比，HCA框架只确认利率向下变动的单方面影响。

（3）FFVA框架虽然能够导致未实现利得或损失及时在损益中确认资产质量的变化，但这种确认具有较强的亲周期特征。

7.3　政策建议

银行天然是脆弱的。商业银行的高杠杆经营和借短贷长等特征内在地决定其较易受到外部因素的冲击和影响。在HCA框架下，因为绝大部分存、贷款不存在活跃市场且商业银行拟持有至到期，加之固定收益证券投资和贷款的收缩特性，这种冲击和影响对商业银行经营行为和金融稳定的影响较小。但是，在FF-VA框架下，所有金融工具都按照公允价值计量且其变动计入当期损益，如果金融工具不存在活跃市场，则通过估值技术确定的金融工具公允价值不可避免地掺杂管理当局的主观判断和计量误差。其可靠性是较弱的，甚至抵销由此产生的相关性。在税收方面，将未实现的利得或损失计入当期损益，将不可避免地影响纳税基础的计算，并引发对银行财务政策的改变。❶此外，推行FVA（含FFVA）将

---

❶ 2007年7月，财政部与国家税务总局联合下发《关于执行〈企业会计准则〉有关企业所得税政策问题的通知》（财税字〔2007〕80号）。其规定：①对持有至到期投资、贷款等按照新会计准则规定采用实际利率法确认的利息收入，可计入当期应纳税所得额；②以公允价值计量的金融资产、金融负债以及投资性房地产等，持有期间公允价值的变动不计入应纳税所得额。

不可避免地导致对现有信息系统进行改造，这将对中小银行造成巨大的经营压力。例如，在部分FVA框架下，采用实际利率法而非名义利率法计算利息收入和支出可能迫使银行分别针对客户和外部管理开发相应的数据库。

公允价值的发展与市场经济的成熟程度密切相关。现阶段我国金融市场不发达，可供交易的金融工具品种较少，且金融体系不完善。这导致商业银行所持有的大部分金融工具依赖模型来确定其公允价值，从而为管理当局操纵提供机会。因此，在推行FVA尤其是FFVA时，监管机构和商业银行均应当加强研究，慎重、稳步地推进FVA在商业银行的应用。主要措施包括：

（1）审慎、逐步推进FVA，可以先选择存在活跃市场的金融工具或者对交易账户资产应用公允价值计量。对于不存在活跃市场的存款和贷款以及专项债券，在可靠性问题得以有效解决之前，谨慎采用。

（2）加强披露，充分揭示FVA对商业银行当期损益和监管资本的影响。可以参照SFAS No.157、No.159和IAS No.39以及IFRS No.7有关披露规定，通过修订CAS No.37相关规定，充分利用市场力量约束银行管理当局的经营管理行为。

（3）会计、风险管理和信息科技等部门密切合作，积极改造现有信息系统，推进管理会计工作，保证金融工具会计准则在账务处理层面的实现。

（4）加强培训力度，提高商业银行会计人员职业判断水平。

（5）监管机构、商业银行和准则制定机构密切合作，共同研究在银行业推行部分FVA和FFVA的潜在利益及其对金融稳定的影响。

（6）准则制定机构与税务机关机构密切合作，切实研究FVA框架下银行税负变动情况。

7.4　进一步研究与展望

行文至此，对公允价值的演变历史、研究现状、理论基础、金融工具公允价值确定及其对金融监管的冲击和影响等做出初步探讨。书中许多观点仅代表作者长期思考的结果，一些结论有待进一步探讨和研究。

在本书写作过程中，作者深切感受到，在市场经济、全球一体化和信息技术等推动下，采用FVA尤其是FFVA正在成为各国会计准则制定机构的准则制导向。公允价值正在从金融工具最相关的计量助兴逐渐扩展到非金融工具。公允价值与活跃市场密不可分，并成为衡量各国市场经济发达程度的重要标准。

FVA应用存在深厚的市场经济和法律制度基础，以作者现有的功力和水平，难以通过本书展现其全部内容，并解决在应用中存在的各种问题，尤其是现阶段在商业银行应用面临的计量及其对风险管理和监管手段的影响等问题。本书中一些观点都是需要进一步深入研究。

作者认为，本书在研究方法和研究内容上仍有待进一步研究，主要表现在下列6个方面。

（1）截至2007年12月31日，我国仅有14家上市商业银行，且从2007年1月1日起采用与国际会计准则实质上趋同的企业会计准则。因此，本书无法获取充分、适当的数据采用统计模型阐述公允价值在我国所具有的价值相关性。

（2）公允价值可能影响金融稳定。但是，现阶段各国学者和监管机构等并没有得出说服性结论。例如，尽管丹麦是世界上唯一采用盯市会计的市场经济国家，并且没有发生金融危机。为了避免监管干预，丹麦银行业一般具有高于法定要求的资本充足率。这种以牺牲效率为代价的金融稳定真的能带来社会福利最优化吗？公允价值能够带来金融稳定吗？这都需要各国金融监管机构和学术界认真思考。

（3）公允价值与金融机构尤其是商业银行密切相关。从公允价值演变历史来看，金融机构一直对采用FVA尤其是FFVA持怀疑甚至消极态度，这与金融工具公允价值的可靠确定存在直接联系。本书只是原则性地提出投资、贷款和存款确定的基本原则，并没有对现实存在的各种多样化基本工具和衍生工具公允价值确定作出规定，尤其是在解决数量模型方面。

（4）现行资本充足率监管和准备金制度是以混合模式框架下的会计数据为基础的。全面公允价值会计的采用必然对资本充足率计算、准备金制度和监管方式等产生重大影响。本书只是粗浅地探讨对监管资本和准备金制度等冲击，这些影响还需要在实践中得以展现。

（5）公允价值与普通法存在密切的联系，尤其是真实与公允的观念对公允价值的演变具有重大影响。限于作者有限的法律功底，难以深入地展现二者的内在历史逻辑关系，这有待于今后继续研究，特别是在大陆法系与普通法系逐渐融合的背景下。

（6）公允价值应用与市场经济发展程度密不可分。公允价值会计的发轫与演变与美国经济和金融业的不断发展密不可分。现阶段我国市场经济尚处于转轨时期，生产要素市场和金融市场很不发达。因此，在不存在活跃市场情况下公允价值确定更多取决于存在较多主观性的数量模型。这必然产生计量可靠性问题。因此，需要进一步深入研究公允价值在我国特定经济发展阶段的具体应用。

这些内容都是笔者在本书写作过程中一直思索和需要解决的问题，但是，限于时间、精力和能力，笔者没有展开全面、深入地探索。在此，作者提出这些主要问题，一方面作为本书的结束语，另一方面也作为下一步研究的新起点。

参考文献

巴曙松，2003. 巴塞尔新资本协议研究[M]. 北京：中国金融出版社.

波斯纳，1997. 法律的经济分析[M]. 蒋兆康，译. 北京：中国大百科全书出版社.

财务会计准则委员会，2003. 财务会计概念公告第7辑——在会计计量中使用现金流量信息和现值[M]. 财政部会计司，译. 北京：中国财政经济出版社.

邓传洲，2005. 公允价值的价值相关性：B股公司的证据[J]. 会计研究(10).

董力为，2003. 债务计量的现行研究及应用的局限性[J]. 会计研究(11).

弗里德曼，1996. 资本主义与自由[M]. 张瑞玉，译. 北京：商务印书馆.

葛家澍，徐跃，2006. 会计计量属性的探讨[J]. 会计研究(9).

何美欢，1999. 公众公司及其股权证券[M]. 北京：北京大学出版社.

黄世忠，1997. 公允价值会计：面向21世纪的计量模式[J]. 会计研究(12).

黄伟华，1998. 以公平原则为基础建立证券市场会计理论和会计规范[J]. 会计研究(3).

黄学敏，2004. 公允价值：理论内涵与准则应用[J]. 会计研究(6).

加特，1999. 管制、放松管制与重新管制[M]. 陈雨露，等，译. 北京：经济科学出版社.

姜国华，李远鹏，牛建军，2006. 我国会计准则和国际会计准则盈余报告差异及其经济后果研究[J]. 会计研究(9).

姜国华，张然，2007. 稳健性与公允价值：基于股票价格反应的规范性分析[J]. 会计研究(6).

柯武钢，史漫飞，2002. 制度经济学[M]. 韩朝华，译. 北京：商务印书馆.

联邦存款保险公司，2004. 危机管理：1980-1994年联邦存款保险公司和处置信托公司的经验[M]. 刘士余，等，译. 北京：中国金融出版社.

卢永华，杨晓军，2000. 公允价值计量属性研究[J]. 会计研究(4).

陆建桥，2005. 关于资产计量的几个理论问题[J]. 会计研究(5).

路晓燕，2006. 公允价值会计的国际应用[J]. 会计研究(4).

罗胜强，2006. 公允价值计量对我国银行业的影响分析[J]. 会计研究(12).

毛新述，戴德明，姚淑瑜，2005. 资产减值会计计量问题研究[J]. 会计研究(10).

梅慎实，1996. 现代公司权利机关构造论–公司治理的法律分析[M]. 北京：中国政法大学出版社.

米什金，2005. 货币金融学（第六版）[M]. 刘毅，等，译. 北京：中国人民大学出版社.

佩顿，利特尔顿，2004. 公司会计准则绪论[M]. 厦门大学会计系，译. 北京：中国财政经济出版社.

钱弘道，2004. 英美法讲座[M]. 北京：清华大学出版社.

沈生宏，1999. 权责发生制、公允市价和会计信息相关性[J]. 会计研究(6).

沈小南，陆建桥，1999. 关于公允价值的讨论[J]. 会计研究(9).

史密斯，1994. 经济结构与金融发展[M]. 周朔，等，译. 上海：上海三联出版社，上海人民出版社.

王乐锦，2006. 我国新会计准则中公允价值的运用：意义与特征[J]. 会计研究(5).

谢诗芬，2002. 现值会计计量属性的理论基础及其启示[J]. 财经研究(28).

谢诗芬，戴子礼，2005. 现值和公允价值会计：21世纪财务变革的重要前提[J]. 财经理论与实践(26).

于永生，2005. 美国公允价值会计的应用研究[J]. 财经论丛(5).

于永生，2007. 美国公允价值计量准则评价[J]. 会计研究(10).

张开平，1998. 英美公司董事法律制度研究[M]. 北京：法律出版社.

朱海林，2004. 公允价值会计对欧洲银行业的影响：金融稳定性视角[J]. 会计研究(6).

AAA，FASC，2000a. Response to the FASB preliminary views：reporting financial instruments and related assets and liabilities at fair value[J]. Accounting horizons，14.

AAA，FASC，2000b. Response to the SEC concept release on international accounting standards [J]. Accounting horizons，14.

ABODDY D，KASZNIK R，1999. Revaluation of fixed assets and future firm performance: evidence from the UK[J]. Journal of accounting and economics，26.

ABODDY D，LIU J H，2002. Measuring value relevance in an (possibly) inefficient market[J]. Journal of accounting Research，40.

AHMED A S，KILIC E，LOBO G J，2006. Does recognition versus disclosure matter? Evidence from value-relevance of bank's risk and disclosed derivative financial instruments[J]. The accounting review，81.

AHMED A S，TADEK A C，1995. Stock market valuation of gains and losses on commercial banks' investment securities: an empirical analysis[J]. Journal of accounting and economics，20.

American Accounting Association，Financial Accounting Standard Committees，1990. Reports of the committee on accounting and auditing measurement 1989-1990[R]. Sarasota，Fla.

AMIR E I，1993. The market valuation of accounting information: the case of postretirement benefits other than pensions[J]. The accounting review，68.

BALL R，BROWN P，1978. An empirical valuation of accounting income numbers[J]. Journal of accounting research，6.

BARTH M E，1991. Relative measurement errors among alternative pension asset and liability measures[J]. The accounting review，66.

BARTH M E，1994. Fair value accounting: evidence from investment securities and the market valuation of banks. The accounting review，69.

BARTH M E，1996. Value-relevance of banks' fair value disclosures under SFAS No. 107. The accounting review，71.

BARTH M E，1998. Revalued financial，tangible，and intangible assets: association with share prices and non market-based value estimates. Journal of accounting research, 36.

BARTH M E, 2000. Valuation-based research implications for financial reporting and opportunities for future research[J]. Accounting and finance, 7.

BARTH M E, 2004. Fair values and financial statement volatility[C]//BORIO C, et al. The discipline across countries and industries. Cambridge, MA: MIT Press.

BARTH M E, BEAVER W H, WOLFSON M A, 1990. Components of bank earnings and the structure of bank share prices[J]. Financial analysts journal, 46.

BARTH M E, CLEMEN T, FORSTER G, KASZNIK R, 1998. Brand values and capital market valuation[J]. Review of accounting studies, 3.

BARTH M E, CLEMEN T, WAHLEN J M, 2000. Fair value accounting: effects on banks' earnings volatility, regulatory capital, and value of contractual cash flows[J]. Journal of banking and finance, 19.

BARTH M E, CLINCH G, 1996. International differences in accounting standards: evidence from UK, Australia, and Canadian firms[J]. Contemporary accounting research, 135-170.

BARTH M E, HAND H, LANDSMAN W R, 1995. Fundamental issues related to using fair value accounting for financial reporting[J]. Accounting horizons, 9.

BARTH M E, HAND H, LANDSMAN W R, 2005. Accruals, accounting-based valuation models and the prediction of equity values[J]. Journal of accounting, auditing and finance, 20.

BARTH M E, HAND H, REDNLEMAN R J, 1998. Option pricing-based bond value estimates and a fundamental approach to account for corporate debt[J]. The accounting review, 73.

BARTH M E, LANDSMAN W R, 1992. The market valuation implications of net periodic pension cost components[J]. Journal of accounting and economics, 15.

BASU S, 2003. Discussion-the reliability of fair value versus historical cost information: evidence from closed-end mutual fund[J]. Journal of accounting, auditing and alliance, 18.

BAUMOL W J, 1982. Contestable markets: an uprising in the theory of industry structure[J]. American economic review: 1-15

BAUMOL W J, 1986. "On contestable market analysis" in antitrust and new views of microeconomics[C]. New York: Conference Board.

BEATTY A, 1995. The effects of fair value accounting on investment portfolio management: how fair is it?[J]. Federal reserve bank of St. Louis business review, 25-39.

BEATTY A, CHAMBERLAIN S, MAGLIOLO J, 1996. An empirical analysis of the economic implications of fair value accounting for investment securities[J]. Journal of accounting and economics, 22.

BEAVEAR W H, 1968. The information content of annual earnings announcements[J]. Journal of accounting research, 6.

BEAVEAR W H, DEMSKIJS, 1979. The nature of income measurement[J]. The accounting review Jan, 3.

BEAVEAR W H, EGER C, WOLFSON M A, 1989. Financial reporting, supplemental disclosures, and bank share prices[J]. Journal of accounting research, 27.

BENSTON G, 2006. Fair value accounting: a caution of tale from Enron[J]. Journal of accounting and public policy, 25.

BENSTON G, HARTGRAVE S, 2002. Enron: what happened and what we can learn from it[J]. Journal of accounting and public policy, 21.

BENSTONG J, KAUFMAN G, 1988. Risk and solvency regulation of depository institutions: past policies and current options[R]. New York: Salomon Brothers Center, New York University.

BERLE A, MEANS G, 1932. The modern corporation and private property[M]. New York: Commerce Clearing House.

BERLE A, MEANS G, 1932. The modern corporation and private property[M]. New York: Macmillan Press.

BERNARD R, MERTON C, PALEPU K G, 1995. Mark-to-market accounting for banks and thrifts-lessons from the Danish experience[J]. Journal of accounting research, 33(1).

BIDDLE G, SEWD G, SIEGEL A, 1995. Relative versus incremental information content[J]. Contemporary accounting research, 12.

BROOME L L, MARKHAM W J, 2004. Regulation of bank financial service activities: cases and materials[M]. 4 ed. New York: West academic publishing.

BRUMBAUGH R D, CARRON A S, 1987. Thrift industry crisis: causes and solutions[R]. Brookings papers on economic activity.

CANNING J B, 1929. The economics of accountancy: critical analysis of accounting theory[M]. New York, NY: The Ronald Press.

CARROLL T J, LINSMEIER T, PETRONI K R, 2003. The reliability of fair value versus historical cost information: evidence from closed-end mutual fund[J]. Journal of accounting, auditing and finance, 18.

CHAMBERS R J, 1966. Accounting, evaluation, and economic behavior[M]. London: Prentice-Hall Press.

CHEN F, YEE K K, YOO Y K, 2007. Did adoption of forward-looking valuation methods improve valuation accuracy in shareholder litigation?[J]. Journal of accounting, auditing and finance, 22(4).

COASE R H, 1937. The nature of the firm[J]. Economic, 4(16).

COLLINS D W, MAYDEW E L, WEISS I S, 1997. Changes in the value-relevance of earnings and book values over the past forty years[J]. Journal of accounting and economics, 24.

CONANT M, 1974. The constitution and capitalism[M]. St. Paul, MN: West Press.

CORNETT M M, REZAEE Z, TEHRANIAN H, 1996. An investigation of capital market reactions to pronouncements on fair value accounting[J]. Journal of accounting and economics, 22.

DEWATRIPONT M, TIROL J, 1994. A theory of debt and equity: diversity of securities and manager shareholder congruence[J]. Quarterly of economics, 109.

DIETRICHA J R, HARRISB M S, MULLER III K A, 2000. The reliability of investment property fair value estimates[J]. Journal of accounting and economics，30.

EASTON P D，EDDEY P H，HARRIS T S，1993. An investigation of revaluation of tangible long-lived assets[J]. Journal of accounting research (supplement).

ECCHER E A，RAMESH K，THIAGARAJAN S R，1996. Fair value disclosure by bank holding companies[J]. Journal of accounting and economics，22.

EDWARDS E，BELL P，1961. The theory and measurement of business income[M]. Berkeley，CA：University of California Press.

FASB，2000. Using cash flow information and present value in accounting measurement[EB/OL]. (2008-02-03)[2007-05-20]. http://www.doc88.com/p-3157539961495.html.

FELDSTEIN M，2000. Aspect of global economic integration: outlook for the future[R]. National bureau of economic research，Working paper 7899.

FELTHAM G A，OHLSON J A，1995. Valuation and clean surplus accounting for operating and financial activities[J]. Contemporary accounting research，11.

FELTHAM G A，OHLSON J A，1996. Uncertainty resolution and the theory of depreciation measurement[J]. Journal of accounting research，34.

FISHER I，1906. The nature of capital and income[M]. London：Macmillan Publishers.

FISHMAN J，PRATT S，MORRISON W，2007. Standards of Value: Theory and Applications[M]. 2 ed. New York：Willey.

FLANNER M，JAMES C，1989a. The effects of interest rate changes on the common stock returns of financial institutions[J]. Journal of Finance，1141-1153.

FLANNER M，JAMES C，1989b. Market evidence on the effective maturity of bank assets and liabilities[J]. Journal of money，credit and banking，435-445.

FREIXAS X，ROCHET J C，1997. Microeconomics of banking[R]. Cambridge，MA：The MIT Press.

FRIEDMAN M，SCHWARTZ A J，1963. A monetary history of the United States[M]. Princeton：Princeton University Press.

GODWIN N，PETRONI K，WAHLEN J，1998. Fair value accounting for property-liability insurers and classification decisions under SFAS NO.115[J]. Journal of accounting，auditing and finance，13.

HARRISON L D，HOPKINS P E，WAHLEN J M，2006. Risk relevance of fair value income measures for commercial banks[J]. Journal of accounting research，81.

HATFIELD H R，1909. Modern accounting[M]. New York：D. Appleton and company.

HENDRIKSEN E S，1991. Accounting theory[M]. 5 ed. New York：McGraw-Hill Education.

HENDRIKSEN E S，BREDA M，1992. Accounting theory[M]. 5 ed. New York：Richard D，Irwin Inc.

HERRMANN D，SAUDAGARAN S M，THOMAS W B，2006. The quality of fair value measures for property，plant and equipment[J]. Accounting forum，30.

HICKS J R，1939. Value and capital：an inquiry into some fundamental principles of economic theory[M]. Oxford: Clarendon Press.

HIRST D E, HOPKINS P E, WAHLEN J E, 2003. Fair value, income measurement, and bank analysts' risk and valuation judgments[J]. The accounting review, 79.

HIRST D E, HOPKINS P E, WAHLEN J E, 2006. Risk-relevance of fair value income measurement for commercial banks[J]. The accounting review, 81.

HOLTHAUSEN R W, WATTS R L, 2001. The relevance of the value relevance literature for financial accounting standard setting[J]. Journal of accounting and economics, 31.

HUTCHISON D, GEROGE P, 1996. Measuring rents and interest rate risk in imperfect financial markets: the case of retail deposits[J]. Journal of financial and quantitative analysis, 31.

IJIRI Y, 1979. Theory of accounting measurement[R]. American Accounting Association.

KHURANA I K, KIM M S, 2003. Relative value relevance of historical cost vs. fair value: evidence from bank holding companies [J]. Journal of accounting and public policy, 22.

KOHLBECK M, 2001. Interest or valuation and measuring bank intangible assets[J]. Journal of accounting, auditing and finance, 19.

LA-PORTA R, SILANES D F, SHLEIFER A, et al.,1997. Legal determinants of external finance [J]. Journal of finance, 52.

LA-PORTA R, SILANES D F, SHLEIFER A, et al.,1998. Law and finance[J]. Journal of political economics, 106.

LIU C, RYAN S G, 1995. The effect of bank loan portfolio composition on the management action and anticipation of loan loss problems[J]. Journal of accounting research, 33.

LIU C, RYAN S G, WAHLEN J M, 1997. Different valuation implication of loan loss provisions across banks and fiscal quarters[J]. The accounting review, 72.

LYS T, 1996. Abandoning the transactions-based accounting model: weighing the evidence[J]. Journal of accounting and economics, 22.

MAHONEY P G, 2001. The common law and economic growth[R]. University of Virginia Law School, Legal studies working paper No.1-8.

MAYERS S, 1990. Capital adequacy ratio regulations and accounting choices in commercial banks [J]. Journal of accounting and economics, 13.

MENGLE D L, 1990. Market value accounting and the bank balance sheet[J]. Contemporary policy issues, 28.

MERINO B D, MAYPER A G, 1993. Accounting history and empirical research[J]. The accounting historians, 20(2).

MILLER W D, 1995. Commercial bank valuation[M]. New York: John Wiley & Sons.

MISHKIN F S, EAKINS S G, 2001. Financial markets and institutions[M]. 3 ed. New York: Addison Wesley.

MORGAN B W, 1991. The economics reality of deposit intangibles[J]. Accounting horizon, 5.

MORRIS C, 1991. Market value accounting for banks: pros and cons[J]. Economic review, 2.

MULLER III K, RIEDL E J, 2002. External monitoring of property appraisal estimates and information asymmetry[J]. Journal of accounting research, 38.

NELSON K, 1996. Fair value accounting for commercial banks: an empirical analysis of SFAS NO.107[J]. The accounting review, 71.

NISSIM D, 2003. Reliability of banks' fair value disclosure for loans[J]. Review of quantitative finance and accounting.

NOBES C W, PARKER R H, 1994. Comparative international accounting[M]. London: Prentice-Hall Press.

OHLSON J A, 1995. Earnings, book values, and dividends in equity valuation[J]. Contemporary accounting research, 11.

OHLSON J A, 2006. A practical model of earnings measurement[J]. The accounting review, 81.

PARK M S, PARK S T, RO B T, 1999. Fair value disclosures for investment securities and bank equity: evidence form SFAS NO.115[J]. Journal of accounting, auditing and finance, 14.

PATON W A, 1922. Accounting theory[M]. New York: Ronald Press.

PATON W A, LITTLETON A C, 1940. An introduction to corporate accounting standards[R]. American accounting association monograph(3).

PATON W A, STEVENSON R A, 1918. Principles of accounting[M]. New York, NY: The Macmillan Company.

PATTON W A, 1922. Accounting theory with special reference to the corporate enterprise[M]. New York, NY: The Ronald Press.

PENNACCHI G, 1999. The value of guarantees on pension fund returns[J]. The journal of risk and insurance, 66.

PETRONI J, WAHLEN J, 1995. Fair values of equity of debt securities and share prices of property-liability insurance companies[J]. Journal of risk and insurance, 62.

PHILIPS G E, 1963. The accounting concept of income[J]. The accounting review, January.

POSNER R A, 1971. Taxation and regulation[J]. Bell journal of economics, 2(1).

POSNER R, 1971. Taxation by regulation[J]. Bell journal of economics, 2(1).

PRATT S P, REILLY R F, SCHWEIHS R P, 2000. Valuing a business: the analysis and appraisal of closely held companies[M]. 5 ed. London: McGraw Hill.

PREVITS G J, MERINO B D, 1997. A history of accountancy in the United States[M]. Columbus: Ohio States University Press.

RAPPAPORT A, 1977. Economic impact of accounting standards: implications for FASB[J]. Journal of accountancy, 5.

RAZAEE A, LEE J T, 1995. Market value accounting standards in the United States and their significance for the global banking industry[J]. International journal of accounting, 30.

RICHARD J, 2005. The concept of fair value in French and German accounting regulation from 1673 to 1914 and its consequences for the interpretation of the stages of development of capitalist accounting[J]. Critical perspective accounting, 16.

RYAN S G, 1995. A model of accrual measurement with implication for the evolution of the bookto-market ratio[J]. Journal of accounting research, 33.

SHAFFER S, 1992. Marking banks to market[J]. Federal reserve bank of Philadelphia business review(3).

SIMKO P J, 1999. Financial instrument fair values and nonfinancial firms[J]. Journal of accounting, auditing and finance, 14.

SKINNER D J, 2002. Are disclosures about bank derivative and employee stock options 'value-relevance' [J]. Journal of accounting and economics, 22.

SPROUSE R, MOONITZ M, 1962. A tentative set of broad accounting principles for business enterprise[R]. Accounting research study No. 3.

STERLING R R, 1967. A statement of basic accounting theory: a review article[J]. Journal of accounting research (spring).

STIGLER G J, 1971. The theory of economic regulation[J]. The bell journal of economics and management science, 2(1).

STIGLER G, 1971. The economics of information[J]. Journal of political economy, 69.

THORNTON F A, 1989. Bank core deposit intangibles: a conceptual view[J]. Accounting horizon, 3.

VENKATACHALAM M, 1996. Value-relevance of banks' derivatives disclosures[J]. Journal of accounting and economics, 22.

VISHWANATH T, KAUFMAN D, 2001. Towards transparency: new approaches and their application to financial markets[J]. The world bank research observer, 16.

WALKER P G, 1992. The SEC's ban on upward asset revaluation and disclosure of current values [J]. Abacus, 28.

WALLACE M, 2002. Performance reporting under fair value accounting[J]. North American actuarial journal, 6: 42

WARFIELD T D, LINSMEIER T J, 1992. Tax planning, earnings management, and the differential information content of bank earnings components[J]. The accounting review, 67.

WILLDMAN J R, POWELL W, 1928. Capital stock without par value[M]. New York: McGraw-Hill Book Company.

WONG M H, 2000. The association between SFAS NO.119 derivatives disclosures and the foreign exchange risk exposure of manufacturing firms[J]. Journal of accounting research, 38.

WYATT A R, 1977. The economic impact of financial accounting standards[J]. Journal of accountancy, 10.

ZEFF A S, 1978. The rise of economic consequence[J]. Journal of accountancy, 12.

ZEFF S A, 1984. Some junctures in the evolution of the process of establishing accounting principles in the USA:1917 - 1972[J]. The accounting review, 59(3).

附录1

表附1-1　我国10家上市银行资产负债表构成

项目	深发展	浦发银行	招商银行	华夏银行	民生银行	兴业银行	交通银行	建设银行	中国银行	工商银行	平均构成
资产	100%	100%	100%	100%	100%	100%	100%	100%	100%	100%	100%
现金和存放央行	10.09%	15.84%	9.31%	14.91%	14.86%	12.58%	14.74%	9.96%	9.65%	9.52%	12.15%
存放和拆放同业	2.45%	3.12%	7.00%	1.75%	2.88%	3.50%	5.09%	0.79%	7.11%	2.29%	3.60%
买入返售资产	4.33%	2.00%	4.18%	6.68%	2.80%	9.14%	1.82%	0.61%		0.53%	3.57%
FV&PL金融资产	0.17%	7.12%	0.85%	0.62%	0.00%	1.50%	0.76%	0.33%	2.11%	0.40%	1.39%
其中：衍生金融资产	0.01%	0.01%	0.02%		0.03%	0.50%	0.02%	33.43%	0.37%	0.14%	3.84%
客户贷款	67.27%	65.01%	58.82%	57.00%	64.23%	51.52%	53.01%	51.08%	44.78%	46.75%	55.95%
其中：正常	64.34%	65.64%	59.28%	56.75%	64.31%	51.73%	52.92%	50.78%	45.00%	46.24%	55.70%
不良	5.59%	1.22%	1.29%	1.59%	0.80%	0.81%	1.09%	1.73%	1.89%	1.82%	1.78%
贷款损失准备	2.66%	1.85%	1.74%	1.34%	0.88%	1.02%	1.00%	1.43%	2.11%	1.31%	1.53%
其中：商业房地产	7%	12%	5%	12%	14%	21%	7%	11%	12%	9%	11.00%
居民住房抵押	13.32%		14.39%	7.66%	14.55%			14.90%	13.89%	11.30%	12.86%
证券投资	13.68%	5.24%	18.30%	17.49%	13.89%	20.41%	22.54%	35.08%	32.99%	38.37%	21.80%
其中：持有至到期	6.69%		5.79%	14.68%	5.56%	8.05%		19.16%	6.53%	16.73%	10.40%
可供出售	6.99%	5.24%	11.72%	2.82%	6.92%	11.39%	19.75%	5.83%	16.05%	6.67%	9.34%
贷款和应收款项			0.79%		1.41%	0.98%	18.98%	10.08%	10.42%	14.97%	8.23%
对子公司投资和应收款项							1.54%	0.23%	1.03%	0.10%	0.73%
应收利息	0.31%	0.20%	0.30%	0.23%	0.35%	0.34%		0.39%	0.46%	0.34%	0.32%
固定资产	0.84%	0.84%	0.79%	0.87%	0.79%	0.59%	1.47%	0.98%	1.14%	1.18%	0.95%
其他资产	0.86%	0.99%	0.45%	0.46%	0.19%	0.42%	0.49%	0.56%	0.73%	0.51%	0.57%

项目	深发展	浦发银行	招商银行	华夏银行	民生银行	兴业银行	交通银行	建设银行	中国银行	工商银行	平均构成
负债	100%	100%	100%	100%	100%	100%	100%	100%	100%	100%	100%
同业存放和拆入	6.72%	4.82%	8.72%	5.80%	11.64%	17.70%	10.37%	4.74%	9.91%	5.76%	8.62%
卖出回购	0.29%	0.51%		5.94%	1.43%	3.86%		0.08%		0.71%	1.83%
FV&PL金融负债	0.20%	0.00%	0.01%		0.06%	0.02%	0.54%	0.05%	2.25%	0.03%	0.35%
其中:衍生金融负债	3.78%	0.00%	0.01%		0.06%	0.02%	0.03%	0.02%	0.24%	0.02%	0.46%
客户存款	91.45%	89.98%	88.03%	85.67%	87.25%	70.36%	86.59%	92.35%	82.79%	90.29%	86.48%
其中:活期	60.54%	41.95%	46.61%	32.89%	34.87%	34.75%	39.55%	51.28%	35.82%	45.76%	42.40%
定期	30.91%	48.04%	41.42%	52.78%	47.85%	35.61%	47.03%	41.06%	47.15%	44.53%	43.64%
发行债券		2.65%	1.67%	1.44%	3.07%	6.82%	0.76%	0.78%	1.49%	0.51%	1.92%
应付利息	0.37%	0.40%	0.39%	0.38%	0.4	0.34%	0.54%	0.67%	0.84%	0.72%	4.47%
其他负债	0.96%	1.63%	1.18%	0.77%	0.67%	0.90%	1.22%	1.33%	2.54%	1.99%	1.32%

资料来源：上海证券交易所和深圳证券交易所发布的相关银行2006年度报告。

附录2

表附2-1　公允价值计量属性在我国企业会计准则中的应用

序号	企业会计准则	应用范围	条目
1	《企业会计准则第1号——存货》	投资者投入存货的成本应当按照投资合同或协议约定价值确定,但合同或协议约定不公允的除外	CAS No.1-Para11
2	《企业会计准则第2号——长期股权投资》	(1)投资者投入长期股权投资应当按照投资合同或协议约定价值确定,但合同或协议约定不公允的除外;(2)以发行权益性证券取得的长期股权投资,应当按照发行权益证券的公允价值作为初始投资成本;(3)在权益法下确认当期损益时应当以取得投资时被投资单位可辨认净资产的公允价值为基础;(4)长期股权投资初始投资成本的调整应当以投资时应享有的被投资单位可辨认净资产的公允价值为基础	CAS No.2-Para4、9、12
3	《企业会计准则第3号——投资性房地产》	(1)有确凿证据表明投资性房地产的公允价值能够持续可靠取得的,可以对投资性房地产采用公允价值模式进行后续计量;(2)采用公允价值模式计量的,不对投资性房地产及提折旧或进行摊销,应当以资产负债表日投资性房地产的公允价值为基础调整账面价值,二者之间的差额计入当期损益;(3)对于投资性房地产计量模式的转变做出严格规定	CAS No.3-Para10、11、12、15、16、19
4	《企业会计准则第4号——固定资产》	(1)固定资产初始计量时对于一笔款项购入多项没有单独标价的固定资产应当按照公允价值比例进行分配;(2)投资者投入固定资产的成本应当按照投资合同或协议约定价值确定,但合同或协议约定不公允的除外	CAS No.4-Para8、11、12、25
5	《企业会计准则第5号——生物资产》	(1)投资者投入生物资产的成本应当按照投资合同或协议约定价值确定,但合同或协议约定不公允的除外;(2)有确凿证据表明生物资产的公允价值能够持续可靠取得的,应当采用公允价值计量	CAS No.5-Para12、22
6	《企业会计准则第6号——无形资产》	投资者投入无形资产的成本应当按照投资合同或协议约定价值确定,但合同或协议约定不公允的除外	CAS No.6-Para14、15

序号	企业会计准则	应用范围	条目
7	《企业会计准则第7号——非货币性资产交换》	满足条件的非货币性资产交换应当以公允价值和应支付的相关税费作为换入资产的成本,公允价值与账面价值的差额计入当期损益	CAS No.7-Para3、4、7、10
8	《企业会计准则第8号——资产减值》	资产减值可收回金额应当根据资产的公允价值减去处置费用的净额与资产预计未来现金流量的现值之间较高者确定	CAS No.8-Para6、7、8、19、22、24、28、30
9	《企业会计准则第10号——企业年金基金》	(1)企业年金基金在运营中取得的国债、投资级以上且流动性良好的金融产品,其初始取得和后续估值应当以公允价值计量;(2)收入确定时包括公允价值变动收益	CAS No.10-Para6、9、20
10	《企业会计准则第11号——股份支付》	(1)以权益结算的股份支付换取职工提供服务的,应当以授予日职工权益工具的公允价值计量。(2)授予日可以立即行权的换取职工提供服务的以权益工具结算的股份支付,在授予日按照权益工具的公允价值计入当期成本费用。(3)以权益结算的股份支付以换取其他方服务的,按照其他方服务的公允价值能否可靠计量或权益工具的公允价值能否可靠计量来计入成本或费用。(4)以现金结算的股份支付,应当按照企业承担的以,股份或其他权益工具为基础计算确定的负债的公允价值计量;授予日可立即行权的在授予日以企业承担的负债的公允价值计入相关成本或费用	CAS No.11-Para4、5、6、8、10、11、12、13、14
11	《企业会计准则第12号——债务重组》	(1)债务人:①以非现金资产或债转股进行债务重组的,将重组债务的账面价值与非现金资产或股份的公允价值的差额计入当期损益;②以修改债务条件的进行债务重组的,将修改后债务的公允价值作为重组后债务的入账价值。(2)债权人:①收到非现金资产或债转股的,以其公允价值入账;②修改债务条件的,以修改债务条件后的债权的公允价值入账	CAS No.12-Para5、6、7、8、10、11、12、13、14、15
12	《企业会计准则第14号——收入》	(1)企业按照应当从购货方已收或应收的合同或协议价款确定销售商品收入,但已收或应收的合同或协议价款不公允的除外;若价款收采取递延方式,实质上具有融资性质的,应当按照价款的公允价值确定销售商品收入金额,差额采用实际利率法进行摊销。(2)企业按照应当从接受劳务方已收或应收的合同或协议价款确定提供劳务收入总额,但已收或应收的合同或协议价款不公允的除外	CAS No.14-Para5、13
13	《企业会计准则第16号——政府补助》	政府补助为非货币性资产的,应当按照公允价值计量;公允价值不能可靠计量的,按照名义金额计量	CAS No.14-Para6

序号	企业会计准则	应用范围	条目
14	《企业会计准则第20号——企业合并》	(1)一次交换交易实现的非统一控制下的企业合并,合并成本为购买日购买方为取得被购买方的控制权而付出的资产、发生或承担的负债以及发行的权益性证券的公允价值,其中前二者与账面价值的差额计入当期损益。(2)购买方的合并成本大于合并中取得的被购买方可辨认净资产公允价值份额的差额确认为商誉;小于部分并经复核后应当计入当期损益。(3)企业合并形成母子关系的,母公司应当设置备查簿,记录合并中取得的可辨认资产、负债及或有负债在购买日的公允价值。(4)企业合并发生在当期的期末,因合并中取得各项可辨认资产、负债及或有负债的公允价值或企业合并成本只能暂时确定的,以暂时确定的价值为基础进行确认和计量	CAS No.20-Para11、12、13、14、15、16、17、19
21	《企业会计准则第21号——租赁》	(1)将租赁开始日或行使选择权时租赁资产的公允价值作为判断融资租赁的重要标准;(2)融资租赁时承租人将租赁开始日租赁资产公允价值与最低租赁付款额现值中较低者作为租入资产的入账价值;(3)是计算租赁内含利率的重要参考指标	CAS No.21-Para6、8、11、13、14
22	《企业会计准则第22号——金融工具确认和计量》	(1)企业初始确认金融资产和金融负债,应当按照公允价值计量;(2)企业应当按照公允价值进行后续计量,且不扣除将来处置该金融资产时可能发生的交易费用;(3)按照准则规定应当以公允价值计量但以前公允价值不能可靠计量的金融资产或金融负债,应当在公允价值能够可靠计量时该按公允价值计量,差额按照金融资产或金融负债的类别分别计入当期损益或所有者权益,或按照套期会计进行处理;(4)规定了金融资产和金融负债公允价值确定的方法	CAS No.22-Para30、32、34、36、46、47、50、51、52、53、54、55
23	《企业会计准则第23号——金融资产转移》	(1)金融资产整体满足终止确认条件的,将账面价值与收到的对价和原计入所有者权益的公允价值变动累计额之和确认为当期损益;(2)因金融资产转移获得了新的金融资产或承担新金融负债的,应当在转移日按照公允价值确认;(3)服务负债应当按照公允价值进行初始计量;(4)部分转移满足条件的,应当按照所转移金融资产整体的账面价值按各自的公允价值比例进行分摊,且为终止确认部分的公允价值确定应当符合准则要求;(5)以担保方式继续涉入的,继续涉入负债按照财务担保金额和财务担保合同的公允价值确认;(6)企业因持有或卖出一项期权使得所转移资产不符合终止确认条件,且按照公允价值计量该金融资产的,应当在转移日按照公允价值确认该金融资产	CAS No.23-Para11、12、13、14、15、1617、18、19、20、21、

序号	企业会计准则	应用范围	条目
24	《企业会计准则第24号——套期保值》	规定了公允价值套期的实施条件及其相应的会计处理	CAS No.24-Para3、21、22、24、25、26、27
27	《企业会计准则第27号——石油天然气开采》	(1)未探明矿区权益公允价值小于账面价值的,应当确认减值损失并计入当期损益,且在后期不得转回;(2)矿区权益部分转移的,按照公允价值比例计算已转让部分矿区权益的账面价值	CAS No.27-Para7、8
37	《企业会计准则第37号——金融工具列报》	(1)企业发行的含有负债和权益成分的非衍生金融工具,应当先确定负债的公允价值并确认,所发生的交易费用按照各自的公允价值比例分摊;(2)披露相关金融资产和金融负债的公允价值及其变动	CAS No.37-Para10、17、18、19、27、29、30、31、33、37、42

附录3

表附3-1 *Fair Value Measurement（ED）*第1次反馈意见汇总

评论函编号	来源	渠道	支持	反对	其他	主要评论内容
1	John A.Braden & Company P.C.	O		√		(1)公允价值会计可能是个不错的理论,但其潜在成本将远远超过其利益;(2)由于计量的内在不精确性,公允价值容易受到操纵,且仅仅是增加了财务报表的不确定性
2	Paul Rosenfield	O			√	(1)对公允价值定义中的若干要素提出异议,建议进行修改并替换为当前销售价格,并对如何确定当前销售价格提出意见。(2)如果不能及时获得编制财务报表所需的可靠证据,则应当进行披露而不是报告为一项资产。此外,财务报表不应当反映虚构的交易
3	Robert N. Anthoy	O			√	(1)征求意见稿不应当被提交作为建议发表的准则;(2)征求意见稿是冗长的,建议重新起草;(3)需要的不是改变现有项目,而是使用完全不同的处理方法。IAS32是一个良好的开端
4	the Accounting Principle and Auditing Standards Committee of the Florida Institute of CPA	P			√	(1)总的来说,征求意见稿提供的全部指南是不错的,且考虑到一致性应用问题;(2)指南是充分的;(3)赞同多头应当采用买价,空头采用卖价;(4)赞同不改变证券公司和投资公司的现行实务;(5)希望看到更多有关第三层次的示例和指南
5	Alfrd M. King	O			√	(1)公允价值的定义完全与估值专家一致,并包含估价师和法院多年来采用的概念;(2)指南中关于收益法的解释完全不清楚;(3)委员会关于在用和交换价值的界定是正确的;(4)完全反对关于公允价值层级的规定;(5)关于折扣(blokage discount),制定一个与基本经济现实不相关的规则不能向财务报表使用者提供真实的公允价值;(6)除了强调金融工具外,还应当关注房地产和无形资产公允价值的确定;(7)确定的估值方法与现行的实务是一致的;(5)披露的充分性应当结合所有强制性披露要求来确定;(8)负债估值的指南不足;(9)难以理解准则的适用范围以及仅限于三种方法

评论函编号	来源	渠道	支持	反对	其他	主要评论内容
6	Rechard Macve	O			√	关于公允价值计量形式和应用的一些基础性的问题没有得到解决,一些要求可能是错误的
7	KPMG	P	√			(1)支持FASB提供额外的公允价值应用指南以帮助编制者和审计师遵循其他要求将公允价值作为计量属性的权威性公告,并相信指南将提供一些支持;(2)FASB应当确保指南的可操作性和相应结果的可审计性,以及减少估值方法的多样性;(3)公允价值计量在财务报表应用的不断增加,产生的主要问题是其可靠性,特别是第三层级的公允价值估计;(4)FASB还应当在教育服务方面发挥积极作用,帮助其理解相关性和可靠性之间的权衡
8	Navy Federal Credit Union	A		√		(1)赞同FASB维持一套公允价值计量指南,以消除公告间的不一致;(2)反对信用社遵从建议的公允价值计量披露要求;(3)在财务报表中进行额外的公允价值计算和披露不能向国民信用社管理局提供新的、更有价值的信息;(4)强烈要求将信用社排除在扩展披露要求之外
9	Eugene H. Flegm	O		√		(1)重申反对公允价值会计系统的观点。(2)过去30年企业家和公共会计师道德价值的下降造成巨大的欺诈,还包括向公允价值会计稳步推进和职业主义的降低。(3)估值中存在的问题开始于概念框架,Trueblood委员会奉行的是经济学家的视野和乌托邦主义而忽视了人的不诚实性。(4)准则制定者应当成为问题解决者而不是问题的一部分。(5)FASB忽视估值中的主观性问题并将会计看作使用深奥公式的估值过程。(6)资产负债表是基本财务报表,而利润表是其留存收益的细化。但是随着资本市场的发展,对财务数据的强调从资产负债表转向利润表,每股收益成为未来现金流量的"缩略式",也包括对短期投资者的强调。(7)财务会计应当处理的主要问题是高级管理当局欺诈(包括盈余管理)。(8)价格由买卖双方确定而不是猜测和希望

评论函 编号	来源	渠 道	支 持	反 对	其 他	主要评论内容
10	the Financial Institu- tions Accounting Committee (FIAC) of the Financial Manag- ers Soiety	O		√		(1)不赞成市场价值会计,这将造成灾难性的不匹配。(2)将市场价值模式扩展至纯理论局面难以提供相关性,并导致误导性财务报表。(3)审慎的投资者和使用者在确定企业价值时采用的是重复发生净收入和费用的连贯性、可持续性和可预测性,而不是利率的暂时性变动对长期资产和负债价值的影响。(4)如果强力推行全面公允价值会计,则建议:①不应当忽视负债一方的计量,②财务报表的使用者将对净收益产生错误认识。(5)需要清晰和一致的指南以帮助实施全面公允价值会计
11	Beverley Ruthorford from a State-charted Credit Union of Vir- ginia	A			√	(1)对公允价值会计能否一致运用表示关注,即使存在指南情况下;(2)建议就如何选择折现率提供更多的示例;(3)不使用收盘价而是买/卖价可能导致公司不得不外包定价服务
12	the Accounting Prin- ciple Committee of the Illinois CPA Soi- ety	P	√			赞同征求意见稿中的主要结论,包括定义、计量目标和指南的充分性,但是也认为附录A和B存在不清晰现象,也不赞同公允价值计量披露能提高财务报表质量的观点
13	Accounting and Au- diting Standards Com- mittee of the Louisi- ana CPA Soiety	P	√			FASB在界定和演示公允价值会计计量方法以及扩展披露方面的工作是好的
14	International Swaps and Derivatives Asso- ciation,the Bond Mar- ket Association and the Securities Indus- try Association	O	√			(1)支持FASB建立一套框架以阐明公允价值计量的目标及其应用;(2)在发布正式准则之前FASB进行现场测试是至关重要的;(3)对一些问题提出不同看法,如抵消性头寸、重大期后事项、最有利市场/交易成本、自身信用状况、折扣以及公允价值选择等提出意见
15	Gordon E. Goodman	O			√	公允价值等级第三层级内基于"市场参数"的估值与基于"重大企业参数"的估值之间的差别有助于识别盈利质量的某些重要差别
16	the Independent Bankers Association	A			√	(1)同意公允价值的定义和什么时候应当对单一项目为基础(project-by-project base)考虑使用公允价值;(2)公允价值估值不应当花费过多的成本和精力;(3)支持FASB关于不改变可操作性例外的决定;(4)应当尽可能地最小化公允价值计量的复杂性

评论函编号	来源	渠道	支持	反对	其他	主要评论内容
17	JP Morgan Chase & Co.	A	√			(1)支持FASB制定一项准则以为公允价值计量提供一致性指南的努力,但FASB不可能在一个准则内提供考虑各种可能情形的指南,或者解释如何计量公允价值。因此,提供宽泛的原则和指导可能是恰当的。(2)合理的原则、公允估值在公司内部不同期间一致性应用的指南和扩展披露将向财务报表使用者提供最相关和有用的信息。此外,还存在一些重大的概念性问题需要解决
18	Hewitt Associates LLC	O			√	(1)征求意见稿中的原则是最终使用与所有的公允价值计量,包括养老金和退休后福利。从精算师角度看这是重要的。(2)对养老金和退休后福利公允价值计量中无风险利率的选择提出评论。(3)准则的措辞应当明晰,以避免模棱两可
19	America´s Community Bankers	A	√			(1)支持FASB制定统一的、可能提高公允价值计量可比性和一致性的准则,并澄清公允价值计量的目标和现有公告下有关公允价值计量的应用问题,但是扩展计量和披露要求将重大地增加社区银行的不适当负担和成本。(2)增加的披露要求和修订的计量标准并不能向财务报表使用者者提供额外的有用性信息。(3)贷款和存款的公允价值计量存在理性和概念上的障碍。(4)公允价值会计可能没有恰当地反映客户关系的全部价值,且在金融工具缺乏活跃市场时的公允价值会计可能降低相关性
20	Georgia Federal Credit Union	A		√		(1)考虑到信用社的特殊性,扩展的披露要求可能是没有价值的。(2)征求意见稿没有充分地处理与"核心存款"相关的公允价值计量问题。此外,建议推迟生效日期,因为信用社没有专门人才来应用公允价值会计,以及改造其计算机系统
21	American Academy of Actuaries	I			√	(1)缺乏有关负债估值的充分指南;(2)负债公允价值计量中对信用状况的考虑与公允价值的定义相冲突,建议将负债划分为两类——非直接交易的负债
22	National Rutal Electric Cooperative Association	O		√		(1)对于以服务成本为基础的按率管制企业(rate-regulat征求意见稿),公允价值层级是不相关的,这将高估企业产生收益的能力;(2)当电力企业财务报表使用者者将从按照公允价值编制的通用财务报表中获益很小,并可能最终导致维持两套账簿

评论函编号	来源	渠道	支持	反对	其他	主要评论内容
23	MBNA Corporation	C	√			(1)同意全部概念和征求意见稿提出的目标——消除不一致和提高财务报表的可比性和可靠性;(2)对一些条款的应用提出看法,包括成本法的应用、系统风险调整、活跃交易商市场中金融工具的估值、"可客观地确定"的含义、第三层级估计的应用和建议的披露等
24	Goldman Sachs,&Co.	S	√			(1)支持FASB的近期目标——制定一套阐明公允价值计量目标及其在GAAP中应用的准则;(2)制定"如何处理"的指南是FASB长期目标——以公允价值计量所有金融工具不可或缺的一部分;(3)征求意见稿与EITF Issue02-3的关系应当清晰地说明,且征求意见稿并没有解决实际问题,并认为可靠性和一致性的标准是核心问题;(4)同意企业在估计公允价值时应当考虑自身信用状况的影响;(5)不支持披露为未现利得和损失;(6)应当将公允价值选择权纳入最终准则,反对IASB提出的可验证
25	JWM Partners LLC	O		√		(1)虽然支持FASB做出的制定一项公允价值计量一致性应用准则和创造全面披露框架的努力,但是,作为私人基金投资管理人,我们不支持FASB在征求意见稿中得出的结论,尤其是活跃交易商市场中多头和空头的计价;(2)即使可比性是财务信息的重要特征,但是规定的定价指引(mandated pricing directivs)不应当牺牲精确性或者超越经济环境,因此应当继续采用中间市场价格
26	Morris & Ben	O			√	(1)要求FASB阐明第一、二层次的公允价值是否应当考虑折扣和信用状况的影响而进行调整;(2)FASB应当阐明是否仅对于涉及采用现值技术的负债公允价值计量才考虑自身信用状况,或者是否这种考虑应当适用于所有类型需要考虑信用风险的估计;(3)对净头寸采用中间市场价格提出看法;(4)相对于衍生合约,建议考虑将多头和空头分别视为资产和负债是否有意义,并进一步精确地定义
27	Leon M. Metzger	O			√	(1)退出价格最好地反映了公允价值,但也提出一些不同意见;(2)关于交易成本,征求意见稿存在不一致性,且与现行的相关准则和PV不一致,应当区分不同的市场来考虑其相应处理–交易所和交易商市场,以及明确抵消头寸的含义;(3)盈余管理和价格平滑(price smoothing);(4)公允价值是以来主观估计的客观计量,是人为计量,不反映实际退出价格

评论函编号	来源	渠道	支持	反对	其他	主要评论内容
28	Appraisal Institute（US）	V			√	(1)与不动产估价相关的准则和相应法律是基础性的。(2)在不动产估价方面存在相当多的国内和国际惯例,市场价值是公允价值概念的基础。(3)明显存在会计滥用现象,GAAP和法规需要彻底检查,并确认独立估价师和估价准则的作用。(4)新的会计和监管规则必须依赖各个领域的专业人员,提倡估价协会的积极作用。(5)问题解答:①AI及其成员坚决支持FASB在会计中朝向现行价值的努力;②资产和负债的估值应当分别开展,并独立于其所有权;③资产和负债估值应当着重于所有权和负债而不是验证实物;④为了获取可靠且基于市场证据和支持的有意义,市场价值概念代表了对市场、参与者行为和不动产法律应用的最一般理解;⑤来源、性质和数据的可获得性导致估值方法的差异;⑥强烈建议在制定公允价值计量准则中AI应当积极参与
29	New York State Society of CPA（NYSSCPA）	P			√	(1)在发布公允价值计量准则之前存在需要解决的两个主要问题:①FASB在征求意见稿中没有提供令人信服的有关公允价值计量能提供充分相关和可靠信息的证据;②征求意见稿对现有公告中计量指南的影响是模糊的,需要进一步的解释和应用示例。(2)具体评论:①同意公允价值的定义;②应当提供更多有关估值技术应用的指南和示例;③与活跃市场相关的应用指南不充分;④在交易成本处理和基于不同市场的公允价值估值方面存在不一致;⑤金融工具公允价值的确定应当忠实地反映当前证券业的实践。例如,当处置成本(disposition costs)排除在非交易商交易之外时,也不应当包括在零售市场交易;⑥不同意有关活跃交易商市场定价的看法;⑦不同意有关折扣的处理;⑧关于第三层级的指南是混乱的
30	Humphrey Nash	O			√	对公允价值计量和SFAC7提出评论,并提出期货会计处理模式较现有的实施指南更加简化和相关
31	Toem Market Valuation Limited	O			√	(1)所有的企业使用准确的公允价值定义来计量所有的资产和负债是恰当的;(2)最恰当的估值方法是结合所有可获得的信息并权衡其有效性

评论函编号	来源	渠道	支持	反对	其他	主要评论内容
32	Merrill Lynch	S	√			(1)坚决支持FASB的立场(公允价值是所有金融工具最恰当的计量),并鼓励制定指南以阐明和扩展其应用。(2)完全认可公允价值的定义和公允价值计量的目标,并建议以原则为基础制定准则。(3)征求意见稿存在一些需要进一步完善之处:①公允价值层级并不总是产生真实的公允价值,因为其不承认公允价值计量中使用判断和估计,因此不应当将登记框架应用于估值;②认可中间价对抵消头寸的恰当性;③发布公允价值计量准则而不考虑EITF02-3是存在概念性缺陷的;④建议考虑自身信用差价对负债计量的影响;⑤公允价值3层级与公司的现行做法十分相似
33	Chuck Dolezal	O			√	建议将公允价值定义中的价格替换为"成本"以处理由于通胀产生的经济扭曲
34	Appraisal Standards Board of the Appraisal Fundation	V			√	(1)USPAP没有关于公允价值、公允市场价值或其他类似定义,但规定了估价师使用的"市场价值"的含义(市场价值是不动产估值中最常用的词汇),且相关特征基本上均在公允价值中得到体现(也存在一些差别,如估值日期和出售);(2)对公允价值层级和估值前提等存在一些修改建议;(3)征求意见稿没有处理公允价值有关部分所有权利益、控制/少数权益或资产组(group or block)的解释,没有处理租赁资产问题,且更加看重资产的估值而不是资产的利益
35	RBC Financial Group	O			√	(1)支持FASB有关公允价值计量指南目标的规定。(2)征求意见稿的某些方面并不能产生财务状况的公平列报,主要包括:①特别关注公允价值层级的应用和解释,特别是第2和3层级,如"客观可确定"的含义;②怀疑在EITF02-3框架下准则对会计处理的影响
36	the Washington Society of CPAs	P			√	(1)关注在缺乏市场报价的情况下第三层级估计的种类和假设,公允价值金额随假设和方法而变动,甚至在可能发生剧烈变动,因此需要估价师或其他专业人员的帮助;(2)征求意见稿中的估值方法充满假设和估计;(3)活跃市场、估值前提、公允价值层级和参考市场等方面的指南是充分的;(4)同意活跃交易商市场定价的观点;(5)对如何确定"大宗"(block)存在不同意见;(6)同意有关受限证券何公允价值披露的规定

评论函编号	来源	渠道	支持	反对	其他	主要评论内容
37	XL Capital Ltd.	I	√			(1)支持FASB的目标——为那些在其他权威性公告下应当采用公允价值的(非)金融资产和负债的计量提供指南;(2)认为指南难以在企业间得到一致性应用,建议FASB明确声称:公司应当就市场活跃性、恰当的估值水平和其他关键性条款确立其政策;(3)FASB应当就第二层级的"调整"和第三等级提供清晰的指南;(4)不支持活跃交易商定价的规定;应当提供有关多种估值技术的更加清晰的指南;(5)建议进一步研究公允价值披露要求是否提供了有意义的信息;(6)对保险公司来说,关键的问题是如何在缺乏有深度和流动性的二级市场情况下确定保险资产或负债的公允价值。此外,支持FASB发布以原则和基础的指南
38	Donald G. DeBuck	O		√		(1)关注FASB关于以公允价值计量所有金融工具的设定目标,但是也关注公允价值的可靠性、以公允价值报告资产和负债而不是遵循SFAC5的规定和对企业经营表(statement of operations)的影响;(2)采用3种方法确定的公允价值信息的可靠性不足以提供重新计量资产和负债的正当理由,其可靠性完全取决于假设的合理性和模型精确估计价值的能力,并实质性地增加了财务报表编制和审计的时间和成本;(3)SFAC5为报告资产和负债提供了更加适当的框架;(4)以公允价值计量资产和负债导致净收益或权益波动性的增加,并扭曲经营结果;(5)FASB应当关注准则的预期利益而不应当强制规定三种方法的使用
39	DH2,Inc.	C			√	(1)赞赏FASB为提高公允价值定价的明晰性所作出的努力,包括支持:①将实际市场价格扮演的主要角色;②通过更加标准化的过程降低公允价值过程和方法自由裁量权和主观性以及实现更大的一致性和可复制性;③对有关什么时间、以什么方法和由谁估值更大透明度的腔调。(2)实际市场价格是最好、最透明、客观和精确的估值方法,并为法律所认可,且投资公司法也对估值方法进行了规定。(3)建议征求意见稿应当确认:在评估投资公司组合时,投资公司法(而不是会计公告和SEC函件)规定什么时间应当使用市场价格或公允价值估计

评论函编号	来源	渠道	支持	反对	其他	主要评论内容
40	Taxes Soiety of CPAs	P	√			(1)同意征求意见稿的大多数条款,并认为其为公允价值计量提供了一个合理的框架。(2)主要问题:①第三层级在给审计师带来更加灵活性的同时也将产生一些潜在问题,如管理意图和可验证性的确定;②当存在多种估值技术时应当避免强调那些存在较少可信度的方法;③征求意见稿、SFAC和其他相关公告之间存在不一致,包括AICPA会计和审计指南;④应当扩展与收益法运用相关的指南
41	the Principle Financial Group	O			√	(1)关注征求意见稿对保险负债会计处理的影响;(2)由于缺乏公开市场,不可能对负债和某些私募证券提出一种以上估值方法,而只能依赖模型用以产生未来现金流量;(3)附录B是模糊的,可能导致同一产品或公司生成不同的价值,影响可比性
42	Financial Consulting Group,L.C.	O	√			(1)征求意见稿将对采用公允价值计量产生重大影响;(2)两个现值技术可能产生应用不一致问题,且预期现值技术(EPV)没有被广泛地使用或被实务界接受;(3)活跃市场的定义可能过于宽泛,只是可能包括交易不经常发生和容易被操纵的交投清淡市场(thin market);(4)市场参数优于企业参数,但是对于股份不公开公司发行的证券(closedly-held securities),市场参数很少或者难以获得;(5)同意关于金融工具定价的规定
43	Group of North American Insurance Enterprises	I			√	如果公允价值计量准则适用于保险业,将会产生增量效果,导致误导性和混乱的财务报表,将牺牲当前有效的高质量会计准则。因此,征求意见稿应当修订,并特别规定公允价值指南与保险产品无关,且不能用于计量保险负债
44	Swiss Reinsurance Company	I			√	(1)当并不是全部资产和负债以公允价值计量和在资产负债表中确认时,在负债公允价值计量中反映信用状况的影响将可能不会产生在现有会计系统下想要获得结果。此外,征求意见稿不一定与持续经营概念相一致。因此,将信用状况的影响反映在非交易性负债的公允价值计量中是不成熟的。(2)如果行业内出现了采用单一方法确定某一特定资产或负债公允价值的可靠实务,那么应用多种估值方法可能不会获得期望的结果。因此,选择并一贯地应用一种合适的方法是可行的。(3)保持目前对具有活跃市场报价的未受限制证券大宗因素(blockage factor)的处理

评论函编号	来源	渠道	支持	反对	其他	主要评论内容
45	Morgan Stanley	S		√		(1)支持FASB提高如何计量资产和负债公允价值的目标,但是征求意见稿中公允价值计量的条款不会进一步提升财务报表的可靠性、一致性和可比性,因此不支持目前发表准则;(2)公允价值层级存在一些概念性缺陷,可能偏离了公允价值计量的目标;(3)坚决支持采用中间价来对配比头寸进行计量,并建议将该原则扩展至所有公允价值层级;(4)信用等级的影响应当纳入负债公允价值的计量中,建议在准则中包含有关可实现性的原则以提高公允价值计量的意义;(5)催促FASB尽快处理征求意见稿与EITF02-3的关系;(6)关注公允价值披露及其程度
46	Metropolitan Life Insurance Company, Inc.	I			√	(1)公允价值第一层级应当扩展以包括适用独立的第三方定价服务机构;(2)要求公司使用全部三种方法是不恰当的,应当删除并改为选择最恰当的估值技术,因为公司应当有能力选择适用于每一种情形的估值技术,且要求采用多种估值技术也会导致其操纵财务报表(SFAS142提供了一套合乎逻辑的估值方法);(3)不同层级分类的主观性导致财务报表缺乏可比性和不一致
47	K. Ramesh	O			√	(1)资产和负债的估计应当考虑特定企业相关的所有信息,且在一定程度上与市场预期是一致的;(2)当市场不存在时,市场参数的获得成本可能是巨大的,资产在性质上可能使特定企业的;(3)建议增加有关折现率调整技术的指南
48	Deutsche Bank	A			√	(1)支持FASB将公允价值指南合并到一个综合框架的努力;(2)征求意见稿中的某些条款将导致当前某些估值实务的重大变化,并伴随有重大成本;(3)建议增加有关指南;(4)建议与IASB合作实现公允价值计量的趋同;(5)只有当有能力实现相关利得或损失时,企业才应当考虑将信用状况的变化计入负债的公允价值计量中,但是基于信用状况的利得或损失将不会实现
49	Freddie Mac	O			√	(1)公允价值计量提供了有关业务和风险的重要见解,且有助于在对所有资产和负债一致性列报的基础上进行沟通;(2)要求FASB就"可获得性"给出定义;(3)公允价值层级为重大解释和公司间的非可比性应用创造了空间;(4)要求FASB扩展有关估值方法变更的讨论,以便容纳操作方面的限制

评论函编号	来源	渠道	支持	反对	其他	主要评论内容
50	the American Council of Life Insurers（ACLI）	I			√	(1)关注征求意见稿原则对保险负债估值的潜在影响。(2)在实施公允价值计量之前,存在许多与保险合约负债相关的问题需要处理:①由于不存在保险负债交易的活跃市场,其价值是通过模型计算的价值(modeled value);②通过模型计算的价值取决于许多假设,导致可比性的缺乏和操纵;③以公允价值为基础对保险负债估值可能造成利润表的波动,而这种波动是不反映经济现实的;④保险合约的利得或损失可能被提前确认;⑤财务报表的可理解性降低
51	Citigroup	A			√	(1)支持FASB制定一个详细的框架以便更好地理解公允价值计量的目标和披露计量精确性的观念,因此,通过区分计量指南和披露指南可以更有效地实现征求意见稿的目标。(2)公允价值层级在实现计量目标方面是不必要的,而应当仅作为一个披露框架。(3)FASB应当提供适用于所有公允价值计量的原则(无论属于哪一层级)。(4)某些公允价值的标准化披露具有建设性。此外,对某些由于信用风险变化导致的公允价值变化所做的披露有助于财务报表使用者的理解
52	International Valuation Standrds Committee(IVSC)	V			√	(1)支持制定额外的公允价值指南,赞同FASB和IASB寻求指南趋同的努力;(2)IVSC寻求制定国际认可的估值准则和指南以提高国际财务报告准则的一致性应用。但是,现行会计准则制定者的行动影响了估值概念和实务;(3)需要阐明一些措辞或解释问题,以在传统和当代会计财务管制词汇与普遍适用于估值领域的良好词汇之间建立起良好的沟通
53	BDO Seidman LLP	O			√	(1)赞同FASB为提供统一的公允价值定义和计量指南所做的努力;(2)征求意见稿准确地反映了公允价值估计艺术方面的主观性(针对非活跃市场),这将降低财务报表的有用性;(3)公允价值计量提出了重大的审计和会计问题;(4)附录A《使用现值技术估计公允价值》的解释是不充分的;(5)公允价值第2层级是没有用处的;(6)同意活跃交易商市场的定价规定;(7)同意有关大宗因素的处理;(8)准则应当资产或负债估值的一个基本方面是识别估值方法以及在估值方法恰当的情况下潜在的基本原理;(9)某些项目(如负债)公允价值估计的高度主观性可能消除财务报表的有用性

评论函编号	来源	渠道	支持	反对	其他	主要评论内容
54	Financial Accounting Standards Committee of the AAA	P			√	(1)支持FASB制定提供公允价值计量指南的单一准则。(2)研究内容:①大量研究检验了来自不同来源的公允价值估计的相关性和可靠性,表明来自活跃市场的公允价值更加可靠地与股价相关;②对于不存在市场的金融工具,研究结果是混合的;③还有一些对非金融资产进行了研究;④管理当局的判断如何有效公允价值披露的可靠性。总之,上述研究支持了FASB对市场参数和公允价值披露程度的重视。但是,这些研究存在两个主要的局限性。(3)征求意见稿中存在公允价值定义和公允价值计量指南的不一致。(4)存在交换价值观与使用价值/持续经营价值观的冲突-估值前提和公允价值层级的矛盾。(5)忽视交易成本是有问题的。(6)对活跃交易商市场的定价问题存在争议。(7)公允价值计量披露是不完整的
55	Credit Suisse Group	O	√			(1)支持FASB制定公允价值计量的总体目标,并认为出于风险管理和在财务报表中报告经营结果的目的,公允价值是最相关的管理工具。(2)给定许多金融工具以公允价值计量的现状,额外的指南是合理的
56	Toyota Motor Credit Corporation	O	√			(1)支持FASB制定一套框架以阐明公允价值计量及其目标所做出的努力。(2)建议进一步阐明一些问题:①负债公允价值中自身信用差价的处理-可实现与可观察性;②允许企业选择恰当的公允价值的披露形式
57	Calpine Corporation	C			√	(1)在负债公允价值计量中考虑信用状况的影响与SFAC6负债的定义相冲突;(2)阐明活跃市场的含义;(3)活跃交易商市场定价将制造人为的资产负债表准备;(4)公允价值第三层级中多种估值方法将给财务报表编制者在证明"不适当的成本和努力"方面增加负担
58	Price Waterhouse Coopers	P			√	(1)总体上同意确定最佳可能估计公允价值的层级,但建议对层级进行修改使得特定层级的应用不是一项要求,而是给予财务报表编制者一定的灵活性来实现最佳估计;(2)进一步阐述有关估值的基础概念;(3)FASB应当关注相关主体活动,如估价准则委员会(ASB)

评论函编号	来源	渠道	支持	反对	其他	主要评论内容
59	Grant Thornton	O	√			(1)支持FASB提供关于企业如何出于财务报告目的而确定公允价值估计的指南,且许多要求与GAVP和估值原理是一致的;(2)应当提供更多关于如何资产和负债估值的指南,而不仅仅限于金融工具;(3)认为多种估值技术与第一、二层级存在矛盾,且折现率调整技术使用的信息有别于前两层公允价值估计的信息;(4)对第二和三层级的划分存在疑虑,尤其是"客观地可确定"的含义;(5)修改有关披露要求。建议在准则发布之前考虑与相关性和可靠性有关的问题
60	Crowe Chizek and Company LLC	C			√	(1)在许多情况下,采用买入价和卖出价的平均值可能更为恰当;(2)应当提供更多报价调整的原因;(3)对负债公允价值估计、非及时信息的使用和大宗因素等提出修改意见
61	Lehaman Brothers	S			√	(1)支持FASB确定的改善公允价值计量一致性和可比性以及扩展信息披露的目标;(2)中间价应当适用于所有以公允价值计量的工具;(3)在许多情况下,如果信用差价变化的影响不能实现,在负债公允价值计量考虑该因素是不恰当的;(4)对于以公允价值计量的工具,不支持提供更多有关利得和损失的额外信息
62	Macrosoft	C		√		(1)没有令人信服的证据表明征求意见稿将提高公允价值计量的可靠性、可比性和相关性;(2)要求采用多种估值技术对第三层公允价值估计和相关披露要求将导致企业花费不适当的成本和精力;(3)强烈地反对扩展有关披露公允价值信息的要求,尤其是在季度披露时
63	Lockheed Martin Corporation	C			√	(1)征求意见稿的发布并不能避免需要更多的应用指南,这将限制准则的有用性,且认为框架和发布原因等内容载SFAC中处理更为恰当;(2)公允价值层级并不能显著地降低公允价值报告的主观性和不一致性,并导致缺乏可靠性;(3)对估值专家潜在的无限制使用可能导致企业财务报告成本的显著增加,并超过其相应利益;(4)公允价值的定义是存在问题的;(5)公允价值层级难以操作,且与现实不一致;(6)需要更多关于多种估值技术的指南,以确定唯一相关且符合成本效益原则的方法

评论函编号	来源	渠道	支持	反对	其他	主要评论内容
64	Washington Mutual, Inc.	S	√			征求意见稿可能显著地提高公允价值计量的一致性和可比性,并提高财务报表的透明度,但是也存在一些问题:(1)在某些情况下应当考虑大宗因素(blokage factors);(2)提供更多有关公允价值层级的指南;(3)活跃交易商市场定价的规定难以应用于某些特定的衍生工具,且在套期会计情况下将造成巨大的成本;(4)FASB应当阐明采用多种估值技术的意图
65	Constellation Energy	C	√			(1)支持FASB全面地处理公允价值A问题;(2)在负债公允价值计量中如果考虑信用状况的影响,则其初始影响应当作为会计原则变更的累积影响;(3)对活跃交易商市场定价和公允价值披露提出不同意见
66	the Georgia Credit Union League	A			√	(1)赞赏FASB为建立一个公允价值计量框架所做的努力,并鼓励制定更多有关金融机构核心存款公平市场价值的指南;(3)要求信用社在财务报表中提供更多有关公允价值的信息不能增加信用社成员或管理当局的价值;(4)对小型信用社的实施能力表示关注;(5)建议针对信用社推迟一年生效
67	HBK Investment L.P.	O			√	(1)支持FASB所做的定义和典籍化公允价值的努力;(2)不同意关于活跃交易商市场定价的规定,这将降低灵活性,且与相关规定不一致
68	Investment Company Institute	S			√	在一些情况下,征求意见稿的要求与SEC的估值规定存在不一致,如ASR No.118
69	Eli Lilly and Company	C			√	(1)支持FASB为提高公允价值计量的一致性和可比性与公允价值披露所做的努力;(2)公允价值披露不适当地增加了企业的负担,且没有向财务报表使用者提供增量利益;(3)坚决反对将公允价值披露要求应用于中期报告;(4)特别关注公允价值信息的相关性和可靠性问题;(5)反对在负债公允价值计量中考虑信用状况的影响
70	the Appraisal Issues Task Force	V			√	(1)对估值技术的应用问题存有疑虑,如预期现值技术将产生更多的特定企业参数而不是市场参数;(2)有关活跃市场的指南没有处理如何获取、验证和将其用于确定第三层级公允价值估计;(3)除使用/交换价值假设外,还应当包括强制清算和放弃;(4)建议与广为接受的估值准则相协调

评论函编号	来源	渠道	支持	反对	其他	主要评论内容
71	Deloitte & Touche LLP	P			√	在下列方面需要做出重大调整或阐述:(1)进一步阐明公允价值层级以防止对类似金融工具的分类产生不同的意见;(2)没有处理当前公允价值估计异于当前交易价格的困境;(3)应当确定适当的综合或分解水平;(4)应当在每一个层级规定买卖差价的应用指南;(5)建议主动向财务报表使用者进行游说使其认同自身信用状况计入负债公允价值的有用性
72	Pfizer	C	√			(1)征求意见稿不足以提供实现可比和一致性目标的指南;(2)忽视为什么进行公允价值计量、允许偏离公认的计量方法和推迟某些问题的处理将无助于向财务报表使用者提供有意义的信息;(3)征求意见稿只是规定了如何公允价值计量,而没有规定什么时候应当使用公允价值;(4)目前的会计模式是有效的,但是越来越偏离其底线——计量、记录和汇总过去的交易和事项,计量的有用性被计算的复杂性和(或)恰当性所取代;(5)公允价值不是所有资产负债表项目最相关的计量属性,继续追求公允价值计量将在财务报表中加入不必要的风险和变动性,特别是第三层公允价值估计可能损害审计效率和扩大期望差距;(6)在任何情况下都不能得到"公允价值";(7)对公允价值第三层估计的强调将加大企业的成本
73	Graeme Dean, Frank Clarke, Honorang and John Staunton	O			√	(1)为财务报表使用者理解以市场为基础的会计系统的含义提供了指南;(2)同意以交换价格作为公允价值的定义;(3)指南的出台是及时的;(4)旨在计量"公允价值"的指南应当与关于计量的总体概念框架相吻合;(5)对资产和负债的计量过程应当是相同的;(6)区分计量与估值
74	the Credit Union National Association	A			√	(1)赞赏FASB典籍化公允价值计量和提供帮助使用者计算公允价值的努力;(2)鼓励FASB提供更多计算金融机构核心存款公允价值的具体指南;(3)坚决认为将扩展披露要求延伸至信用社不会对信用社的管理当局和成本增加价值;(4)催促信用社推迟一年适用该准则
75	National Association of Real Estate Investment Trusts	O			√	(1)赞赏FASB制定高质量会计准则的努力,且在单一框架下提供关于公允价值计量的指南是有用的;(2)FASB在主张企业就每一项交易采用多种估值技术或采用于三种方法一致的最相关计量技术上存在模糊;(3)在估计不动产公允价值时对其最高和最佳使用方面存在模糊;(4)对市场参数的来源表示异议;(5)就非金融资产和负债的公允价值计量提供进一步的指南

评论函编号	来源	渠道	支持	反对	其他	主要评论内容
76	the Technical Issues Committee of AICPA	P	√			(1)征求意见稿中的指南是必要和有用的;(2)多种估值技术将大大的增加成本;(3)公允价值计量的复杂性将降低估计的可靠性并增加审计风险;(4)需要流程图和更多的示例来演示公允价值层级的应用;(5)在非公众公司就征求意见稿进行现场测试;(6)加强对投资者的教育,使其了解财务报表的波动性
77	the Accounting Practices Committee of the Fiscal and Administrative Officers Group for Community Foundations	O	√			支持FASB发布征求意见稿,但认为主要问题是缺乏与非营利组织相关的指南和示例。此外,也对适用于非营利组织的相关披露和范围提出一些修改意见
78	the 100 Group(UK) Technical Committee-US GAAP sub-committee	C	√			(1)不应当规定所有企业一致性地应用;(2)指南的绝大部分规定是充分和合理的
79	Ernst & Young LLP	P			√	(1)公允价值计量将向财务报表使用者提供有意义的信息,并建议FASB重新考虑其概念框架;(2)对公允价值信息的有用性和征求意见稿的结构提出一些意见
80	the Accounting Standard Executive Committee(AcSEC) of AICPA	P	√			支持FASB为如何公允价值计量提供指南,认为征求意见稿有助于更好地理解公允价值,有助于提高公允价值的一致性和统一性
81	the Financial Accounting Policy Committee of CFA	P	√			公允价值计量对财务报告是必要的,认为所有的财务决策应当以公允价值为基础
82	the Fidelity Management & Research Company	O			√	在一些方面与1940年投资公司法和SEC的相关法规(主要是ASR118)存在冲突,如活跃市场、参照市场和大宗因素等
83	the Association Actuarielle Internationale of the International Actuarial Association	I			√	(1)需要进一步对不存在活跃市场的负债公允价值计量研究,在保险负债方面征求意见稿没有提供充分的指南;(2)FASB(包括IASB)应当就保险负债的计量制定高质量的一致性准则

续表

评论函编号	来源	渠道	支持	反对	其他	主要评论内容
84	Edison Electric Institute	C			√	(1)在负债公允价值计量中如果考虑信用状况的影响,则其初始影响应当作为会计原则变更的累积影响;(2)抵消风险头寸应用买入/卖出价是不恰当的,这将制造人为的资产负债表准备和赢利确认递延;(3)当某一种股指技术被市场参与者广为接受或者最具有代表性时,不应当要求采用多种估值技术。建议FASB重新评估公允价值会计的实用性和相关性
85	the Committee on Corporate Reporting of Financial Executives International	C	√			(1)赞赏FASB制定框架以处理(非)金融资产和负债公允价值的目标。(2)在继续发布公允价值计量指南和提供相关项目有关公允价值指南之前,必须解决一些公允价值的基础性概念问题:①相关性和可靠性;②复杂的unit of account问题;③操作性问题。此外,还对活跃市场定价、负债公允价值计量中信用状况的考虑和披露等提出了一些看法
86	Bank of America	A			√	(1)征求意见稿采用了以规则为基础的方法,这可能是为了满足一致性需要,因此更好的方法是发布全面公允价值计量原则;(2)还存在一些尚未解决的重大问题。建议以原则为基础发布与公允价值计量相关的全面概念公告
87	the Financial Reporting Committee of the Institute of Management Accountants	P			√	对公允价值计量的可靠性和相关性表示关注
88	Board of Governors of the Federal Reserve System	A			√	(1)征求意见稿是提高公允价值计量指南的良好开端;(2)在将公允价值的应用显著地扩展到主要财务报表之前,建议FASB进一步研究和测试以提高公允价值计量的可靠性;(3)建议在以原则为基础的框架下FASB考虑如何最好地就可接受的估值和披露实务提供良好的持续对话,如跨学科研究小组;(4)与相关部门合作确保制定可验证和可审计公允价值估计的指南;(5)支持FASB制定提高可靠和一致的公允价值计量指南;(6)与公允价值计量相关的概念性和应用性指南是不充分的;(7)关注公允价值计量中存在管理偏见问题
89	the Accounting Principles and Auditing Standards Committee of the Calnifornia Soiety of CPAs	P			√	(1)根据以规则为基础的层级法,建议公允价值应当根据事实和环境来确定:考虑所有在确定公允价值时应当考虑的因素;(2)应当提供何时和以何种方式应用不同估值技术的指南,包括更加全面的示例

续表

评论函编号	来源	渠道	支持	反对	其他	主要评论内容
90	the Conference of State Bank Supervisors	A			√	(1)将公允价值计量扩展至非金融资产和负债以及使用多种估值技术可能增加对财务报表的操纵;(2)对实现公允价值计量目标存在疑问;(3)存在一些需要解决的问题,包括实施成本、信息的有用性、精确信息的可获得性、管理偏见和方法的复杂性等
91	the Equipment Leasing Association	O			√	对某些税收优惠租赁特别是杠杆租赁,应用征求意见稿将造成重大差异建议FASB考虑对某些租赁的适用性
92	the European Banking Industry	A			√	(1)应当以原则为基础制定公允价值计量准则,且合理的原则应当是下列要素的结合:①健全的公司治理要求;②在公司内部公允估值的一致性应用;③恰当的披露。(2)为了提高公允价值计量的可理解性和相关性,应当重新检查公允价值计量的方法和方式。(3)在没有恰当考虑公允价值计量相关性的情况下,公允价值计量准则完成后FASB不应当匆忙地去做全面公允价值计量项目,这是因为在欧洲市场参与者对将公允价值应用于非交易性活动的相关性及其可靠性产生怀疑
93	Russkelly	O			√	公允价值应当由所涉及的企业来确定,不应当由外部主体进行标准化

注:"A"表示存款机构（银行、信用社等）、银行/家/业协会及其监管者;

"C"表示非金融公司;

"I"表示保险公司及其协会;

"P"表示会计职业团体及其协会;

"O"表示非金融机构和会计职业组织;

"S"表示投资公司（证券公司、投资银行共同基金）及其协会;

"V"表示估值协会或类似机构。

资料来源:根据美国财务会计准则委员会（FASB）网站（www.fasb.org）相关资料整理。

附录4

表附4-1　*Fair Value Measurement*（*ED*）第2次反馈意见汇总

评论函编号	来源	支持	反对	其他	主要评论内容
1	the Committee on Corporate Reporting of Financial Executives International			√	（1）对公允价值中应用市场参与法（the market participants approach）表示高度关注；（2）认为公允价值层级的变动和资产最高和最佳使用的原则显著地区别于2004年6月的征求意见稿，这种重大变化缺乏履行应有程序；（3）当市场参与者法获得的公允价值高于采用现有估值方法的公允价值情况下，关注企业如何在后续会计处理中应用公允价值计量。此外，IASB正在继续类似的项目，FASB应当发布修订的公允价值计量征求意见稿
2	the Financial Reporting Committee of the Institute of Management Accountants			√	（1）自发布ED以来，FASB就公允价值计量进行了重大修改，这些变化可能没有得到很好理解，且一些暂时性结论也产生了新问题；（2）准则最终稿的发布将需要向会计人员和估值专家解释有关公允价值计量要求的变化；（3）重新发布征求意见稿有助于实现与IASB的国际协调
3	Securities Industry Association			√	公允价值对于证券公司的经营和财务报告是一个至关重要的成分，是风险管理、定价和组织构造等重大决策的基础，因此，建议尽快发布公允价值计量准则

附录5

表附5-1　*Preliminary Views，Reporting Financial Instruments and Certain Related Assets and Liabilities*反馈意见汇总

评论函编号	来源	渠道	支持	反对	其他	主要评论内容
1	Paul Rosenfield	O			√	支持其他观点,但是对下列观点持异议:(1)以"退出价格"计量负债;(2)以公允价值报告资产和负债是违反实际情况的;(3)存在其他列报信息的备择方式,如单独的公允价值财务报表和在辅助中增加披露;(4)使用公允价值措辞的必要性
2	First National Bank of Canton	A	√			自1907年开办以来从未以公允价值为基础进行管理,现在以及将来也不会有客户要求我们以此为基础编制的财务报表
3	Bank of ST. Elizabeth	A		√		(1)对于交易性活动或者以公允价值为基础进行管理的金融机构,公允价值是恰当的;(2)对绝大多数金融机构,公允价值并不是最相关的计量;(3)公允价值将在事实上误导银行财务报表的使用者;(4)对于FASB,研究公允价值、确定是否采用公允价值披露及如何完善可能更加恰当
4	Premier Bank	A		√		不支持公允价值会计,因为这是没有意义的,并将加重银行的负担,建议重新考虑,或者豁免小社区银行或资产规模在100万美元以下的银行
5	the Red Cedar Bank	A		√		反对以公允价值计量金融工具,因为:(1)对于交易性活动或者以公允价值为基础进行管理的金融机构,公允价值的恰当的;(2)对绝大多数金融机构,公允价值并不是最相关的计量;(3)公允价值将在事实上误导银行金融工具的使用者;(4)对于FASB,研究公允价值、确定是否采用公允价值披露及如何完善可能更加恰当
6	Independent National Bank	A		√		金融机构采用公允价值是不恰当的,因为随着利率的波动,公允价值的确认将产生误导性的资本恶化态势。建议进一步研究以确定将金融机构的经济活动传导给投资者和债权人的最佳方法

评论函编号	来源	渠道	支持	反对	其他	主要评论内容
7	Farmers State Bank	A		√		(1)公允价值会计将对财务报表使用者产生误导作用;(2)计量某一特定日期公允价值是荒谬可笑的;(3)在附注中解释经济状况对财务报表数字的影响可能更加有效
8	State Bank of Kimball	A		√		反对公允价值会计,特别是对于独立的小银行毫无意义
9	McClain County National Bank	A		√		强烈反对任何实施公允价值会计的要求,因为:(1)公允价值会计对银行及其客户和股东是没有意义的;(2)银行是处理"真实"余额和数字的;(3)银行并不以公允价值会计为基础进行管理;(4)银行实非上市的
10	First State Bank of Red Bud	A		√		反对公允价值会计,这将给银行和客户造成损失
11	Perpetual Savings Bank	A		√		作为小社区银行反对公允价值会计,因为:(1)社区银行的贷款组合是不可销售的;(2)对于许多资产负债表项目不存在确知的市场;(3)市场价值分析是静态的且以不切合实际的假设为基础
12	United Bank & Trust	A		√		强烈反对以公允价值计量金融工具,因为:(1)对于交易性活动或者以公允价值为基础进行管理的金融机构,公允价值是恰当的;(2)对绝大多数金融机构,公允价值并不是最相关的计量;(3)公允价值将在事实上误导银行财务报表的使用者;(4)对于FASB,研究公允价值、确定是否采用公允价值披露及如何完善可能更加恰当
13	the First National Bank Le Centre	A		√		作为小银行,证券交易活动很少,也不会出售贷款,因此,采用公允价值会计将增加成本和公众的理解,且对客户和股东是没有意义的。建议在附注或独立的报告中披露相关信息
14	Marsha Wallace	C			√	理解FASB近期针对公允价值会计做出的努力,但是认为信用卡合约和活期存款应当简单地采用与存在类似不确定现金流量相同的资产和负债进行估值
15	First Western Bank	A		√		作为小银行,不从事证券交易活动,也很少在到期前出售证券。任何信用产品的公允价值不仅仅与利率相关,也更与其质量相关。在实施公允价值会计之前,建议FASB彻底地研究公允价值会计的相关性,并针对不同的金融机构实施不同的规则
16	First Arkamsas Bank & Trust	A		√		(1)公允价值会计不是对金融机构财务信息相关或恰当的计量;(2)因为涉及许多假设,报告公允价值将误导财务报表使用户者;(3)在附注中披露公允价值信息是充分的;(4)建议在实施公允价值会计之间进行研究

评论函编号	来源	渠道	支持	反对	其他	主要评论内容
17	First National Bank Canadian Higgins	A		√		反对在小银行中实施公允价值会计,因为:(1)小银行并不以公允价值为基础进行管理;(2)可能加重小银行的负担和浪费时间。建议5亿美元以下的银行暂不实施
18	the Security State Bank of Pine Island	A		√		(1)银行从来不以公允价值为基础进行管理;(2)对于一家持续经营的银行以公允价值会计为基础编制的财务报表具有误导性;(3)FAS115是毫无用处的。建议在实施前进一步考虑其后果
19	Willa Park Bank	A		√		小型社区银行采用公允价值会计是没有意义的,因为这将把宝贵的时间浪费在确定哪些过去没有和将来也不会出售的资产价值
20	First Western Bank	A		√		要求银行对金融工具采用公允价值会计是一个错误的想法,且财务报表价值的波动将给投资者带来错觉。绝大多数银行资产和负债在到期前很少出售。建议在实施前进一步认真研究
21	First Southwest Bank	A		√		强烈地反对公允价值会计,因为:(1)对于交易性活动或者以公允价值为基础进行管理的金融机构,公允价值是恰当的;(2)对绝大多数金融机构,公允价值并不是最相关的计量;(3)公允价值将在事实上误导银行财务报表的使用者;(4)对于FASB,研究公允价值、确定是否采用公允价值披露及如何完善可能更加恰当
22	Crosby State Bank	A			√	(1)赞同关于要求银行以市场价值对证券估值的做法,但对证券的分类抱有疑虑;(2)要求以市场价值对贷款计量是复杂和荒谬的;(3)公允价值会计将歪曲银行的财务状况并留下操纵的机会
23	Newton County Bank	A		√		(1)银行采用公允价值会计可能是重大的错误;(2)现行会计处理是有效的;(3)采用公允价值会计可能对经济和整个银行业产生不利影响
24	City National Bank	A		√		(1)作为社区银行家理事会的成员反对公允价值会计;(2)即使只针对交易活动采用公允价值会计,也将对社区银行和整个经济产生潜在的剧烈影响
25	Schering-Plough Corporstion	C			√	赞同文件中的一些观点,但是认为:(1)对应收账款进行"盯市"处理将增加管理成本,且具有操作难度;(2)对债务(包括贷款和应付账款)进行"盯市"是没有价值的。以披露代替公允价值会计可能是有意义的方法

评论函编号	来源	渠道	支持	反对	其他	主要评论内容
26	Illinois CPA Soiety Foundation	P		√		不赞同采用公允价值会计,除非金融工具的公允价值可以可靠地确定,主要是在公允价值估值中存在大量的判断和小企业实施的困难性。此外,委员会也反对部分公允价值会计
27	Florida Institute of CPA	P	√			(1)同意文件中的某些概念,如金融工具;(2)同意退出价格作为公允价值的估计,但认为在一些情况下估计应收账款证券化对公允价值的影响是极端困难的;(3)赞同在盈利中报告公允价值的变动,但对利润表的列报方式提出一些修改意见;(4)不存在特殊的实施问题;(5)对一些特定金融工具,其可计量性取决于相关信息的可获得性
28	Emprise Bank-Wichita	A		√		(1)持有资产到期或最终期限付款是银行管理的现实做法,因此,要求银行对金融工具采用公允价值会计是不相关的,且可能导致误导性的财务报表(2)银行更多地从长期来看待资产负债表,采用公允价值会计将对现有的资产负债管理方式产生剧烈影响,并将对客户关系产生消极影响
29	New York State Soiety of CPA	P			√	理解FASB通过综合方法处理公允价值会计而做出的努力,建议出台额外的实施指南,并认为:(1)公允价值会计可能消除套期会计的复杂性和确定充分贷款损失准备的困难性;(2)虽然假设公允价值信息对所有类型的财务报表使用者是有价值的,但是应当考虑所花费的时间、金钱和不断增加的审计师和企业负担;(3)公允价值会计的作用在很大程度上取决于企业的规模和类型(公众或私有公司);(4)对于许多企业,财务报表使用者并不期望获得公允价值信息;(5)对于金融机构,虽然公允价值会计可能是有用的工具,但也应当关注其复杂性和不一致性,以及对非金融企业的价值;(6)更好的方法可能是提供以公允价值计量金融工具的备选资产负债表和损益表。综上所述,建议公允价值应当作为披露进行处理,且不应当进行财务报表重述
30	McDonald´s Corporation & Plaza	C		√		(1)对于持有高比例非金融资产的企业或企业分部,采用公允价值会计并不能增加价值。此外,对于这些企业,债务交易是次要的,由于只重视资产负债表的一方,因此所提供的信息可能是误导性的;(2)将公允价值变动计入利润将造成企业利润的人为波动,并可能向利益相关者传递错误的信息;(3)企业信用评级的增减将产生误导性的利得或损失

续表

评论函编号	来源	渠道	支持	反对	其他	主要评论内容
31	Bank of Hiawassee	A		√		(1)会计处理应当以银行管理其投资组合的方式为基础,而不是改变经营方式;(2)没有必要报告不打算出售抵押贷款的销售价值
32	Willimsburg First National Bank	A		√		(1)反对采用公允价值会计对商业银行的贷款组合进行计量;(2)商业银行并非基于公允价值进行管理,因此公允价值不是最相关的计量;(3)公允价值将会误导财务报表使用者;(4)公允价值会计难以应用且不科学,并相应地增加审计和会计费用
33	Katy Bank	A			√	作为一家小型地方社区银行,利润主要通过向当地客户借贷来实现,并审慎地从事证券投资,且全部分类为可供出售证券,建议FASB重新考虑SFAS115的要求
34	the Washington Soiety of CPAs	P			√	(1)当资产存在易于变现的市场(ready market)时,精确的市场信息优于历史成本信息;(2)当不存在该类型市场时,用作补充信息(未审计?)的披露或列报更加有效
35	Stefan Engelander, German	O		√		(1)将保险合同是为金融工具既不合理也没有必要;(2)当不存在市场价格时,由于缺乏可用于统计估计的经验数据,公允价值难以估计;(3)公允价值的计算不是一个统计估计,而是一个经济确定(economic determination)。建议考虑保险业的某些特定经济特征
36	Herbert K. Folpe	O			√	公允价值会计将对非营利组织的财务报告时间产生许多影响,但是,因为如何报告公允价值变化的问题完全集中于企业,因此,难以对某些特定项目发表评论或者评估其对非营利组织的影响
37	National Community Capital Association	O		√		要求所有金融工具以公允价值计量不是切实可行的
38	American Council of Life Insurers	I		√		(1)当前不存在充分的理由以支持激进地偏离已获得广泛认同的历史成本会计模式;(2)对长期持有的保险合约,公允价值的确定具有高度主观性,并在一个较宽泛的区间内产生若干合理确定的价值

评论函编号	来源	渠道	支持	反对	其他	主要评论内容
39	Pricewaterhouse Cooppers	P			√	(1)FASB可能低估了实施公允价值会计存在的重大挑战,包括技术和行为方面。只有当在可操作性、可理解性、有用性和一定程度的可接受性等方面令人高度满意时,才能实施会计原则的转变。(2)公允价值对所有金融工具是相关的且在财务报表中披露的观点是难以争辩的,问题的实质在于如何报告公允价值。(3)虽然赞同公允价值的定义和以退出价格来定义公允价值,但在如何估计退出价格方面存在一些问题
40	Unknown	O	√			(1)公允价值是金融工具最相关的计量;(2)公允价值会计的恰当性和广泛接受性在很大程度高度上取决于其可靠性和适用范围,这可以通过在净收益之外报告某些类型的未实现利得来实现
41	Jeremy Gold Pensions	O			√	对因计算的复杂性而将雇员和保健计划(health care plan)的养老金福利排除在公允价值会计之外持异议,并提出了一种计算方法
43	Constellation Energy Group	C		√		虽然公允价值会计在理论上优于历史成本会计,但是在下列方面存在问题:(1)造成资产负债表的不匹配;(2)在许多情况下造成并不反映相关交易的基本经济实质的盈利波动;(3)过度的主观性和不精确产生企业间的可比性问题;(4)增加了盈余管理的潜在可能性;(5)难以在持续期间内操作和遵循
44	the Federal Home Loan Banks	A			√	(1)在考虑将未实现利得或损失在利润表或综合收益表中确认之前建议扩展金融工具的公允价值,如公允价值资产负债表;(2)退出价格对于持续经营企业是不恰当的,建议使用重置价格或中间价格(mid-market price);(3)通过模型计算的公允价值可能导致相似的金融工具在不同企业间价值差别很大,降低有用性;(4)建议FASB更多地考虑实施和实务问题;(5)对客户关系估值是困难的,且受到假设和估计的影响
45	the Working Committee on Accounting of the Japanese Bankers' Association	A		√		(1)反对对所有金融工具引入全面公允价值会计;(2)从投资决策有用性角度来看,混合计量方法更为恰当;(3)贷款和存款的公允价值难以可靠地确定;(3)在金融机构中引入公允价值会计将造成分崩离析的局面

评论函编号	来源	渠道	支持	反对	其他	主要评论内容
46	the Dutch Association of Insurers	I		√		(1)在财务报告中，公允价值不是恰当的首要估值基础；(2)公允价值信息对财务分析是使没有价值的；(3)公允价值信息应当在年度报告中以附注形式提供。在这种情况下，报告中应当包含敏感性分析，以确定相关宏观经济因素对企业财务状况和利润的影响；(4)确立必要的规则，以提高可比性和明晰性；(5)保险合约不是金融工具，具有服务合约的特征，因此采用完成百分比法确定收益应当更为恰当
47	KeyCorp	A		√		(1)虽然支持FASB关于提高财务信息相关性和一贯性的努力，但是认为当前在基本财务报表中以公允价值报告所有金融工具或者提供一套独立的公允价值财务报表无助于实现此目标；(2)在没有过渡期间的情况下实现从历史成本会计向公允价值会计的转变所蕴含的风险将远远超过所带来的利益；(3)在利润中或在财务报表中确认公允价值调整需要在教育方面下大功夫；(4)如果管理当局在合约到期前无异出售资产或清偿债务，对所有资产采用公允价值会计将误导投资者；(5)以公允价值会计报告所有资产不能提高企业间财务报表的可比性；(6)那些价值变化在利润中反映的项目所具有的计量主观性将为盈余管理活动提供潜在的最佳机制；(7)实施公允价值会计的成本(实施、转换和交易)将超过由此产生的利益
48	CIGNA Corporation	C	√			(1)同意FASB提出的最终以公允价值会计计量金融工具和相关资产与负债的目标；(2)编制有意义的财务报表需要对全部资产和负债采用公允价值会计，且在最低层面上投资组合应当采用公允价值会计，如权益投资和房地产；(3)反对将保单排除在公允价值会计之外；(4)采用现值技术计算公允价值是恰当的；(5)对从历史成本会计向公允价值会计转变方式的考虑是十分重要的
49	London School of Economics	O		√		虽然在总体上支持FASB所做的在保险业推动现行价值法(current value based approach)，但是，无论是FASB的文件还是IASC关于保险和JWG关于金融工具的相关文件均存在根本性的概念错误，且在实务上是不具有可操作性

评论函编号	来源	渠道	支持	反对	其他	主要评论内容
50	the Financial Institutions Accounting Committee	A		√		因为SFAS No.115和No.133对财务报表使用者效用的影响没有得到充分研究,以及金融市场没有客观地分析这些准则对盈利和权益波动的影响,因此不支持任何以公允价值计量和确认金融工具和相关资产与负债为目标的进一步措施(10个理由)
51	Downers Grove National Bank	A			√	(1)公允价值会计对于交易性活动和以公允价值为基础进行商业管理是恰当的。但是,社区银行广泛地开展公允价值难以确定的存贷款活动。(2)当存在不精确的市场和其他因素影响公允价值时,应当继续在附注而不是报表中披露。(3)在理解中期固定利率贷款或存款组合方面,公允价值会计同样也是不完善和误导的。(4)银行财务报表使用者和编制者真正需要的是有关利差和现金流量产生能力而不是当前价值的信息
52	Central Bank	A		√		作为持有13家社区银行的银行控股公司,不支持市场价值会计及(MVA),这将对财务报表使用者在比较银行的基础价值方面产生巨大"代沟",并将为遵循GAAP而在系统改造和费用方面不得不做出无益于客户或股东的投资
53	Ernst & Young	P			√	(1)至少对一些企业,对所有金融工具采用公允价值会计具有吸引力,但是面临着巨大的障碍,如确定不存在市价金融工具的公允价值;(2)金融行业由于采用混合计量而具有最大的不一致性,因此,对于不同行业和不同企业,公允价值会计的相关性是存在差异的;(3)公允价值会计对非金融企业的价值非常模糊,需要进行更多的研究;(4)不赞同激进推行公允价值会计,而主张渐进式
54	First National Bank	A		√		(1)要求银行对其所有资产估值极端困难,对理解银行的真实状况没有意义。(2)银行并不是以公允价值为基础进行管理的。(3)公允价值会计将混淆而不是提高财务报表的列报。建议FASB进一步研究公允价值会计,以确定公允价值披露的效用和评估进一步改善的方式
55	Intercredit Bank N.A. of Florida	A		√		(1)作为小型社区银行,公允价值会计是一个完全不相干的概念;(2)贷款不是交易性工具,对是否存在确定贷款组合市场价值的方法表示怀疑;(3)确定贷款的公允价值将是花费巨大且没有价值;(4)公允价值会计将扭曲资产负债表
56	Texas Bankers Association	A		√		(1)要求以公允价值计量所有的金融工具将扭曲而不是明确银行的财务报告;(2)反对将公允价值会计应用于金融工具;(3)将公允价值定义为估计的市场退出价格将导致财务报表不能反映银行的真实价值和客户关系;(4)公允价值是一个具有高度偏见、不一致和没有信息含量的人为重估值

评论函编号	来源	渠道	支持	反对	其他	主要评论内容
57	Missouri Bankers Association	A		√		(1)公允价值并不是金融工具最恰当的计量,除非该工具用于交易或者以其作为管理基础;(2)采用公允价值将对财务报表的使用者具有欺骗性
58	Conoco,Inc.	C			√	(1)公允价值会计应当适用于所有资产负债表要素,而不仅仅是金融工具,建议针对公允价值会计制定一套基于相关性和可靠性的、高于一切的原则和目标,以确定哪些要素采用公允价值报告;(2)不存在活跃市场的资产负债表要素应当排除在适用范围之外,这是因为其计量是高度主观和复杂的;(3)对于某些满足SFAC No.2的资产负债表要素的公允价值变化计入利润表是恰当的
59	Board of Governors of the Federal Reserve System	A			√	(1)PV是对所有金融工具实施公允价值会计长期规划的第一步,强烈支持FASB的努力。(2)虽然委员会认识到实施全面公允价值会计对投资者和财务报表使用者的潜在概念性前景,但是更加关注在彻底解决许多实施问题之前实现计量方式的根本性转变将损害预期利益,需要严格的估值指南。(3)由于存在下列问题,公允价值会计在当前并不优于历史成本:①许多金融工具不存在活跃的市场,因此其公允价值计算所需的信息和方法是不完善的;②财务报表编者拥有更多的信息,因此基于模型或其他方法计算的公允价值存在偏见,也为管理层自我评价(盈余和资本管理)提供了机会;③审计师需要对管理层是否存在偏见进行鉴证,且在不存在直接的可比市场信息的条件下,反驳管理层的认定是极端困难的。(4)在全面公允价值会计成熟之前,增加披露具有更大的利益。(5)退出价格对于拟持有至到期的非流动工具是不恰当的。(6)金融工具的流动性发生波动将导致买卖差价发生变化,导致盈利出现额外的波动。(7)确认企业信用状况的变动将导致收益的反常波动。(8)对于会计概念的重大变化,增加公平市场价值信息的披露是最佳做法。敦促FASB制定旨在提高现实和客观的市场价值估计以捍卫财务报表的可靠性
60	Reliant Energy	C	√			(1)公允价值是金融资产和金融负债有意义的计量;(2)赞同公允价值是金融资产和金融负债退出价格的最佳估计;(3)通过综合收益表确认或披露有关资本化项目公允价值变动的信息是有意义的;(4)关于过渡阶段问题的具体规定是必要的

评论函编号	来源	渠道	支持	反对	其他	主要评论内容
61	Consortium of Energy Industry Companies	C	√			赞赏FASB在公允价值会计上所做的努力,认为公允价值会计是所有金融资产和金融负债最有意义的计量
62	Teachers Insurance and Annuity Association & College Retirement Equities Fund（TAAA & CREF）	I			√	作为非营利公司,我们认为:(1)只针对某些资产进行公允价值会计的做法是存在严重缺陷的,这实际上造成了资产负债表的"不平衡",并扭曲了企业的财务实力,以及造成盈利的异常波动;(2)支持FASB开发一套对使用者和财务报表编制者具有现实性的公允价值会计框架;(3)提出"两步法"——先披露后公允价值会计
63	Enron Corp	C	√			支持更加广泛地使用公允价值会计,但是应当关注下列问题:(1)PV应当明确佣金因素(brokage factors)和控制权溢价的处理;(2)对于某些金融工具,PV提出的公允价值层级是存在问题的,因此不应当规定选择适当估值方法的层级并允许新的估值方法;(3)难以理解交易商市场不采用中间价的理由
64	American Academy of Actuaries	I			√	(1)一些保险产品负债难以满足金融工具的定义;(2)保险合约市场是非活跃的,难以估计其退出价格;(3)保险公司的信用状况不应当反映在于保险合约相关的负债公允价值之中;(4)所有的保险合约负债应当采用相同的会计处理,包括服务合约或服务义务
65	National Association of Insurance Commissioners（NAIC）	I			√	对公允价值会计系统的优点存在很多争论,并出于下列原因而持保留意见:(1)用于估计公允价值的估计在企业之间差别很大且难以确定;(2)公允价值的确定内在地取决于企业的判断,增加了企业跨期操纵利润的能力;(3)公允价值假设的可变性和主观性导致净利润和损失发生变动;(4)对公允价值会计给相关利益者带来的利益存在疑虑;(5)可能不满足美国当前的监管要求
66	Union Savings Bank	A		√		从事抵押贷款的银行可能受到公允价值会计的高度影响,因此,保留历史成本法是非常好的计量手段
67	Kanawha Insurance Company	I			√	保险储备等同于一项金融工具。保险公司可能更愿意持有以历史成本计量的资产至到期并用以支持储备而不是交易,因此,储备不应当采用公允价值会计

评论函编号	来源	渠道	支持	反对	其他	主要评论内容
68	Bank One Corporation	A		√		(1)将公允价值变动计入收益将扭曲收益的变动趋势,并降低财务报表的有用性;(2)公允价值会计的最终采用是缺乏意义的,并最终导致混乱的财务报表;(3)如果信用卡和核心存款资产/负债以公允价值计量,与金融工具密切相关的客户关系也应当以公允价值会计计量。建议FASB重新考虑由历史成本向公允价值会计转变的必要性,或者以附注形式披露
69	America′s Community Bankers	A		√		绝大多数社区银行通过吸收公众存款和向当地客户发放贷款获取收益,且现行的GAAP已要求提供所有金融工具的公允价值,因此,采用公允价值会计不会产生任何额外信息
70	Fannie Mae	O		√		不赞同公允价值是所有在基本财务报表中列示的金融工具最相关的计量,对要求不从事交易性活动的企业适用公允价值会计模式持高度保留态度,并认为这将降低财务报表的有用性。原因在于公允价值会计模式:(1)可能没有反映Fannie Mae管理业务的方式;(2)导致财务报表使用者可能难以金融工具对那些不从事交易性活动企业的经营业绩和财务状况的理解;(3)可能导致应用及其结果的重大不一致;(4)财务报表使用者并不支持将现行会计模式替换为公允价值会计模式。建议进一步增加披露并调查财务报表使用者的看法和对公允价值的信息需求
71	the Bond Market Association	O			√	(1)赞同关于公允价值的定义,但对确定退出价格的方法表示严重关注;(2)对经纪费和佣金的会计处理提出不同意见;(3)PV不应当影响一些类型金融工具的估值方法
72	American Insurance Association	I			√	(1)公允价值是否对财产保险公司有意义存在相当大的不确定性;(2)所有的未偿付损失和未偿付损失调整费用应当采用一致的会计处理和披露方法,因为如果金融工具和非金融工具分别采用不同的处理方法,将对财务报表使用者理解和估值造成困难;(3)赞同以补充信息的形式披露以公允价值计量的所有的未偿付损失和未偿付损失调整费用,但是反对在财务报表中报告;(4)如果FASB要求以公允价值会计报告,那么未实现利得和损失应当在盈利之外以作为股东权益的独立部分
73	American Bankers Association	A		√		(1)公允价值会计是具有误导性的;(2)混合计量模型向财务报表使用者提供了更好的信息;(3)公允价值是不可靠的;(4)公允价值是对过去的记录,且可能很快过时;(5)需要对公允价值会计进行全面研究

续表

评论函编号	来源	渠道	支持	反对	其他	主要评论内容
74	IMC Global Inc.	C			√	IMC关注对价值不能通过参照市场交易轻易确定的金融工具采用公允价值进行确认和计量,认为:(1)公允价值会计不能向企业财务报表使用者提供有用的信息,因此不应当采用。(2)金融业财务报表使用者可能得益于公允价值会计,因为包含重大衍生活动的投资组合应当以透明的方式进行列报。(3)如果要求企业采用,IMC更加偏好于补充性附注披露;如果最终在财务报表中确认公允价值变化,更加偏好于在综合收益而不是在净收益中报告
75	Kenneth R. McColln	O	√			不赞同FASB提出的要求所有金融工具以公允价值计量的观点,因为公允价值不一定表示企业的价值,因此,在评价企业盈利及其潜力方面是不相关的
76	Charlse J. Orabutt	O			√	虽然通过对金融资产和金融负债的市场估值提供的额外信息能够增强投资决策,但是,替换历史成本会计而不是补充所产生的利益尚不清楚,并对财务报表的可理解性带来问题,且以与核心业务完全不相关的方式造成资产负债表和利润表更加波动。因此,建议保留历史成本会计并辅之以独立的公允价值报表或补充披露
77	Merrill Lynch	S	√			从根本上支持FASB要求金融工具以公允价值计量的创举,鼓励其尽快制定新准则以消除源于SFAS No.133的缺陷。但是,也对一些问题表示关注,包括活跃交易的交易商定价、对在市场中进行交易但价格未挂牌的金融工具进行估值和贷款估值等问题。此外,判断对于金融工具的估值是至关重要的
78	CMA Energy Company& Concumers Energy Company	C		√		FASB似乎正在缓慢地从历史成本模式向公允价值会计模式转变,我们总体上并不支持这样的转变。但是,如果FASB的意图是转向一个以市场为基础的计量模式,我们认为这应当是概念公告的重点
79	Canadian Bankers Association	A		√		(1)现有计量模式提供了一个易于理解且与管理活动融合的参考框架,财务报表使用者和资本市场总体上认为计量模式的转变是没有道理的;(2)公允价值对于计量财务状况或业绩是不相关的;(3)现有计量模式是有效的;(4)在加拿大和世界其他国家,市场缺乏买卖金融工具的足够深度和广度
80	GE Financial Assurance	O			√	反对采用将法定可分配利润折现以确定资本成本的"精算法"(actuarial method),这种方法实际上在对风险调整资本成本缄默方面是完全不适当的

评论函编号	来源	渠道	支持	反对	其他	主要评论内容
81	Deutsche Bank Banker Trust Corporation	A		√		在许多方面显著地不赞同PV提出的假设、方法和结论,认为:(1)全面公允价值会计是对现行会计的严重偏离;(2)现行基于管理意图的混合会计框架是恰当的;(3)在投资者需要公允价值会计方面缺乏令人信服的证据;(4)反对编制一套公允价值财务报表。建议FASB在得出结论之前与银行及其监管者密切合作
82	Northwestern Mutual Life Insurance Corporation (NML)	I		√		不同意当前会计模式是完全存在缺陷的、应当被废弃并代之以公允价值模式的结论,认为FASB没有充分地研究实行公允价值会计对美国和全球资本市场的有害影响,这是因为:(1)财务报表使用者可能更加难以理解公允价值模式;(2)造成公司之间的不可比性;(3)易于操纵;(4)花费巨大且难以维持和管理
83	One Williams Center	O		√		(1)企业的所有金融工具不应当以公允价值在资产负债表中记录且其变动计入利润表;(2)财务报表的使用者可能并不认同需要向公允价值会计模式转换的必要性;(3)财务状况和盈利的波动性是令人混淆的,且不能提供相关或可靠的财务信息;(4)负债的公允价值计量是反直觉的,没有提供相关的信息
84	Entergy Services,Inc.	C		√		(1)对所有金融工具以公允价值计量将给企业带来额外的管理负担;(2)豁免非金融企业采用公允价值会计;(3)公允价值定义不适用于不可提前偿还债券;(4)将赎回罚金和其他有发行人承担的直接费用包含在负债的公允价值计量之中;(5)反对将公允价值变化计入净收益,而应当记入其他综合收益
85	Machael McLaughlin	O			√	(1)(保险)负债计量中不应当考虑信用状况的影响,这是反直觉的且难以解释(企业特定价值);(2)在计算保险负债的公允价值时,建议采用考虑每一种假设假设的多重随机变动模型(mutiple stochastic variation),包括利率、死亡率、发病率、其他风险和费用
86	New York Clearing House	A			√	公允价值会计将对银行也产生重大影响。(1)金融工具定义中的"隐含合约"(implied contract)非常难以可靠地识别,应当排除;(2)PV提出的公允价值计量方法在当前既没有得到应用也不可行,并可能造成误导;(3)不应当对估值排除层级,无论是市场报价还是基于市场公开的参数,因为绝大多数复杂或客户化的交易更多地依赖估值模型

评论函编号	来源	渠道	支持	反对	其他	主要评论内容
87	General Motors Acceptance Corporation	C		√		(1)以公允价值计量资产和负债将在公司之间产生可比性和一致性问题;(2)公允价值并不一定提供了对企业业绩可靠和一致的计量,且当前资本市场的波动表明市场价值是一个模糊的概念;(3)对所有金融工具采用公允价值会计而保留混合计量模式将造成企业间的不一致;(4)将公允价值波动计入净收益将造成盈利波动,且并不能表示企业的经营业绩;(5)公允价值信息不仅难以审计,而且导致企业更加难以实施和遵守准则要求。因此,以公允价值会计计量所有金融工具并不能提高财务报告的质量
88	the World Bank	A	√			(1)支持FASB要求所有金融工具以公允价值会计计量的观点;(2)鼓励废弃混合计量模式;(3)在确保相关和忠实陈述特征以满足财务报告有用性方面,公允价值会计是一种最佳方法;(4)全面公允价值是一种恰当的框架,特别是对于金融机构。但是,考虑到受准则影响的企业并非都是大型金融机构,建议给予一定的过渡期间
89	Texaco	C		√		(1)FASB没有提供任何非常具有说服力的证据来证明对所有金融资产和金融负债进行公允价值计量将改善财务报告;(2)也没有任何证据表明那些使用者需要公允价值会计信息;(3)没有证据表明公允价值披露奖影响投资决策
90	Investment Corporation Insititute	S			√	(1)支持全面披露金融工具的公允价值;(2)因为投资公司已经按照市场或公允价值估计其资产,且价值变化反映在盈利之中,因此将投资公司包括在适用范围之内不一定达到预期效果;(3)所建议的估值指南有别于SEC发布的应用与投资公司的证券估值规则,且采用准则中的估值方法可能对股东产生损害影响
91	Navy Federal Credit Union	A		√		(1)鉴于信用社的特殊性,强烈建议排除在适用范围之外;(2)公允价值报告对于投资决策是不相关的;(3)如果要求信用社在财务报告中应用公允价值概念,则应当在财务报表附注中报告
92	John Hancock Financial Services,Inc.	O			√	(1)总体上同意将PV提出的目标作为公允价值会计模式的概念基础(资产和负债的历史与未来以及持有企业),并认为额外的信息披露能够潜在地增强使用者对企业的认识;(2)在一些方面存在潜在的问题,如负债计量;(3)盈利的巨大波动导致对利润表的效用提出疑虑;(4)考虑到人寿保险合约的特殊性应当排除在适用范围之外

续表

评论函编号	来源	渠道	支持	反对	其他	主要评论内容
93	American Family Insurance Group	I	√			(1)在普通的财务报表使用者认为公允价值财务报表更加有用方面存在不确定性;(2)特定行业的每个公司所有的不同假设将影响可比性;(3)在利润表中记录公允价值的变化导致盈利波动的可能性增加;(4)复杂性问题表面上没有得到一贯处理
94	International Swaps and Derivatives Association, Inc. (ISDA)	O		√		虽然支持与金融工具相关的公允价值信息披露和使用公允价值会计作为交易活动会计处理的基础,但是,在要求以公允价值计量所有金融工具且其变动计入净收益是否提供更加可靠和有用的财务报告方面存在疑虑
95	Citigroup	A		√		(1)FASB从来没有就公允价值是否为金融工具最有意义特征的关键问题征求意见;(2)FASB没有提出令人信服的证据来表明以公允价值作为财务报表列报的基础;(3)FASB不能够证明财务报表使用者需要更多关于公允价值的信息。总之,以公允价值会计报告所有的金融工具将是财务报告采用复杂且不现实的会计处理方法
96	Edison Electric Institute	C		√		(1)造成不匹配的资产负债表。例如,资本密集型企业以公允价值计量负债而以历史成本计量资本资产。(2)财务报表应当反映企业经济价值的观点与SFAC No.1相矛盾。(3)公允价值计量的主观性将显著地降低财务报表的可比性。(4)对于非金融企业,将公允价值变动计入净收益将导致没有意义的盈利波动,建议豁免非金融企业或将其包括在综合收益之中。(5)增加企业的管理成本
97	Macrosoft Corporation	C		√		FASB没有提出令人信服的证据和观点来说明:以公允价值计量金融工具和相关资产与负债将向现在和潜在的投资者、债权人和其他使用者提供做出理性决策的更加有用的信息
98	Morgan Stanley Dean Witter	S		√		(1)在理论上认同以公允价值报告金融资产和负债能够提供必要的透明度和可比性,但是并不是所有的金融工具都易于采用公允价值会计;(2)PV提出的目标应当与证券经纪行业长期实施的实务相协调;(3)不存在以市场为基础的交易、基础和其他备选估值技术来可靠地信用卡账户的公允价值,无论是汇总还是单独计量

评论函编号	来源	渠道	支持	反对	其他	主要评论内容
99	Deloitte & Touche	P		√		(1)在理论上认同公允价值会计优于历史成本,且公允价值的使用将消除混合模式产生的问题;(2)虽然在净收益中确认公允价值变动可能提高财务报表的质量和有用性,但是也将会产生严重损害预期利益的问题;(3)在净收益中确认公允价值是否提高业绩的可理解性存在不确定性;(4)公允价值难以可靠计量,计量方法不统一且十分复杂;(5)建议将公允价值变动计入综合收益而不是净收益。总之,目前尚不支持全面采用公允价值会计
100	American International Group,Inc.	I		√		(1)对于保险行业,按照公允价值编制主要的财务报表是不恰当的;(2)采用公允价值是对现有模式激进变革,应当在操作性、理解和获得广泛支持的基础上推行;(3)建议在附注中以补充信息形式披露公允价值信息
101	California Soiety of CPA	P			√	(1)要求所有公司估计应收和应付账款的公允价值花费巨大且未能取得等价的利益,且当前估计坏账的方法不存在重大缺陷,不需要变动;(2)公允价值的估值方法将加重小企业及其会计师的负担
102	Chase Mahattan Corporation	A		√		坚决反对采用全面公允价值会计,这是因为:(1)违反持续经营假设;(2)某一时点的公允价值并不代表未来的公允价值或企业可能转取得价值;(3)对于绝大多数非交易性金融工具,公允价值并不是一种非常可靠和代表性的计量
103	Caniel F. Case	O			√	(1)混合计量属性造成了报表内和公司间的不一致;(2)几乎所有的资产和负债都应当采用当前价值计量,但这将造成财务计报表在性质上是一种评估而不是会计。建议实行life-cycle accounting principle
104	Goldman Sachs, & Co.	S	√			(1)支持金融工具和相关资产与负债以公允价值计量的最终目标;(2)公允价值的变化应在其发生时计入盈利;(3)同意将退出价格作为公允价值的定义。但是,也对PV中建议的估值方法提出关注
105	the Financial Report Committee of the Institute Management Accounting	P		√		(1)不支持FASB提出的"所有金融工具应当在财务状况表中以公允价值记录"的建议;(2)不支持将公允价值变动计入利润表;(3)公允价值会计模式不能充分地代表使用者的利益,导致财务报表难以理解且具有误导性。建议进一步研究

评论函编号	来源	渠道	支持	反对	其他	主要评论内容
106	the Accounting Policy Committee of the Association of Lending & Credit Risk Professionals（RMA）	P			√	全体一致地支持以公允价值记录和报告金融工具和相关资产与负债,认为借款者的当前市场价值和公允价值新式被贷款者和风险管理官所高度认可和经常要求。但是,委员会也认为全面公允价值会计模式应当是补充而不是替代现有的混合计量模式。此外,虽然理论上公允价值信息较当前以成本为基础的信息,但是这种看法的必要性和可操作性尚未令人信服
107	the Commenting Group	O	√			(1)公允价值报告难以切实可行地适用于所有的金融工具;(2)当前将公允价值报告应用于信用卡账户不是切实可行的。建议FASB进行进一步研究,以确定信用卡账户是否采用公允价值报告
108	IBM	C	√			(1)赞同作为计量属性公允价值相对于历史成本具有概念优势,并认为公允价值向财务报表使用者提供了关于金融工具的有用信息;(2)退出价格是公允价值的恰当估计;(3)不支持在财务状况表中以公允价值报告所有的金融工具,并将其变动结果报告于利润表;(4)财务报表使用者并没有对公允价值信息表现出强烈的兴趣;(5)信用评级的变化不应当包括在负债退出价格的估计中;(6)反对适用于租赁业。建议在披露中增加公允价值信息
109	Fleet Credit Card Services	O	√			(1)公允价值会计应当试图向利益相关者提供相关用于评价管理层履行职责的信息;(2)关于公允价值信息报告和相关指南的存在巨大的争议;(3)在评估管理层业绩时可比性是最重要的,但是通过公允估值来实现可比性可能导致错误的财务报表;(4)不同意将公允价值变动计入利润表中,这将使公司处于一种困难的状况
110	ABM AMRO North America, Inc.	O		√		(1)不支持以公允价值计量金融工具和相关资产与负债;(2)为了成为有用、有意义和相关信息,用于计量和确认的财务信息应当以管理层用以经营企业所采用的信息为基础,在绝大多数企业和业务中,金融工具的公允价值信息是不相关的,管理层也不采用其进行管理,因此,公允价值不应当成为金融工具的主要确认和计量手段;(3)PV中提出的估值方法对于当前的计量方法是一个激进的变化,既不可行也不实用

评论函编号	来源	渠道	支持	反对	其他	主要评论内容
111	Financial Executives Institute	O		√		(1)公允价值是最相关的计量这一观点不清楚;(2)公允价值变化计入净收益将导致利润表的作用大大降低,并导致财务报表使用者难以判断管理层和预测业绩;(3)不支持以公允价值确认金融工具,但是对于那些以公允价值为基础进行管理的企业应当要求其以公允价值为基础进行报告
112	JP Morgan	A	√			(1)支持以公允价值计量金融资产和金融负债,因为这代表了市场对企业价值和风险的现行评估;(2)在JP Morgan,公允价值信息是日常管理的基础,是EVA计量的关键要素,是风险管理框架的关键
113	Eli Lilly and Company	C		√		(1)公允价值应当向投资者和债权人提供关于企业未来现金流量的相关和可验证的信息;(2)公允价值变动应当在利润表中单列或反映在综合收益表中,以区别于历史成本信息;(3)私人股权投资公司获得公允价值信息的能力是有限度的;(4)在确定长期债务公允价值过程中将信用评级纳入是反直觉的;(5)管理层易于操纵非公开交易金融工具的公允价值计算;(6)从历史成本向公允价值报表模式转变是一个渐进(building)的过程
114	American Electric Power	C		√		(1)虽然公允价值可向财务报表使用者提供有价值和相关的信息,不赞同以公允价值在基本财务报表中报告所有的金融工具,且现行模式时可接受的和相关的;(2)对某些存在活跃市场或者准备出售的金融资产采用公允价值是恰当的,但并不是适用于持有至到期的金融资产和负债
115	Public Service Enterprise Group Incorporate (PSEG)	C		√		(1)对PV提出的观点的效果和可行性表示怀疑;(2)虽然对现行会计模式存在批评,但是所建议的激进变化并不是恰当的解决办法
116	Aetna	I	√			(1)公允价值会计将导致保险业的会计处理产生巨大变化;(2)不存在充分的合理性以支持所建议的、目前广泛接受的会计模式的激进变化

评论函编号	来源	渠道	支持	反对	其他	主要评论内容
117	British Bankers Association	A			√	不赞同银行业完全不使用公允价值会计的观点,因为:(1)对于以吸收存款和发放贷款为核心业务的商业银行,公允价值并不是最相关的计量属性,因为在历史成本计量基础上,盈利过程、资产负债管理和持有财产的长期性和基础性(foundamental)得到充分的反映;(2)对于短期交易性活动,公允价值计量是完全相关的
118	the Accounting Standard Executive Committee (AcSEC) of AICPA	P	√			(1)支持FASB所提出的公允价值是金融工具最相关计量属性的努力;(2)FASB应当高度关注实施时间的选择,并与关联方做作进行现场测试
119	the Accounting Policy Committee of the Association for Investment Management and Research(AIMR)	S	√			(1)坚持详细所有金融工具应当而且也能够以公允价值计量;(2)以公允价值为基础的信息向投资者提供了用以评价企业财务状况和业绩更加相关和及时的信息;(3)赞同并支持FASB提出的"增量法"(incremental appraoch),即先金融再扩展至所有的资产和负债。建议FASB继续努力来解决与金融工具计量相关的问题
120	David F. Babble	O			√	对人寿保险公司的价值构成和负债计量提出看法,并建议推行统一的估值模型
121	the Chubb Corporation	I		√		作为一家财产保险公司,我们认为:(1)FASB没有提出令人信服的证据表明在主要财务报表中报告以公允价值计量金融工具能给财务报表使用者提供更加有用的信息;(2)如果强力推行,建议将财产保险公司的未偿付要求权成本(unpaid claim cost)排除在适用范围之外;(3)将公允价值变化计入利润表将导致净收益难以理解,或者没有意义
122	Merck & Co.,Inc.	C	√			赞同以公允价值计量所有的金融工具,并认为:(1)以公允价值报告那些易于确定价值的某些金融工具在概念和实务上是可支持的;(2)关注那些基于其性质和估值技术确定价值的金融工具,因为在一些情况下将恶化财务报表的质量;(3)对一些项目,现值技术的局限性是明显的;(4)对那些当前不能清偿项目的项目估计其市场价值可能没有向使用者提供有价值的信息。建议FASB考虑对某些金融工具报告其公允价值且将变动计入利润表的局限性,因为这将削减财务报表的可靠性

续表

评论函编号	来源	渠道	支持	反对	其他	主要评论内容
123	American Accounting Association	P			√	在相关概念性和计量问题得到解决的情况下,支持金融工具应当在财务报表中以公允价值报告的观点
124	the Accounting and Reporting Standards Committee of the Connecticut Society of Certified Public Accountants	P			√	(1)公允价值财务报表将增加净收益的波动性,并导致报告更大的不一致;(2)由于涉及重大的判断和假设,公允价值的估计是难以操作的;(3)如果FASB要求以公允价值进行列报,建议以附注形式提供补充信息;(4)非公众公司应当排除在适用范围之外
125	Iaso Nakano	O	√			资本市场的动态性使得历史成本会计不再有效地处理复杂的金融工具,采用公允价值计量资产和负债的时代开始来临
126	the Technical Issues Committee of AICPA	P			√	(1)公允价值信息是相关,但是非公众公司财务报表的使用者并不需要此信息;(2)由于信用状况变化导致的利得或损失应当在独立的营运表(the statement of operations)中列示;(3)建议FASB与审计准则委员会(ASB)成立联合实施小组;(4)对审计师独立性可能产生影响;(5)可能影响财务报表提供的及时性

注:"A"表示存款机构(银行、信用社等)、银行/家/业协会及其监管者;
  "C"表示非金融公司;
  "I"表示保险公司及其协会;
  "P"表示会计职业团体及其协会;
  "O"表示非金融机构和会计职业组织;
  "S"表示投资公司(证券公司、投资银行共同基金)及其协会;
  "V"表示估值协会或类似机构。

资料来源:根据美国财务会计准则委员会(FASB)网站(www.fasb.org)相关资料整理。

附录6

表附6-1　国际会计准则委员会 *Financial Instruments: Recognition and Measurement*（1997年）反馈意见汇总

编号	来源	支持	反对	其他意见	主要评论内容
1	ABM AMRO Bank		√		反对以公允价值计量全部的金融资产和金融负债
2	American Bankers Association		√		ABA强烈地反对对金融工具采用FVA，这可能错误地列报绝大多数银行的经营业绩
3	Association Francaise des Banques		√		对所有金融资产和金融负债在初始确认后以公允价值计量并不是反映交易经济实质的最佳做法
4	Austalian and New Zealand Banking Group			√	当前不支持对未在活跃市场交易的金融工具采用公允价值计量
5	Austalian Bankers' Association			√	尽管我们理解采用FVA的理由，但是在考虑一切因素后我们并不支持FVA
6	Australian Financial Industrial Commissions	√			支持讨论稿中提出的、关于金融资产和金融负债从当前历史成本报告转向公允价值报告的建议
7	Bank of Montreal		√		不支持讨论稿提出了全面FVA建议
8	Basel Committee on Banking Supervision			√	即使采用FVA的目标是值得称道的，但是，我们对IASC提出的在资产负债表和损益表中实施全面公允估值的建议仍旧持保留态度
9	British Bankers' Association			√	英国银行业强烈地反对将FVA应用于银行和类似金融机构的非交易性活动
10	Bundesverband deutscher Banken			√	将FVA应用于非交易性活动领域可能导致银行报表的错误表述，这是因为在传统银行活动中，公允价值并不能为可分配利润的确定提供适当的基础

续表

编号	来源	支持	反对	其他意见	主要评论内容
11	Canadian Bankers Association		√		不支持讨论稿提出的对所有金融工具采用FVA的建议
12	Chase Manhattan Corporation		√		不支持FVA,这是因为FVA将对全世界的绝大多数金融机构和工商企业造成不必要的盈利波动
13	Canadian Western Bank			√	强烈关注将资产负债表项目进行"盯市"或采用公允价值作为主要的会计处理原则
14	Citibank		√		在现实和对公允价值可靠性得到进一步发展和经验积累之前,公允价值不能作为主要的计量基础
15	Commonwealth Bank of Australia		√		当前不支持要求所有金融资产和金融负债采用FVA的建议
16	Danish Financial Supervisory Authority	√			赞同在初始确认后应当对金融资产和金融负债采用公允价值计量
17	Deutsche Bank AG			√	德国银行业完全拒绝针对非交易性活动以市场价值报告
18	Dresdner Bank			√	因为资产负债表代表了金融工具实际的现金流量,因此反对在资产负债表中对非交易性活动采用FVA
19	Federation Bancaire de I'Union Europeenne			√	欧盟银行业联合会并不赞同讨论稿提出的拒绝混合计量的观点
20	Federation of Bankers Association of Japan			√	采用公允价值估值的交易应当仅限于成熟市场中的金融工具,且管理当局旨在获取短期资本利得
21	Hang Seng Bank			√	不赞同将FVA适用于非交易性金融资产和金融负债
22	HSBC Holdings		√		从根上不赞同IASC提出的要求所有金融工具以公允价值计量的观点,因为这样做并没有IASC的既定目标和工作重点
23	ING Bank			√	针对准备持有至到期的金融资产采用公允价值估值且将差额计入利得和损失表,将不能对银行的业绩给出一个公平的描述
24	JP Morgan	√			支持对所有的金融资产和金融负债采用FVA。但是,建议将披露作为FVA的第一步

编号	来源	支持	反对	其他意见	主要评论内容
25	London Investment Banking Association		√		不赞同所有的企业在初始确认后应当对金融资产和金融负债采用公允价值计量
26	Marine Midland Bank		√		将公允价值作为财务报表的主要计量基础将永久性地损害IASC企图达到的会计处理不一致性和滥用
27	Mitglied des Vorstandes der Deutsche Bank			√	德国银行业完全拒绝针对非交易性活动以市场价值报告
28	National Australian Bank		√		不支持当前提出的要求所有的金融资产和金融负债采用FVA的主张
29	Netherlands Bankers' Association		√		不赞同IASC倡导的要求所有金融工具以公允价值计量的观点
30	New York Clearing House		√		不支持当前提出的要求所有的金融资产和金融负债采用FVA的建议
31	Office of the Superintendent of Financial Institute(Canadian)	√			当前应当对所有资产负债表项目采用FVA
32	Rabo Securities			√	偏好于混合计量基础,因为这反映了银行出于不同经济目的而使用金融工具以及这些金融工具的会计处理反映基础经济现实
33	Rabobank Nederland		√		不赞同在初始确认后应当对金融资产和金融负债采用公允价值计量
34	RMA-Association of Lending and Credit Risk Professionals			√	虽然公允价值数据提供了有用的信息,但是当将其替换历史成本则是不恰当的
35	Robeco Effectenbank		√		不赞同在初始确认后应当对金融资产和金融负债采用公允价值计量
36	Schretlen & Co.		√		不赞同在初始确认后应当对金融资产和金融负债采用公允价值计量
37	Societe Generale de Belgique		√		强迫从事各种类型活动的所有企业针对金融资产和金融负债采用FVA从根本上是错误的
38	Swiss Bank Corporation	√			对金融机构而言,对其采用金融工具活动进行FVA是正确的
39	the Bank of Nova Scotia		√		在核心财务报表中对所有金融工具采用公允价值计量是错误的
40	Union Bank of Switerland	√			我们并没有低估许多概念性和实施性问题
41	World Bank	√			理解IASC改善金融资产和金融负债会计处理所做出的努力,并从理论上赞同对金融工具采用FVA的正确性

附录7

表附7-1　国际会计准则委员会 *Financial Instruments: Recognition and Measurement*（1998年）

反馈意见汇总

编号	来源	支持	反对	其他意见	主要评论内容
1	ABM AMRO Bank（Netherlands）			√	会计原则应当支持商业活动。因此，对于银行应当在交易账户和银行账户之间做出明确区分
2	American Bankers Association（USA）		√		纵然 ABA 支持 IASC 对协调金融工具会计处理所做的努力，但是，ABA 并不支持 E62 关于以公允价值计量金融工具的做法
3	Association Francaise des Banques（France）		√		FVA 完全不适合银行活动，且从监管角度看其应用将产生严重的后果
4	Austalian Bankers' Association（Australian）			√	反对对非交易性金融工具采用 FVA
5	Bank of Baroda（India）			√	原则上关注未实现利得的确认问题
6	Basel Committee on Banking Supervision（Switerland）		√		FVA 应用范围过于宽泛，特别是对于一些银行账户资产，因此目前采用是不恰当的
7	British Bankers' Association（UK）		√		BBA 根本不同意 FVA 在银行传统零售和公司账户资产更好进行会计处理方面是比当前应计制更好的意见
8	Bundesverband deutscher Banken（German）			√	FVA 更多地适用于意欲出售的金融工具，不适合银行账户资产
9	Dutch Association of Insurers（Netherlands）			√	强烈建议延缓 E62 的实施和其他相关金融工具会计准则
10	Federation Bancaire de I'Union Europeenne（EU）		√		E62 明显地将金融工具和负债的公平估值作为起点，因此，对于欧盟银行也将产生难以克服的实施问题
11	Federation of Bankers Association of Japan			√	除衍生交易以外的交易性活动不应当采用 FVA

续表

编号	来源	支持	反对	其他意见	主要评论内容
12	ING Bank(Netherlands)			√	原则上关注恰当的持有至到期投资继续采用摊余成本计量
13	Italian Banking Association(Italy)			√	将价值的交换(公允价值)归因于非交易性活动表明估值过程主观性的增强
14	London Investment Banking Association(UK)		√		准则的发布不能代表任何个人的利益倾向,除非该准则满足下列条件:(1)在理论层面是上是基于良好的判断、推理或证据的;(2)恰当地反映了经济现实;(3)获得金融界广泛的支持。但是,E62并不满足上述条件
15	Netherlands Bankers' Association			√	会计原则应当支持商业活动。因此,对于银行应当在交易帐户和银行帐户之间做出明确区分
16	World Bank	√			世行在与IASC的沟通中发现,委员会赞同关于FV是金融工具最佳计量的看法